Inhaltsverzeichnis

Allgemeiner Teil

1 Ziele und Adressaten des Lehrwerks ¡Adelante!

Mit *¡Adelante!* liegt Ihnen eine Lehrwerksreihe für Spanisch als spätbeginnende und neu einsetzende Fremdsprache vor. Adressaten sind Spanischlernerinnen und -lerner ab der Klasse 10 an berufsbildenden und allgemeinbildenden Schulen.
Die Lehrwerksreihe besteht aus den drei Bänden *nivel elemental, nivel intermedio* und *nivel avanzado.* Alle drei Bände sind als Jahrgangsbände konzipiert.
¡Adelante! berücksichtigt die für berufs- und allgemeinbildende Schulen gültigen Lehrpläne bzw. Rahmenrichtlinien der Bundesländer sowie die internationalen Standards des Gemeinsamen europäischen Referenzrahmens für Sprachen. Mit dem zweiten Band erwerben die S die kommunikativen Fertigkeiten und sprachlichen Mittel entsprechend der Stufe A2+ des Gemeinsamen europäischen Referenzrahmens, im Leseverstehen bereits das Niveau B1.
Bis zum Ende des dritten Bandes bereitet das Lehrwerk auch auf das Zertifikat zum Nachweis spanischer Sprachkenntnisse des Instituto Cervantes (DELE), *nivel inicial* (B1), vor.

2 Methodisch-didaktische Leitlinien

2.1 Die Leitlinien

Die Konzeption von *¡Adelante! nivel intermedio* wurde gegenüber *¡Adelante! nivel elemental* entsprechend dem höheren Sprachniveau der S weiterentwickelt.
Die konzeptionellen Eckpunkte bleiben jedoch gleich:

Das Lehrwerk fördert einen kommunikativen Unterricht
Die Fertigkeit Sprechen ist Schwerpunkt vieler Aufgaben und Übungen. Diese sind auf einen bestimmten Kontext bezogen, d.h. die S formulieren Sätze, die für sie eine inhaltliche Bedeutung haben und die sie in gleicher Weise auch außerhalb des Unterrichts verwenden könnten. Sie agieren schon von Beginn an in der spanischen Sprache.

Das Lehrwerk unterstützt einen kompetenzorientierten Spanischunterricht
In den Aufgaben und Übungen werden folgende Kompetenzen aufgebaut, die in jedem Stadium des Erwerbs gefördert und erweitert werden:

Die funktional-kommunikative Kompetenz. Die Fertigkeiten *(Hablar, Escuchar, Escribir, Leer und Mediación)* werden zu Beginn der Aufgaben und Übungen deutlich ausgewiesen. Sie werden in allen Lektionen konsequent entwickelt und ausgebaut.
Der Schwerpunkt liegt auf dem Hörverstehen und der Sprechfertigkeit. Die Schulung des Hör-Seh-Verstehens erfolgt anhand dreier Alltagsszenen, die auf der dem Lehrerbuch beiliegenden DVD enthalten sind. Redemittel werden durch die *Así podéis*-Kästen dort, wo man sie braucht, zur Verfügung gestellt.
Sprachreflexion und Sprachvergleich ermöglichen einen effektiven Aufbau der kommunikativen Kompetenz.
Sprachmittlung findet sich konsequent in allen Lektionen, in der Regel zweimal pro Lektion. Das Mediationsangebot beinhaltet Dolmetschübungen sowie Sprachmittlungsübungen in beiden Richtungen und bezieht sich sowohl auf schriftliche als auch auf mündliche Sprachmittlung.
Sprachmittlung wird an verschiedenen Textsorten geübt: Kursangebot der VHS, Reiseführer, Gesprächssituation auf einer Reise, Geschäftsbrief, Romanauszug, Zeitungsartikel, Rezept, Reiseangebot etc. Im Anhang des SB findet sich eine ausführliche Strategie zur Sprachmittlung, auf die an mehreren Stellen verwiesen wird.

Die interkulturelle Kompetenz wird anhand verschiedener Texte und Übungen entwickelt. Neben dem Erwerb soziokulturellen Orientierungswissens und kulturkontrastierenden Herangehensweisen wird in einigen Aufgaben und Übungen auch eine kritische Selbstwahrnehmungskompetenz geschult. Berücksichtigt wird ebenfalls die Schulung eines adäquaten Verhaltens im Zielsprachenland (Höflichkeit, Reagieren in bestimmten Situationen, Wortwahl). Der spanisch-deutsche Kontext wird an mehreren Stellen bewusst überschritten und auf andere Kulturregionen ausgeweitet. Besonderes Augenmerk wurde in Band 2 auf Lateinamerika gerichtet.
Interkulturelles Lernen ist durch grüne Kästchen und das Symbol 🌐 ausgewiesen.

Methodische Kompetenz wird vorwiegend durch Lern- und Arbeitstechniken vermittelt. Diese stehen zusammengefasst im Anhang. Ein Kästchen mit dem Symbol ⚙ verweist an der Stelle, an der die Lernstrategie zum Einsatz kommt, mit Seitenzahl auf den entsprechenden Passus im Anhang. In *¡Adelante!* wird der Tatsache Rechnung getragen, dass die S aus vorgelernten Sprachen und dem ersten Lernjahr bereits über ein Repertoire an Lernstrategien und Arbeitstechniken verfügen. Falls eine Lernstrategie nicht bekannt oder nicht mehr präsent ist, kann sie gezielt nachgelesen werden. Die Lernstrategien sind bewusst auf Deutsch formuliert, um den S eine selbstständige und zielgerichtete Anwendung zu erleichtern. Die *Estrategias* aus Band 1 sind im Sinne eines Spiralcurriculums in Band 2 noch einmal aufgenommen und werden ergänzt und vertieft.

Das Lehrwerk ermöglicht ein aufgabenorientiertes Arbeiten
Die Aufgabenorientierung wird im Lehrwerk durch den *Tarea*-Ansatz *(Enfoque por tareas)* umgesetzt. Zu Beginn einer jeden Lektion wird aufgezeigt, welche Lernziele verfolgt werden, indem die abschließende Aufgabe genannt wird, ebenso die kommunikativen Fertigkeiten, die die S im Laufe der Lektion dafür erwerben. In dieser *Tarea final*

können die S die eigenständige Bewältigung des Gelernten in einer komplexeren kommunikativen Situation erproben. Die Texte und Übungen jedes Teilkapitels münden in eine Aufgabe *(Tarea)*, die deutlich ausgewiesen ist und in der Teilbereiche ebenfalls selbstständig bearbeitet werden.

2.2 Weitere Prinzipien

Das Prinzip des selbstorganisierten Lernens und der Lernerautonomie
Das selbstständige Arbeiten der Schülerinnen und Schüler ist wie bei Band 1 integraler Bestandteil der Konzeption. Im Umgang mit der Grammatik und mit dem Wortschatz wird in zahlreichen Übungen und Aufgaben die Kompetenz geschult, Transfermöglichkeiten aus anderen Sprachen zu erkennen und zu nutzen. Die S werden systematisch dazu angeregt, über Prozesse der Sprachverarbeitung nachzudenken und sich Techniken des erfolgreichen Sprachenlernens bewusst zu machen. Übungen, in denen eine Lernstrategie zum Einsatz kommt, sind wesentlicher Bestandteil der Lektionen. Zudem erhalten die S in vielen Aufgaben und Übungen, stets aber durch die Evaluationsphase der *Tarea final* (*Tarea final*, letzte Teilaufgabe), Gelegenheit, ihren Arbeitsprozess zu reflektieren.
Gelegenheit zur Selbstkontrolle bietet sich den S innerhalb einer kompetenzorientierten Wiederholung in den Plateauphasen *(Repasos)* nach den Lektionen 2, 5 und 8. Die Lösungen werden ihnen für ein selbstständiges Nachschlagen im Anhang des Schülerbuches an die Hand gegeben, die Hörtexte sind auf der Schüler-CD eingespielt. Im *Cuaderno de actividades* finden sich anhand der Kann-Bestimmungen des Gemeinsamen europäischen Referenzrahmens formulierte Möglichkeiten zur Selbstevaluation. Weitgehend selbstständig erfolgt auch die Lernstandserhebung und die Aufarbeitung von Defiziten zu Beginn des Schuljahres (s. dazu unten 4.2, Abschnitt „Para empezar").

Das Prinzip der (Binnen-)Differenzierung
Den individuellen Unterschieden der S wird im Hinblick auf das Erreichen des Lernziels innerhalb einer (Binnen-)Differenzierung Rechnung getragen. Aufgaben, bei denen eine Differenzierung möglich ist, sind durch das Symbol kenntlich gemacht. Die Vorschläge zur Differenzierung finden sich unter der angegebenen Nummer der Online-Links. Weitere alternative Durchführungsmöglichkeiten und Differenzierungsvorschläge finden Sie im Lehrerbuch.

Das Prinzip der Mehrsprachigkeitsdidaktik
Transferwissen wird sowohl bei der Erschließung von Texten, Strukturen und Grammatik herangezogen als auch im lektionsbegleitenden Vokabular genutzt und ausgebaut. Systematisch werden Bezüge zwischen den vorgelernten Sprachen hergestellt. Es finden sich Verweise auf das Deutsche, Englische und Französische. Interferenzen sind im lektionsbegleitenden Vokabular typographisch hervorgehoben.

Das Prinzip der Handlungsorientierung
Sprachliche Redemittel werden situativ eingeführt. Zahlreiche Aktivitäten sind ganzheitlich angelegt, d.h. sie sprechen sowohl den logisch-rationalen als auch den affektiv-kreativen Bereich an. Für sprachliches Probehandeln wird hinreichend Freiraum zur Verfügung gestellt.

Das Prinzip der Schülerorientierung
Storyline und Lehrwerksfiguren sind in *¡Adelante! nivel intermedio* zugunsten thematisch orientierter Kapitel aufgegeben. Die Texte und Übungen bieten aber weiterhin einen altersgemäßen Zugang zur spanischen Sprache.
In zahlreichen Aufgaben und Übungen wird ein subjektiver Bezug zum Thema geschaffen. Die S setzen sich inhaltlich mit den angesprochenen Themen und Problemen auseinander. Sie geben vor allem über sich Auskunft und bringen ihre eigenen Interessen und Bedürfnisse zum Ausdruck. Entsprechende Übungen und Aufgaben sind dabei stets auf einen situativen Kontext bezogen, der sich gezielt an den realen Kommunikationsbedürfnissen orientiert, wie sie im Kontakt mit dem Zielsprachenland entstehen.

Das Prinzip der Behaltenswirksamkeit
Im Bereich des Wortschatzes sorgt das Lernen in sinnvollen Zusammenhängen dafür, dass sich der Wortschatz gut einprägt. Neue Wörter werden dabei vorwiegend in Lektionstexten eingeführt und sind situativ eingebettet. Wortschatzerweiterung findet in deutlich hervorgehobenen *Así podéis*-Kästchen sowie mittels kleiner Illustrationen innerhalb der Übungen statt. Im lektionsbegleitenden Vokabular werden ausgewählte Vokabeln anhand eines Beispielsatzes, der die Anwendung der Vokabel im Kontext aufzeigt, verdeutlicht und so einprägsamer vermittelt.

Das Prinzip des gemeinsamen Lernens
Zahlreiche Aufgaben und Übungen fördern das gemeinsame Lernen. Die S lösen zusammen Aufgaben, finden gemeinsam Regeln, kontrollieren sich gegenseitig und geben einander Tipps, wie sie ihren Lernstand verbessern können. Darüber hinaus üben sie ihre Kommunikationsfähigkeit mit einem und / oder mehreren Gesprächspartnern innerhalb der Partner- und Gruppenarbeit.

3 Lernbereiche und Lerninhalte

3.1 Aussprache und Intonation

Eine Aufgabe pro Lektion ist stets der Lautschulung gewidmet. Dabei stehen ein Laut oder ein Lautpaar im Mittelpunkt, es wird auch auf die Betonung und Intonation eingegangen. Die Ausspracheregeln sind aus dem einführenden Kapitel *¡Adelante! Bienvenidos* in Band 1 bekannt.

3.2 Wortschatz und Idiomatik

Der Aufbau des Wortschatzes erfolgt gezielt im Hinblick auf das Thema und auf die Bewältigung der abschließenden Aufgabe. Die S lernen gezielt die für die Kommunikation in diesen Situationen notwendigen Wörter und Wendungen. Obligatorischer und fakultativer Wortschatz wird im lektionsbegleitenden Vokabular im Schriftbild deutlich unterschieden. Rezeptiver Wortschatz tritt überwiegend in den *Leer*-Seiten auf und wird im Sinne der Kompetenzorientierung nicht extra ausgewiesen.
Die S sollen sich daran gewöhnen, dass Texte unbekanntes Vokabular enthalten und lernen, Erschließungsstrategien anzuwenden. Die für das Erschließen des Textes nötigen unbekannten Wörter werden annotiert. Auf diese Weise wird gezielt auf einen späteren Umgang mit längeren authentischen Texten vorbereitet.

3.3 Grammatik

Grammatische Sachverhalte werden vorwiegend in Texten eingeführt, im Vordergrund stehen die für die Kommunikation relevanten Strukturen. Strukturen, die nicht anhand von Texten eingeführt werden, werden in funktionalen Übersichten veranschaulicht, so dass sie vom S rasch benutzt werden können. Grammatik hat „dienende Funktion". Die S werden darüber hinaus – im Sinne des selbstständigen und eigenverantwortlichen Lernens – angeleitet, den grammatischen Anhang (SB, S. 148 – 172), zu konsultieren, wann immer sie Informationsbedarf haben.
Jede Grammatikübung gibt an, bei welchem Paragrafen im Anhang man nachschlagen kann. Bei den Beispielsätzen werden zur Verdeutlichung der Regel nur die Vokabeln verwendet, die die S bis zu diesem Moment gelernt haben.

3.4 Texte und Medien

Texte haben im Lehrwerk unterschiedliche Funktion. Bei den Lektionstexten steht der Inhalt an erster Stelle. Darüber hinaus führen die Texte systematisch neue Strukturen in Lexik und Grammatik ein. Sie sind farblich unterlegt und mit A, B oder C gekennzeichnet, je nachdem zu welchem Teil der Lektion sie gehören.
Weitere Texte können sich innerhalb der Übungen befinden. Sie sind meist als Realie gestaltet und enthalten eine überschaubare Menge an unbekanntem Wortschatz. Es handelt sich um Texte verschiedener Textsorten: Flyer, Anzeigen z. B. für Praktika, eine Musikgruppe, eine Beratung etc., Blogs, Briefe, Protestplakate, Statistiken. Ihre Funktion ist Leseschulung. Zu ihrer Erschließung setzen die S die jeweils geeignete Strategie ein.
Eine besondere Stellung nehmen die Texte auf der *Leer*-Seite, der vorletzten Seite einer jeden Lektion, ein. Diese gehört zum fakultativen Angebot. Es handelt sich hierbei um Texte größeren Umfangs. Durch sie erhalten die S Zugang zu anspruchsvolleren Texten und Originalmaterialien verschiedenster Textsorten: Sachtext, Romanauszug, Text eines Popsongs etc. Die Texte dienen der Leseschulung und dem Lesevergnügen. Der Wortschatz ist größtenteils rezeptiv. An den Stellen, an denen das Verstehen durch die Nichtkenntnis des Wortes gefährdet wäre, sind Annotationen angefügt.

4 Aufbau des Schülerbuchs

Das Schülerbuch umfasst 8 Lektionen. Auf die Lektionen 2, 5 und 8 folgt jeweils eine Plateauphase *(Repaso)*.

4.1 Aufbau der Lektionen

Die Lektionen haben durchgängig folgenden Aufbau:

Die Auftaktseiten *(Primer paso)*
Jede Lektion beginnt mit einer doppelseitigen Einführungsphase. Im Mittelpunkt steht die inhaltliche Hinführung zum neuen Thema. Diese erfolgt durch Anknüpfen an das Lebensumfeld der Lernenden, Rückgriff auf Vorwissen oder bereits erarbeitete Informationen sowie die Einstimmung durch Bilder und Tondokumente. Die Auftaktseiten haben die Funktion der lexikalischen Vorentlastung. Es werden ca. 20 für das Thema relevante neue Vokabeln eingeführt. In mindestens einer kommunikativen Übung spricht der S über sich.

Der Hauptteil (A, B, C)
Der Hauptteil ist der progessionstragende Teil der Lektion; er gliedert sich in die drei thematischen Abschnitte A, B und C. Jeder Abschnitt enthält einen Lektionstext, der jeweils einen anderen Aspekt des Kapitelthemas beleuchtet. Die S vertiefen so ihre Kenntnisse zu den Lebensgewohnheiten in Spanien (*Unidad* 2) und Lateinamerika (*Unidad* 7), setzen sich aber vermehrt auch mit geschichtlichen und gesellschaftspolitischen Fragestellungen auseinander: Länderporträts Peru (*Unidad* 1) und Kolumbien (*Unidad* 7), Präsentation einer spanischen Region (*Unidad* 3), Arbeitswelt (*Unidad* 4 und 6), Tourismus und Umweltschutz (*Unidad* 5).
Umrahmt werden die Texte von einem ausführlichen Übungsteil, in dem die neu eingeführten sprachlichen Mittel eingeübt und alle Fertigkeiten trainiert werden. In der Regel werden dabei die verschiedenen sprachlichen Phänomene in Übungen mit unterschiedlichen Lenkungs- und Schwierigkeitsgraden sowie verschiedenen Sozialformen erworben und gefestigt, bevor sie in den Aufgaben zur Anwendung kommen. Die Übungen und Teilaufgaben *(Tarea)* einer jeden Lektion münden in die umfassende, abschließende Aufgabe *Tarea final*.

Die Leer-Seite
Auf der vorletzten Seite befindet sich ein fakultativer Textteil *(Leer)* zur Leseschulung. Ziel ist hier die Vermittlung von Lesevergnügen.

Die Tarea final
In einer abschließenden Aufgabe am Ende der Lektion *(Tarea final)* können die S die eigenständige Bewältigung des Gelernten in einer kommunikativen Situation erproben. Sie sollten dabei ohne Hilfe auskommen.
Am Ende einer jeden *Tarea final* steht eine Evaluationsphase. Die S reflektieren den Arbeitsprozess. Gemeinsam werden Tipps formuliert, die den Lernfortschritt jedes einzelnen S unterstützen können. Beurteilungsbogen für verschiedene Aufgaben sowie hilfreiche Redemittel für eine konstruktive Rückmeldung enthalten der **Online-Link 538001-0001** sowie die **Kopiervorlagen 2–4**.

4.2 Weitere Teile des Schülerbuchs

Para empezar
Der Lektion 1 vorangestellt ist eine doppelseitige Wiederholungsphase. Sie ermöglicht einen spielerischen Einstieg in das neue Schuljahr und dient auch der Lernstandserhebung in Bezug auf die kommunikativen, lexikalischen, grammatischen und landeskundlichen Pensen des ersten Lernjahres. Die Spielkarten sind ins Arbeitsheft eingelegt, die ebenfalls benötigten Protokollbögen befinden sich im *Cuaderno* auf S. 3–4. Weitere Hinweise sowie eine Übersicht über die Spielkarten finden Sie auf der **Lehrer-CD-ROM**.
Die beim Spiel festgestellte Defizite können gezielt mithilfe des Stationenlernens behoben werden, das sich ebenfalls auf der **Lehrer-CD-ROM** befindet.

Die Plateauphasen *(Repasos)*
Die *Repasos* sind Wiederholungsphasen, die sich jeweils auf den Stoff der vorangegangenen Lektionen beziehen. In jedem *Repaso* finden sich Aufgabentypen, die auf der Aufgabentypologie basieren, wie sie in der DELE-Prüfung vorkommen. Für ausführlichere Informationen s. S. 9 f.

Preparación para los exámenes
Auf den Seiten 120–136 steht ein weiteres Textangebot zur Verfügung, das insbesondere der Vorbereitung des Abiturs dienen kann. Es umfasst acht Texte sowie Aufgaben, die sich an der Typologie der schriftlichen Abiturprüfungsaufgaben *(Comprensión, Análisis, Comentario)* orientieren. Daneben werden Aufgaben zum Training der mündlichen Prüfung angeboten.
Die Aufgaben verstehen sich als Propädeutik, mittels derer die S die Aufgabenformen des Abiturs kennen lernen sollen. Inhaltlich sind die Texte weitgehend an die Themen der Unidades angelehnt, bearbeiten also noch keine Abiturthemen. Die Texte sind nur so weit mit Vokabelannotationen versehen, wie es für das Textverständnis unerlässlich ist. Aufgrund der Komplexität der Aufgaben und der dazu nötigen Sprachmittel wird empfohlen, mit der Durchnahme dieses Angebots frühestens nach Lektion 4 zu beginnen. Darüber hinaus sollten die S mit einem Wörterbuch arbeiten dürfen.
Weitere Aufgaben, die die S schrittweise an wichtige Aufgabenformen des Abiturs heranführen, finden Sie ab Lektion 2 auch am Ende der Vorschläge zur Leistungsmessung auf der **Lehrer-CD-ROM**.
Die Aufgaben dort sind einfacher gehalten und können mit dem jeweils bei der Lektion erreichten Lernstand gelöst werden. Der Einsatz eines Wörterbuchs wird dennoch auch dort empfohlen.

Grammatik-Anhang
Der Grammatik-Anhang enthält eine kurze Darstellung aller grammatischen Pensen, die in *¡Adelante! nivel intermedio* eingeführt werden. Die Abfolge der Paragrafen ist chronologisch den Lektionen zugeordnet. Auf die letzte Lektion folgen alle in *¡Adelante! nivel elemental* und *nivel intermedio* eingeführten Verben mit Konjugationsmustern.

Die Online-Links
Zu ausgewählten Aufgaben und Übungen im Schülerbuch werden unter www.klett.de/online zusätzlich Arbeitsblätter angeboten. Sie können jeweils unter dem angegebenen Mediencode abgerufen oder nach Lektionen geordnet im Online-Bereich eingesehen werden. Die Lösungen zu den Aufgaben der Arbeitsblätter finden sich unter den **Online-Links 538010-0001** bis **538010-0008**.
Im Online-Angebot zu den *Unidades* 2 bis 7 ist jeweils eine Integrationsübung enthalten.

5 Weitere Bestandteile des Lehrwerks

5.1 Das Cuaderno de actividades mit Audio-CD und Übungssoftware (Klett-Nr. 538004)

Das *Cuaderno de actividades* bietet für alle Lern- und Fertigkeitsbereiche ein zusätzliches Übungsangebot für die Arbeit im Unterricht oder zu Hause. Die methodische Kompetenz wird durch den Einsatz von Lernstrategien geschult; die interkulturelle Kompetenz wird durch entsprechende Zusatzinformationen berücksichtigt.
Auf der dem *Cuaderno* beiliegenden CD befinden sich die Aufnahmen ausgewählter Texte aus den *Unidades* des Schülerbuchs sowie die Hörtexte aus dem *Cuaderno* im MP3-Format. Die Übungssoftware enthält die Lernsoftware mit Übungen zum Wiederholen von Wortschatz, Redemittel und Grammatik sowie zum Üben des Hörverstehens zu Hause.

5.2 Das Vokabel- und Verbenlernheft (Klett-Nr. 538008)

Das Vokabel- und Verbenlernheft ist ein zusätzliches Angebot für die S. Es enthält Übungen zur Verständniskontrolle. Vokabeln und Verben können gelernt, nachgeschlagen und wiederholt werden.

5.3 Die Lehrer-CD (2 CDs) (Klett-Nr. 538013)

Die Lehrer-CD enthält alle Tracks der Schüler-Audio-CD sowie alle Hörtexte der Hörverstehensübungen aus dem Schülerbuch. Sie kann auf einem CD-Player abgespielt werden.

5.4 Basisgrammatik (Klett-Nr. 538006)

Als zusätzliches Angebot zu den Bänden von *¡Adelante!* wird es eine lehrwerksbegleitende Basisgrammatik geben. Sie wird es ermöglichen, Pensen gezielt nachzuschlagen.

5.5 Das Lehrerbuch mit DVD und CD-ROM (Klett-Nr. 538010)

Das Lehrerbuch
Das vorliegende Lehrerbuch bietet methodisch-didaktische Hinweise zur Arbeit mit dem Lehrwerk an. Enthalten sind Anmerkungen zur Durchführung der Übungen und Aufgaben, Alternativ- und Differenzierungsangebote sowie Kopiervorlagen.

Die Video-DVD
Die Video-DVD liegt dem Lehrerbuch bei. Sie enthält drei eigens für das Lehrwerk gedrehte Videosequenzen, die auf die Lerneinheiten und die Progression des Lehrwerks abgestimmt sind.
Zu jeder Sequenz gibt es auf der Lehrer-CD-ROM Kopiervorlagen mit Arbeitsblättern für die Hand der S. Dort befinden sich auch Lösungen zu den Aufgaben, die Transkriptionen der Texte, ein Landeskundeglossar sowie methodisch-didaktische Anmerkungen. Diese sind für die Hand des L bestimmt.

Alle Personen, die in den Videoabschnitten vorkommen, sind real und stellen sich mit ihrem richtigen Namen und ihren Lebensumständen vor.

Szene 1: Jorge Luis en España
Jorge Luis, ein junger Peruaner, der seit einigen Jahren mit seinen Eltern in Barcelona lebt, spricht über sein Leben in seiner alten Heimat und vergleicht sie mit dem Leben in Spanien. Die Szene ist ab Lektion 2 einsetzbar.

Szene 2: Un lugar en Cataluña
In dieser Sequenz wird das südlich von Barcelona gelegene Sitges vorgestellt. Dabei werden auch in der Stadt lebende Ausländer zu ihrer Herkunft und ihrer Meinung über die Katalanen befragt. Die Szene kann nach Lektion 4 eingesetzt werden.

Szene 3: Una profesión con futuro
Jaime Mejía, ein in Katalonien lebender Kolumbianer, spricht über seine Arbeit im Bereich Computeranimation.

Die Lehrer-CD-ROM
Auf der ebenfalls dem Lehrerbuch beiliegenden **Lehrer-CD-ROM** finden Sie
- alle Schülerbuch-Texte
- Bildmaterial aus dem Schülerbuch sowie zusätzliche Abbildungen, passend zu den einzelnen Lektionen
- die Lösungen der Aufgaben des Schülerbuchs sowie des *Cuaderno de actividades*
- die transkribierten Hörtexte des Schülerbuchs sowie des *Cuaderno de actividades*
- Vorschläge zur Leistungsmessung, passend zu allen Lektionen des Schülerbuchs. Diese umfassen Aufgaben zu Wortschatz und Grammatik, Leseverstehen, Hörverstehen und Hör-Seh-Verstehen, Texterstellung, Sprachmittlung sowie Vorbereitung auf die mündliche Prüfung und die Abiturprüfung. Die Audio- und Video-Dateien für die Leistungsmessung können Sie direkt aus der Software abspielen; die Audio-Dateien sind zusätzlich auch auf einem handelsüblichen CD-Player abspielbar.
- Arbeitsblätter und Lösungen zur DVD (s. o.)
- das Spiel zur Lernstandserhebung sowie Übungsmaterial zum Aufarbeiten von Defiziten (Stationenlernen)
- einen Übungsgenerator zum Konzipieren eigener Arbeitsblätter
- einen Vokabelchecker zum Überprüfen eigener Texte in Bezug auf den jeweiligen Lernstand der S
- ein Lexikon mit dem aufbereiteten lektionsbegleitenden Vokabular beider Bände.

6 Tipps

Hier noch ein paar praktische Tipps für Ihren Unterricht:

6.1 Kommunikationsplattformen

In allen Lektionen werden die S aufgefordert, Texte zu bestimmten Themen zu erstellen, Stellung zu nehmen oder kleine Meinungsumfragen zu veranstalten und die Ergebnisse zusammenzufassen. Oft können nicht alle Arbeiten im Unterricht besprochen werden und die Texte, auf die viel Mühe verwendet wurde, stehen ungenutzt im Heft. Wenn Ihre Schule über eine schulinterne Kommunikationsplattform verfügt, richten Sie doch ein Forum ein, in das die S ihren Kommentar stellen können. So können die S auch untereinander Bezug auf die jeweils anderen Meinungen nehmen.
Möglich ist auch die Einrichtung eines Klassenblogs, in dem die S unter einem Pseudonym ihre Einträge einstellen können. Hierbei können sich auch Kommunikationsmöglichkeiten über den schulischen Rahmen hinaus ergeben. Es gibt diverse Plattformen, bei denen Blogs meist kostenlos eingerichtet werden können. Geben Sie in Ihren Internetbrowser „Blog erstellen" oder auch „crear un blog" ein und wählen Sie einen Anbieter aus. Dort werden Sie in der Regel schrittweise angeleitet.
Weisen Sie Ihre S darauf hin, dort nicht wahllos alles einzustellen. Entwickeln Sie mit ihnen zusammen Kriterien für gelungene Einträge, die die S dann selbstständig anwenden. Lassen Sie auch in Gruppen oder der Klasse gemeinsame Einträge verfassen, die die besten Ideen aus verschiedenen Einzelbeiträgen aufnehmen.
Wenn es sich um „echte" Veröffentlichungen handelt und nicht „nur" um Texte, die im Heft abgelegt werden, sind die S in der Regel motivierter und achten von sich aus auf gute Qualität und sprachliche Richtigkeit. Halten Sie sich deshalb zunächst zurück und greifen Sie nach Möglichkeit nur ein, wenn Sie von den S um Hilfe gebeten werden. Auf gravierende sprachliche Fehler sollten Sie die S aber vor der Veröffentlichung hinweisen.

6.2 Die Placemat-Methode

Bei der Arbeit in Kleingruppen gibt es oft Wortführer, die die Diskussion an sich reißen; stillere S haben oft keine Chance, sich einzubringen. Dem können sie z. B. mit der Placemat-Methode begegnen.
Teilen Sie hierzu die Klasse in Vierergruppen. Jede Gruppe erhält ein großes Blatt (DIN A3), das in vier Abschnitte unterteilt ist. In der Mitte gibt es ein weiteres Feld (vgl. auch **KV 52**). Die S schreiben nun in das vor ihnen liegende Feld ihre Ideen zum Thema. Dann wird das Blatt gedreht und alle lesen die Einträge der anderen Gruppenmitglieder. Anschließend einigen sie sich auf einen gemeinsamen Eintrag, der in das mittlere Feld geschrieben und ggf. im Plenum präsentiert wird.
Wenn Sie die Felder von den S mit dem Namen beschriften lassen, können Sie sie auch individuell auswerten und z. B. die Beiträge der einzelnen S zur gemeinsamen Präsentation bewerten.
Variante: Teilen Sie ein Thema in vier Unterthemen auf und schreiben Sie diese in das mittleren Feld, das in diesem Fall ebenfalls viergeteilt ist. Jeder S notiert zuerst seine Gedanken zu dem vor ihm liegenden Thema. Dann wird das „Platzdeckchen" um 90° gedreht und die S schreiben die Ideen zum nächsten Thema unter den Eintrag ihres Vorgängers. Dies wird noch zweimal wiederholt, bis alle sich zu allen Unterthemen geäußert haben. Dann wird für jedes Unterthema ein gemeinsamer Eintrag im kleinen mittleren Feld verfasst.
(Eine ausführliche Beschreibung und weitere Einsatzmöglichkeiten der Placemat-Methode finden Sie unter dem **Online-Link 538010-0009**).

7 Die Aufgaben der DELE-Prüfung

Die Wiederholungsphasen *Repaso* 1, 2 und 3 bereiten die S auf die DELE-Prüfung des Instituto Cervantes vor. Mit Beendigung des ersten Bandes von *¡Adelante!* haben die S die Niveaustufe A2 des Gemeinsamen Europäischen Referenzrahmens für Sprachen erreicht. Im zweiten Band festigen und erweitern sie diese elementaren Kenntnisse und Fähigkeiten und werden schließlich auf das Niveau B1 vorbereitet. Die Aufgabentypologie der *Repasos* basiert daher auf Aufgabentypen, wie sie in den DELE-Prüfungen zum Niveau A2 und B1 vorkommen. Dabei wird kein Anspruch auf Vollständigkeit erhoben. In den Wiederholungsphasen können weder komplette Prüfungen nachgestellt noch alle Aufgabentypen in ihrer ganzen Bandbreite abgedeckt werden. Ziel ist es, die S in die Aufgabenformate der DELE-Prüfung einzuführen und ihnen Gelegenheit zu geben, vor allem diejenigen Aufgaben zu üben, die sonst im Unterricht kaum oder gar nicht eingesetzt werden.

Die DELE-Prüfung, Niveau A2, des Instituto Cervantes besteht aus vier Teilen, die folgenden vier Fertigkeiten entsprechen:

	Fertigkeiten	Aufgaben	Zeitdauer
1.	prueba de comprensión de lectura	5 tareas	60 Min.
2.	prueba de comprensión auditiva	5 tareas	35 Min.
3.	prueba de expresión e interacción escritas	3 tareas	50 Min.
4.	prueba de expresión e interacción orales	4 tareas	15 Min.

Die DELE-Prüfung Niveau B1 prüft ebenfalls die vier Grundfertigkeiten Hören, Sprechen, Lesen und Schreiben ab, ist aber etwas anders aufgebaut:

	Fertigkeiten	Aufgaben	Zeitdauer
1.	prueba de comprensión de lectura y de expresión escrita	3 tareas 2 tareas	40 Min. 50 Min.
2.	prueba de gramática y vocabulario	3 tareas	40 Min.
3.	prueba de comprensión auditiva y de expresión e interacción orales	3 tareas 2 tareas	30 Min. 10 Min.

Zum zweiten Prüfungsteil *gramática y vocabulario* finden sich in den *Repasos* keine Übungsaufgaben, da die S die entsprechenden Aufgabenformate schon aus Lehrbuchübungen, Tests, Klassenarbeiten und anderen Lernerfolgskontrollen kennen.

Der folgende Überblick über die Prüfungstypologie der DELE-Prüfungen zum Niveau A2 und Niveau B1 beschränkt sich daher auch auf die Überprüfung der vier Grundfertigkeiten Leseverstehen, Hörverstehen, schriftlicher und mündlicher Ausdruck.

Leseverstehen
In den fünf Leseverstehensaufgaben der A2-Prüfung (mit insgesamt 30 Fragen) müssen die S kurze spanische Anweisungen und Erklärungen verstehen, um zu zeigen, dass sie in der Lage sind, alltägliche Dienstleistungen in Anspruch zu nehmen oder beispielsweise Orte auffinden zu können. Ferner müssen sie aus Briefen, Mails oder Faxnachrichten etc. die wesentlichen Informationen herausfiltern können. Daneben dienen auch Werbeprospekte, Kurzerzählungen und -biographien, kurze Nachrichten und andere Medien als Materialgrundlage für die Beantwortung von Multiple Choice-Aufgaben oder für Kurzformulierungen, die mit den Texten in Beziehung zu setzen sind.
In der B1-Prüfung müssen die S 20 Fragen zu informativen Texten ebenfalls im Multiple-Choice-Verfahren beantworten, wobei diese inhaltlich anspruchsvoller sind als beim Niveau A2.

Hörverstehen
In der A2-Prüfung müssen die Prüfungskandidaten fünf Aufgaben bearbeiten. Sie hören einfache Texte (z. B. Telefonate oder Radiomitschnitte) zu alltäglichen Themen und beantworten zu diesen Texten und Situationen Fragen im Multiple-Choice-Verfahren oder müssen den Texten Aussagen zuordnen.

In der B1-Prüfung müssen die Kandidaten die Fragen zu den Hörtexten (einfache Dialoge oder Informationen) ebenfalls im Multiple-Choice-Verfahren beantworten.

Schriftlicher Ausdruck
In der A2-Prüfung verfassen die Prüfungsteilnehmer drei einfach strukturierte Texte, indem sie ein Antragsformular von 50–60 Wörtern ausfüllen, einen Brief oder eine Postkarte schreiben und eine Kurzbeschreibung oder eine Zusammenfassung von 70 bis 80 Wörtern verfassen.
Auch in der B1-Prüfung werden jeweils ein Antragsformular (etwas komplexer als bei Niveau A2) und ein einfach strukturierter Text zu einem persönlichen Erlebnis oder ein einfacher Kommentar zu einem Problem der alltäglichen Erfahrungswelt verlangt. Die Texte sollen jeweils einen Umfang von 80–100 Wörtern haben, wobei die Kandidaten zwischen zwei Möglichkeiten wählen können.

Mündlicher Ausdruck
Dieser Bereich besteht in der A2-Prüfung aus vier Teilen: einem Monolog über ein vorgegebenes einfaches Thema (wobei die Kandidaten aus zwei Themen auswählen können), einem Monolog über eine alltägliche Situation (z. B. Einkauf) auf der Grundlage einer Bildbeschreibung sowie aus einer Unterhaltung mit dem Prüfer über dieses Bild bzw. diese Situation und einem vorgegebenen Rollenspiel mit dem Prüfer. Zu allen Prüfungsteilen werden den Kandidaten verbale und/oder grafische optische Impulse als Hilfestellung gegeben. Für die Vorbereitung stehen insgesamt 15 Minuten zur Verfügung.
In der B1-Prüfung müssen die Prüflinge eine Bildgeschichte beschreiben und mit dem Prüfer einen Dialog zu einer Alltagssituation führen. Dafür stehen insgesamt 10 Minuten Vorbereitungszeit zur Verfügung.

Weitere Informationen zur DELE-Prüfung sowie Aufgaben aus früheren Jahren können auf der Homepage des *Instituto Cervantes* eingesehen werden.

Auswertung:
- Leiten Sie Ihre S an, ihre Ergebnisse gegenseitig zu kontrollieren und sich im Plenum über ihre Erfahrungen mit den DELE-Aufgaben auszutauschen. Der Schwerpunkt der Reflexion sollte dabei auf den Lösungsstrategien liegen, die Ihre S erfolgreich bzw. erfolglos angewandt haben.
- Lassen Sie die S auch die schriftlichen Arbeiten gegenseitig kontrollieren, für die es keine eindeutige Lösung gibt. Für die Beurteilung und konstruktive Kritik können sie die **KV 2** heranziehen.
- Für den mündlichen Teil empfiehlt es sich, die Prüfung mit den S einzeln bzw. zu zweit (in den *Repasos* 2 und 3) durchzuführen und im Anschluss an die Testprüfung individuell oder gesammelt im Plenum ein Feedback zu geben. Es ist aber auch möglich, die Klasse in mehrere Gruppen einzuteilen. Die zweite Gruppe bekommt ein ähnliches Thema (s. u.). Jede Gruppe hört bei den Testprüfungen der anderen Gruppe zu und gibt eine konstruktive Rückmeldung. Dafür kann **KV 3** bzw. **4** verwendet werden.
- Sprechen Sie mit Ihren S bei Bedarf auch über ein sinnvolles Zeitmanagement: weisen Sie sie z. B. darauf hin, eine Aufgabe, die ihnen Probleme bereitet, zunächst auszulassen, damit sie nicht Zeit verlieren, die ihnen für die weiteren Aufgaben fehlt.

Unidad 1 Perú y sus maravillas

Thema: ein Land in Lateinamerika: Perú
Lernziel: eine Präsentation Perus zusammenstellen (Tarea final)

PP:	Eindrücke von einem Land versprachlichen
A:	über die Inkas und das Quechua berichten
B:	sich mit der Ankunft der Europäer und dem Ende des Inka-Reiches kritisch auseinandersetzen
C:	Sehenswürdigkeiten Perus kennen lernen
Leer:	einem Lesetext Informationen zur Herkunft der Kartoffel und ihrer wirtschaftlichen Bedeutung entnehmen

Lernbereiche	Lernziele	Lektionsteil Aufg. / Üb.
	Funktional-kommunikative Kompetenzen	
Hablar	geographische Angaben machen	**SB PP2** ▶ CDA 1, 2
	über seine Assoziationen mit Musikarten sprechen	**SB PP3**
	über Eindrücke von einem Land sprechen	**SB PP4**
	die Erziehung zur Zeit der Inka mit der heutigen vergleichen	**SB A3c**
	Anachronismen in einer Zeichnung benennen	**SB A4**
	unter korrekter Verwendung von *pretérito imperfecto* und *pretérito indefinido* Anekdoten erzählen	**SB B4** ▶ CDA 12
	seine Vorlieben bezüglich einer Länderreise angeben	**SB C2** ▶ CDA 14
Escuchar	einem Hörtext Informationen zu dargebotenen Fotos entnehmen	**SB PP1**
	Musikbeispiele hören und beurteilen	**SB PP3**
	einen Text über das Inka-Reich verstehen	**SB A1** + KV 5
	einige Eigenheiten des Quechua kennen lernen	**SB A6**
	Kenntnisse zur peruanischen Geschichte erweitern: die Ankunft der spanischen Eroberer	**SB B1**
	einen Text über den Camino inca verstehen	**SB B5**
	einen Text über touristische Attraktionen in Peru verstehen	**SB C1**
	weitere Aufgabe zum Hörverstehen	▶ CDA 13
Escribir	sich über traditionelle peruanische Musik äußern	**SB PP3**
	einen Text über das Inka-Reich zusammenfassen	**SB A1**
	die Fortsetzung einer Geschichte schreiben oder visualisieren	**SB B2**
	einen Brief über eine Reise an einen Bekannten schreiben	**SB B6**
	Tipps zum Besuch der eigenen Stadt geben	**SB C5**
	weitere Aufgaben zur Texterstellung	▶ CDA 11, 12
Leer	einen Text über das Inka-Reich verstehen	**SB A1** + KV 5
	Informationen über die Erziehung im Inka-Reich verstehen	**SB A3** + KV 7
	Kenntnisse zur peruanischen Geschichte erweitern: die Ankunft der spanischen Eroberer	**SB B1**
	einen Text über das Inka-Reich verstehen	**SB B3** + KV 8
	einen Text über touristische Attraktionen in Peru verstehen	**SB C1**
	einen Text über den Ursprung und die Verbreitung der Kartoffel verstehen	**SB Leer**
	weitere Aufgaben zum Leseverstehen	▶ CDA 13, 14

Mediación	einen Text über das Quechua auf Spanisch zusammenfassen	**SB A6**
	Informationen über Peru auf Deutsch wiedergeben	**SB C1c**
	weitere Aufgabe zur Sprachmittlung	▶ CDA 13
Lexikalische Strukturen	Temporaladverbien sowie weitere Zeitangaben	**SB A3**
	über geschichtliche Ereignisse sprechen	**SB A1, A3, B1–3**
	ein Land beschreiben	**SB PP2, C1**
Grammatische Strukturen	Wiederholung des *pretérito imperfecto*	**SB A2** + OL538001-0001, **SB A4** + KV 6 ▶ CDA 3, 4, 6, 7
	Wiederholung des *pretérito indefinido*	**SB B2** ▶ CDA 8, 9
	Kontrastierung von *pretérito indefinido* und *pretérito imperfecto*	**SB B3, B4, B5c** ▶ CDA 10, 11
	das Relativpronomen *lo que* anwenden	**SB C2** ▶ CDA 14
	das Relativpronomen nach Präposition anwenden	**SB C3, C4** ▶ CDA 15, 16
	Interkulturelle Kompetenzen	
	ein lateinamerikanisches Land kennen lernen: Peru	**SB A1, A3, B1, C1**
	Ausspracheunterschiede zwischen Spanien und Lateinamerika kennen lernen	**SB A5** ▶ CDA 3
	Ursprung und Verbreitung der Kartoffel	**SB Leer** + KV 9
	Methodische Kompetenzen	
	eine Erzählung strukturieren	**SB B4**
	Möglichkeiten der Selbstkorrektur kennen lernen	**SB B6**
	unbekanntes Vokabular umschreiben	**SB C4**
	eine Präsentation vorbereiten	**Tarea final**

Ziele klären
Die S lesen die *Tarea final* und die kommunikativen Fertigkeiten auf S. 13. Sie erkennen, dass sie die in der Lektion vermittelten kommunikativen Fertigkeiten zur Bewältigung der *Tarea final* benötigen.

Primer paso (S. 12–13)

Lernziele: Die S erhalten eine erste visuelle und akustische Einführung in das Land Peru. Am Ende des Lektionsteils können sie über eine mögliche Reise nach Peru sprechen und begründen, welche Orte sie (nicht) besuchen würden.

1 Descubre Perú ◎ L1/1

Lernziel: einem Hörtext Informationen zu dargebotenen Fotos entnehmen

Einstieg: Der Einstieg kann über die Landkarte im Schülerbuch sowie über die Fotos erfolgen. Beide können auch von der **L-CD-ROM** (Seite «Perú y sus maravillas» in *Unidad* 1 sowie «Mapa de América del Sur» unter Extras) als Folie oder über Beamer bei geschlossenem Buch präsentiert werden. Der L erläutert die Fotos und führt parallel dazu einige Vokabeln ein, z. B. mit folgendem Text:

Perú está en América Latina, la capital es Lima. Hay muchas ciudades importantes, por ejemplo Cusco, la antigua capital. En Perú hay montañas muy altas. Son los Andes. En los Andes está Machu Picchu. Muchos turistas visitan las ruinas de esta ciudad. El Amazonas es un río importante de Perú. La música del país no es como la música alemana. Siempre hay música en las calles. Muchos grupos de músicos trabajan en las calles para ganar algo de dinero. Callao está cerca del océano Pacífico. El puerto de Callao es muy grande. Las Líneas de Nazca son también muy interesantes. Se ven muy bien desde un avión. Son líneas muy largas. No se sabe por qué o desde cuándo existen estas líneas. Mario Vargas Llosa es un autor peruano muy conocido.

Der im Erläuterungstext vorkommende Lernwortschatz der Lektion (*turistas, peruano, existir, líneas*) sowie die weiteren unbekannten Vokabeln (*autor, ruinas, músicos, océano Pacífico, puerto, río*) und der Name von Vargas Llosa werden angeschrieben. *Puerto* und *río* werden durch Zeigen auf den Fotos erklärt, die übrigen Vokabeln sind erschließbar.

Alternative (für stärkere Schüler): Die Schüler benennen, was sie auf den Fotos sehen. Unbekannte Schlüsselwörter (*río, puerto,* etc.) ergänzt der L auf Nachfrage.

a) Im Anschluss hören die S den Text auf der CD und geben an, von welchen Fotos im Hörtext nicht gesprochen wird.

b) Beim zweiten Hören machen sie sich Notizen, die der L als Stichwörter auf einem Tafelflügel sammelt. Aus den Stichwörtern wird an der Tafel ein gemeinsamer Text erstellt, der abgeschrieben wird.

2 ¿Dónde está ...?

Lernziel: geographische Angaben machen

a) Die S suchen die auf den Fotos abgebildeten Orte auf der Karte und beschreiben die Lage unter Verwendung der angegebenen Sprachmittel.

b) Sie benennen die an Peru angrenzenden Länder.

Weiterarbeit: Die Aufgabe kann auf weitere lateinamerikanische Länder und unter Ausweitung des Wortschatzes (*se encuentra, está situado, está (muy) lejos de*) ausgedehnt werden. Hierzu erhalten die S einige Minuten Vorbereitungszeit. Mit Hilfe der Karte im Buch notieren sie unter Verwendung des Wortschatzes einige Informationen zu drei gewählten Ländern und lesen diese einem Mitschüler vor. Dieser muss erraten, um welches Land es sich handelt. Stärkere Gruppen können diese Übung ohne Notizen erledigen.

3 Música andina ◎ L1/2–4

Lernziel: über seine Assoziationen mit Musikarten sprechen und ein Vokabelnetz zum Thema Andenmusik erstellen

Einstieg: Der L befragt die S zu ihren Hörgewohnheiten.
¿Qué tipo de música os gusta?
¿Cuál es vuestro cantante favorito?
¿Qué es más importante, la música o las letras?
¿Cuándo escucháis música?
¿Por qué escucháis música?
¿Cuánto gastáis al mes en cedés/para comprar música?

a) Die S hören die Musikbeispiele und diskutieren, welches aus Peru stammt.

b) Sie hören das Beispiel erneut, notieren Begriffe, die sie damit assoziieren, und ordnen diese in einem Vokabelnetz. Danach erarbeiten sie im Klassengespräch einige Adjektive zur Charakterisierung der Musik (z. B. *rápido, lento, rítmico, sentimental, melodioso, folclórico, instrumental* usw.), die im Vokabelnetz ergänzt werden können.

c) Die S sprechen mithilfe des Vokabelnetzes über die Musik.

4 Visitando Perú

Lernziel: über Eindrücke von einem Land sprechen

Die S begründen, welche der abgebildeten Orte sie (nicht) gerne besuchen würden.

Anmerkung: Vor Bearbeitung der Aufgabe sollten hier noch einmal die wichtigsten Vokabeln aus der Aufgabe PP 1 wiederholt werden: *naturaleza, Andes, Amazonas, monumentos, calles, plazas, comida, historia, capital.*

Ggf. bietet sich eine Wortschatzerweiterung bzw. -wiederholung an (*ver algo turístico / cultural*; visitar museos; ver una película en un cine; salir de fiesta; ir a discotecas; preferir la naturaleza; gustarle a uno ver animales; ver las Líneas de Nazca desde el avión* usw.).

Aprender y practicar A (S. 14–16)

Lernziele: Die S wiederholen das pretérito imperfecto, *lernen das Inka-Reich sowie die Quechua-Sprache kennen und können am Ende hierzu einen Text ins Spanische übertragen.*

Hinweis: Falls das *pretérito imperfecto* am Ende von Band 1 noch nicht durchgenommen wurde, können zunächst anhand der folgenden Sätze die entsprechenden Regeln erarbeitet werden.

Peter habla con un amigo español de su viaje en grupo a Perú:

Peter: Antes de mi viaje no sabía nada de Perú.
Amigo: ¿Pero hablabas ya algo de español?
Peter: Yo hablaba solo un poco, pero mi novia habla muy bien.
Amigo: ¿Pero conocíais ya algunos países latinoamericanos?
Peter: No, no conocíamos Latinoamérica.
Amigo: ¿Erais todos alemanes en el grupo?
Peter: No, en el grupo éramos ocho alemanes y dos franceses que tenían un niño de 10 años.
Amigo: ¿Estabais todos en el mismo hotel?
Peter: No, teníamos diferentes hoteles. Los hoteles eran buenos.
Amigo: ¿Y visitabais cada día una ciudad diferente?
Peter: Sí, cada día visitábamos una ciudad diferente y veíamos otro museo.

1 ¿Quiénes eran los incas? ◎ L1/5 = S1

Lernziel: einen Text über das Inka-Reich verstehen und zusammenfassen

a) **Einstieg:** Der L schreibt den Titel des Textes an die Tafel und lässt sich einige Assoziationen nennen. Danach wird **KV 5** ausgeteilt und der Text bei geschlossenem Buch vorgespielt.

Erarbeitung: Nach dem Ausfüllen von **KV 5** lesen die S den Text zunächst allein durch und ziehen bei Bedarf das Vokabelverzeichnis zu Rate. Erst dann werden die Antworten besprochen.

b) Die S entnehmen dem Text wichtige Informationen zum Inka-Reich. Das Formular wird gemeinsam an der Tafel oder über Folie ausgefüllt. Mit Blick auf den Text in A3 kann das Arbeitsblatt noch um die Rubrik *Educación* erweitert werden.

c) Die S schreiben mit den gesammelten Informationen einen Text. Dies kann als Hausaufgabe erfolgen. Alternativ kann statt einer Zusammenfassung auch eine Postkarte an einen Freund über den Besuch einer Ausstellung zum Inka-Reich geschrieben werden, um eine andere Textsorte zu üben.

2 ¿Os acordáis del imperfecto?

Lernziel: Wiederholung des pretérito imperfecto

Die S suchen die Formen des *pretérito imperfecto* im Text, schreiben den Infinitiv dazu und vergegenwärtigen sich so noch einmal die Bildung des Tempus.

Differenzierungsvorschlag:
- Stärkere S oder Klassen werden in zwei Gruppen geteilt und suchen in der linken bzw. rechten Spalte des Textes 1 die entsprechenden Imperfekt-Formen, die sie zusammen mit dem Infinitiv notieren. Sie suchen sich dann einen Partner aus der anderen Gruppe, lesen diesem ihre Form im Infinitiv vor und lassen die entsprechende Imperfekt-Form mündlich in der 3. Person Plural bilden. Ihre Lösungen kontrollieren sie ggf. mittels der Verbtabelle im SB S. 172–182.
- Schwächere Schüler arbeiten mit dem Arbeitsblatt des **Online-Links 538001-0001**.

Weiterarbeit: Zum Üben und gleichzeitigen Wiederholen des Wortschatzes von A1 kann **KV 6** eingesetzt werden.

3 Los jóvenes eran así

Lernziel: Informationen über die Erziehung im Inka-Reich verstehen; Temporaladverbien sowie weitere Zeitangaben zusammenstellen

Einstieg: Der L schreibt folgende Fragen an die Tafel und lässt über die Antwort spekulieren, bevor der Text zunächst auf Inhalt gelesen wird. Hierbei kann ggf. die Tabelle zu *Los incas* aus A1 b) ergänzt werden.

Mögliche Fragen:

> ¿Hasta cuándo vivían los jóvenes incas en casa de sus padres?
> ¿Quiénes iban a la escuela?
> ¿Qué asignaturas tenían en la escuela?
> ¿Qué vida les esperaba a las chicas?

a) Die im Text auftauchenden Temporaladverbien (*normalmente, en ese tiempo, todos los días, antes*) werden an der Tafel mit deutscher Übersetzung festgehalten.

b) Die S erklären, wann die Temporaladverbien benutzt werden.

c) Zunächst wird der *Así podéis*-Kasten besprochen. Danach vergleichen die S mündlich in PA ihr eigenes Leben mit dem der jungen Inkas unter Verwendung der entsprechenden Ausdrücke. Schwächere S benötigen hier vermutlich etwas Vorbereitungszeit. Zur Unterstützung können die entsprechenden Ausdrücke an die Tafel geschrieben werden (siehe nächste Spalte oben).

Danach wird in dem bereits angelegten Arbeitsblatt von 2 b) die Rubrik *Educación* ergänzt.

> vivir con los padres hasta los 25 años
> no ir todos a la escuela
> tener clase de astronomía y de guerra
> recibir educación de los abuelos
> los abuelos: ser importantes / tener experiencia / ayudar a sus familias
> las chicas: no estudiar, hacer la comida, cuidar a los animales

Hinweis: Als Hausaufgaben kann **KV 7** ausgefüllt werden, in der die Inhalte von A 1 und A 3 nochmals zusammengefasst werden. Die Hausaufgabe wird in der Folgestunde derart abgeprüft, dass die Schüler in PA einen Kurzvortrag zu den Inkas halten (ein S rechte Seite der *Mindmap*, ein S die linke Seite).

4 ¿Qué no había en el tiempo de los incas?

Lernziel: Anachronismen in einer Zeichnung benennen; Wiederholung des pretérito imperfecto

Die S betrachten die Zeichnungen und benennen in einer Kettenübung die Fehler.

Tipp: Die Zeichnung sollte zwecks besserer Sichtbarkeit an die Wand projiziert werden (vgl. die gleichnamige Seite auf der **L-CD-ROM**). Der L zeigt sie kurz, dann wird sie abgedeckt. Die S notieren, an welche Anachronismen sie sich erinnern, und bilden mit den vorgegebenen Verben entsprechende Sätze. Im Anschluss wird die Zeichnung erneut aufgedeckt; die Sätze werden wiederholt.

5 Practicamos la pronunciación ◎ L1/6 = S2

Lernziel: Ausspracheunterschiede zwischen Spanien und Lateinamerika kennen lernen

a) Die S hören die beiden Aussagen und lesen den Text mit. Der L weist sie zuvor darauf hin, dass sie besonders auf die Aussprache der Buchstaben *c*, *z* und *s* achten sollen.

b) Die S beschreiben die Unterschiede in der Aussprache der beiden Frauen.

Anmerkung: Der *seseo*, d. h. die Aussprache von *c* vor *e*, *i* sowie von *z* als *s* ist typisch für ganz Lateinamerika sowie für Andalusien und die Kanarischen Inseln. Näheres dazu unter dem **Online-Link 538010-0010**.

6 Tarea: La lengua de los incas ◎ L1/7

Lernziel: einige Eigenheiten des Quechua kennen lernen und einen Text über diese Sprache auf Spanisch zusammenfassen

a) Die S sehen sich die Sätze im SB an und beschreiben, was ihnen auffällt.

b) Sie hören einige Quechua-Wörter und versuchen, die Bedeutung zu erschließen.

Zusatzinformation

Das Quechua

Das Quechua ist im Vergleich zum Aymara (das in Peru in einigen Gebieten ebenfalls Amtssprache ist) relativ weit verbreitet. Es verdankt diese Vormachtstellung den spanischen Eroberern, die das Quechua als Kommunikationssprache benutzten. Nähere Informationen und Beispiele unter dem **Online-Link 538010-00011.**

c) Die S geben die wichtigsten Informationen eines Sachtextes auf Spanisch wieder.

Alternative: Die Klasse wird geteilt. Schwächere S erhalten folgenden spanischen Text, den sie auf Deutsch für ihren Partner zusammenfassen, während dieser Teil c) auf Spanisch präsentiert.

El quechua o quichua es una familia de lenguas que tiene su origen en los Andes centrales y se habla en siete países de la parte occidental de Sudamérica. En el siglo XV se transforma en la lengua oficial del Imperio inca. Hoy es lengua oficial en Perú, Bolivia, Colombia y Ecuador. Hay muchos programas de educación intercultural bilingüe y existe gran cantidad de páginas web en quechua. Se quiere promover (fördern) *la educación en quechua, sobre todo en Bolivia. El proyecto Wikipedia en quechua también impulsó el progreso digital de esta lengua. El quechua es una lengua aglutinante* (Anhängen von mehreren Endungen an ein Wort) *y tiene muchos sufijos* (Suffixe) *para formar palabras nuevas.*

Aprender y practicar B (S.17–19)

Lernziele: Die S lernen die Unterschiede zwischen pretérito imperfecto *und* préterio indefinido *und können die Zeiten in einem Brief richtig anwenden.*

1 La llegada de Pizarro a Perú L1/8 = S3

Lernziel: Kenntnisse zur peruanischen Geschichte erweitern: die Ankunft der spanischen Eroberer; den Text verstehen und Fragen dazu beantworten

Einstieg: Die Zeichnungen werden den S über Folie oder Beamer ohne Text dargeboten (vgl. **L-CD-ROM**). Auf Spanisch wird spekuliert, worum es geht. Der L stellt folgende Fragen, wobei die unbekannten Vokabeln *barcos* und *viñeta* durch Zeigen erklärt werden: Ggf. kann ein entsprechender Tafelanschrieb erfolgen.

¿En qué siglo estamos?
¿Quiénes viajan en estos barcos?
¿Adónde viajan?
¿Por qué están en estos barcos? ¿Qué quieren?
¿Qué problemas pueden tener después del viaje?
¿Con quiénes pueden tener problemas? ¿Por qué?
¿Qué pasa en esta última viñeta?

a) Der Text wird bei geschlossenem Buch vorgespielt. Es erfolgt eine Zusammenfassung des Inhalts auf Deutsch. Danach lesen die S den Text in Stillarbeit, ggf. unter Benutzung des Vokabelverzeichnisses.

b) Die S beantworten die Fragen zum Text. Dies kann auch zunächst mündlich in Partnerarbeit geschehen.

2 El final del Imperio inca

Lernziel: die Fortsetzung einer Geschichte schreiben oder visualisieren; Kontrastierung des préterio indefinido *und des* pretérito imperfecto

a) Die S vervollständigen den Text mit den richtigen Verbformen.

b) Sie erklären den Inhalt mit eigenen Worten oder als Bildgeschichte.

Hinweis: Es ist denkbar, 2b) und 3a) im Tandem bearbeiten zu lassen. Die S erzählen sich zunächst auf Deutsch den Inhalt, danach erfolgt ein Tafelanschrieb auf Spanisch durch den L.

Ergänzung: Die S lesen ggf. die entsprechenden Regeln im Grammatikanhang des SB nochmals durch.

Variante: In stärkeren Klassen erfolgt die Bearbeitung von b) zunächst in Partnerarbeit mündlich, dann trägt ein S seine Version im Plenum vor. Bei schwächeren Klassen sollten einige Verben (*ir a, hablar con, no saber que, matar*, tener que ir con, pedir más oro, morir*) an die Tafel geschrieben werden und die Zusammenfassung schriftlich gemacht werden. Die Zeichnungen können eine Zusatzaufgabe für Freiwillige darstellen. Sie werden dann in der Folgestunde von den Künstlern kurz einer Kleingruppe auf Spanisch vorgestellt.

3 Una perspectiva diferente

Lernziel: einen Text über das Inka-Reich verstehen; Kontrastierung von pretérito indefinido *und* préterito imperfecto

a) Erarbeitung: Die S lesen den Text, wobei sie sich zunächst auf den Inhalt konzentrieren. Der L prüft das inhaltliche Verständnis ab. Mögliche Fragen sind:

- *¿Para qué fue Atahualpa a Cajamarca?*
- *¿Qué impresión° les dieron los españoles a los incas?*
- *¿Cuántas personas acompañaban a Atahualpa?*
- *¿Por qué esperaban los españoles detrás de la plaza?*
- *¿Cómo reaccionaron° los incas?*
- *¿Cuál fue el resultado de ese día?*
- *¿Por qué pidió Pizarro una habitación llena de oro?*
- *¿Qué pasó con Atahualpa?*

Hinweis: Zur Sicherung des Textverständnisses und zur Vorbereitung von b) empfiehlt sich v. a. bei schwächeren Klassen eine Zusammenfassung des Textes auf Deutsch.

b) und **c)** Die Tabelle wird in PA ausgefüllt und die Verwendung der beiden Tempora in eine Regel gefasst.

Anmerkung: Der Text enthält Belege für das *pretérito imperfecto*, das für Beschreibungen in der Vergangenheit verwendet wird. Dabei kann noch genauer unterschieden werden zwischen folgenden Verwendungen:

- *describir cualidades estáticas (eran diferentes)*
- *describir situaciones momentáneas del pasado (llevaban; tocaban; estaban esperando; podía verlos; sabía)*

Für das *pretérito indefinido* enthält er folgenden Beleg: *hechos / procesos completos: (fue; entró; atacaron; murieron; se llevó; tuvo; permitió; murió)*

Eine graphisch anschauliche Darstellung ist zu finden in Alonso Raya, Rosario u. a.: *Gramática básica del estudiante de español*, Klett (535506: spanische Ausgabe; 535507: deutsche Ausgabe)

Weiterarbeit: Die S bearbeiten **KV 8** zur Wiederholung von Teilen des bisher in *Unidad* 1 gelernten Wortschatzes als Hausaufgabe. Sie erweitern dadurch zugleich ihre Englisch- sowie ihre Fremdwörterkenntnisse.

4 De viaje

Lernziel: Kontrastierung von pretérito indefinido *und* préterio imperfecto*; Anekdoten erzählen*

a) Die S formulieren Sätze anhand der Bildimpulse und verwenden dabei die beiden Tempora.

b) Sie erweitern eine der Situationen zu einer Anekdote.

Hinweis: Es empfiehlt sich, a) im Plenum durchzunehmen, bevor b) in PA und im Anschluss exemplarisch im Plenum durchgespielt werden.

5 El Camino inca ◎ L1/9

Lernziel: einen Text über den Camino inca verstehen

a) Die S benennen Anfang und Ende des Inka-Trails mithilfe der Karte.

b) Sie geben die relative Entfernung vorgegebener Ort zu Machu Picchu an.

c) Sie wählen in Sätzen die richtige Verbform aus.

d) Der Text wird von der CD präsentiert. Die S entscheiden, welche Aussagen von Aufgabenteil c) richtig und welche falsch sind.

Hinweis: Die Aufgabe ist fakultativ.

Ergänzung: Vor der Bearbeitung von d) sollte darauf hingewiesen werden, dass es sich um ein Telefongespräch zwischen dem Touristen Juan und seiner Mutter handelt. Vor dem Anhören kann man zur Erleichterung des Hörverstehens die S ausgehend von Übung c) darüber spekulieren lassen, was Juan vermutlich seiner Mutter über den *Camino inca* erzählt. Hierbei können die Adjektive *bonito, genial, estar rico* nochmals vom Lehrer genannt und *impresionante* eingeführt werden.

Weiterarbeit: Bei genügend Zeit können die S über den *Camino inca* noch eine Webrecherche durchführen. Linktipps finden Sie unter dem **Online-Link 538010-0012**.

6 Tarea: Anécdotas de mi viaje

Lernziel: einen Brief über eine Reise an einen Bekannten schreiben

Anmerkung: Hier sollte auf die Textsortenspezifika (Datum, Anrede, Abschlussgruß) hingewiesen werden. Sinnvoll ist auch die Wiederholung von Konnektoren aus B 4, die ggf. ergänzt werden können (*pero, por eso, porque, después de, si*). Zusätzlich kann *antes de* und *así que* eingeführt werden. Die Aufgabe bietet sich für die häusliche Bearbeitung an. In der Folgestunde kann sie zwei anderen S vorgelegt werden, die sie auf die inhaltliche Logik durchlesen und Verbesserungsvorschläge notieren. Alternativ kann in der Folgestunde eine „Schreibkonferenz" angesetzt werden. Die S setzen sich in Dreiergruppen zusammen, lesen die Briefe der Partner, übernehmen Ideen, erstellen dann ein gemeinsames Produkt und geben dieses dem L ab. Für die Verbesserung der schriftlichen Arbeiten kann auch **KV 2** herangezogen werden.

Aprender y practicar C (S. 20 – 21)

Lernziel: Die S vertiefen ihre Kenntnisse zu Peru. Sie lernen das Relativpronomen in Verbindung mit einer Präposition kennen und geben Ratschläge für Besichtigungen in der eigenen Stadt.

1 Lo que tienes que ver en Perú ◎ L1/10 = S4

Lernziel: einen Text über touristische Attraktionen in Peru verstehen

Einstieg: Der L fragt unter der Überschrift: *¿Por qué es interesante hacer un viaje a Perú?* die bisher erworbenen landeskundlichen Kenntnisse der S ab und listet diese stichpunktartig auf.

a) Er spielt dann bei geschlossenem Buch den Text vor. Die Tafelnotizen werden mit dem Hörtext abgeglichen. Bei einem zweiten Hördurchgang notieren die S möglichst viele Ortsnamen. Vor dem dritten Hördurchgang schreibt der L die Begriffe *fiesta de Inti Raymi, plantas, antiguas líneas, momias* und *agencia* an die Tafel. Die S ordnen diese den Ortsnamen zu. Sie korrigieren sich selbst anhand des Buchtextes.

b) Die S geben einigen Personen Ratschläge für Besichtigungen passend zu den von ihnen genannten Interessen.

c) Sie fassen wichtige Punkte des Textes auf Deutsch zusammen.

Alternative (für stärkere Gruppen): Übung c) kann nach kurzer Vorbereitung als Dolmetschübung in einer Dreiergruppe gestaltet werden. Hierbei ist:

S1 der deutsche Nachbar, der Fragen zu den Touristenzielen stellt.
S2 der Dolmetscher, der die Frage ins Spanische übersetzt,
S3 der „Spezialist", der (bei geschlossenem Buch) auf Spanisch antwortet,
S2 übersetzt die Antwort zurück ins Deutsche.

2 Lo que...

Lernziel: das Relativpronomen lo que *anwenden; Vorlieben bezüglich einer Länderreise angeben*

Die S erklären, was sie in Peru und allgemein von einem Land besonders interessiert.

Anmerkung: Es empfiehlt sich, Übung a) schriftlich machen zu lassen. Übung b) sollte sprachlich vorbereitet werden, damit die Schüler ausführlicher begründen können, warum sie sich für einen bestimmten Aspekt entscheiden. Die S notieren sich hierzu zunächst in Stillarbeit Vokabeln zu den angegebenen Oberbegriffen, die dann an der Tafel gesammelt werden. Folgende Kollokationen sind denkbar: (Die unterstrichenen Vokabeln sind neu; bis auf *regalo*, *costumbre* und *receta* sind alle aus dem Englischen ableitbar oder kommen als Fremdwort auch im Deutschen vor):

Política: saber algo del sistema político; saber si hay una dictadura, una democracia; conocer el nombre del presidente; saber si viajar por el país es un problema; saber si el país es seguro – saber si hay mucha criminalidad

Economía: saber si es un país rico/pobre; cómo es la infraestructura; qué productos se exportan; qué regalos se pueden comprar

Cultura: conocer otra cultura, otras costumbres; otra vida; ver las atracciones turísticas; aprender un poco la lengua

Historia: visitar los museos más importantes; interesarse por las culturas antiguas; conocer el origen de esta civilización

Educación: comparar el sistema educativo; interesarse por las asignaturas que se dan; practicar el idioma; saber cómo son los profesores; saber si hay que pagar dinero para ir a la escuela

Gente: conocer otro estilo de vida; vivir una experiencia intercultural; hacer amigos nuevos

Gastronomía: conocer otros platos; probar especialidades del país; llevarse recetas

3 Recuerdos de viaje

Lernziel: das Relativpronomen nach Präpositionen anwenden

Die S vervollständigen Sätze mit Präposition + Relativpronomen.

Anmerkung: Die S bearbeiten die Übung mit Hilfe des entsprechenden Grammatikkapitels, das sie in Stillarbeit durchlesen. Soll die Einführung induktiv erfolgen, ist es denkbar, Übung 4a) vorzuziehen und anhand der fünf Beispielsätze die S die entsprechenden Regeln ableiten zu lassen.

4 Problemas en el viaje

Lernziel: Definitionen unter Verwendung des Relativpronomens geben

a) und **b)** Die S ordnen Fotos und Definitionen einander zu und formulieren anschließend weitere Definitionen.

Anmerkung: Bei schwächeren S ist eine vorherige Wiederholung der Präpositionen sinnvoll.

5 Tarea: ¡Ahora vosotros!

Lernziel: Tipps zum Besuch der eigenen Stadt geben

Anmerkung: Auch hier ist wieder auf die Textsortenspezifika zu verweisen. Sinnvollerweise sollten die Textkonnektoren erneut wiederholt werden (vgl. B6).

Leer (S. 22)

Lernziel: Fragen zu einem Text beantworten und diesen anschließend zusammenfassen

Erarbeitung: Entweder als Wettbewerb (die Klasse wird in zwei Gruppen eingeteilt, der Text innerhalb einer vorgegebenen Zeit gelesen, danach werden über eine *muro mágico* Fragen beantwortet, vgl. **KV 9**) oder in Stillarbeit, wobei die S sich im Anschluss zu zweit über den Text austauschen und die Übungen b)–d) mündlich machen.

Hinweis zum Erstellen einer *muro mágico*: Zur spielerischen Überprüfung von Vokabular (aber auch für grammatische Formen und Faktenwissen) mit Wettbewerbscharakter eignet sich die sogenannte *muro mágico*.
Mit kleinen Post-it werden die einzelnen Felder mit den Fragen abgeklebt. In fünf Kästchen fügt man einen Joker zum größeren Anreiz ein.
Die Klasse wird in zwei Gruppen geteilt. Der erste S der Gruppe A wählt zum Beispiel B20. Der L deckt das entsprechende Feld auf, der S muss die Frage beantworten. Pro richtiger Antwort erhält die Gruppe 1 Punkt. Bei falscher Antwort darf ein S der anderen Gruppe die Aufgabe lösen. Es wird immer abwechselnd gefragt. Es geht weiter mit dem ersten S der Gruppe B. Beim Joker bekommt der S die Punkte, ohne dass er etwas geleistet hat.
Die *muro mágico* kann auch per PowerPoint erstellt werden. Beispiele hierzu gibt es im Internet unter dem Stichwort „Magische Wand".
Alternativ können die Fragen von den S selbst erarbeitet werden. Nach der Korrektur durch den L werden sie laminiert, auf die Rückseite kommt die entsprechende Punktzahl. Gespielt wird dann in Gruppen.

Tarea Final (S. 23)

Lernziel: Die S können am Ende der Tarea Final *eine Ausstellung über Peru ausarbeiten und präsentieren*

Durchführung der Tarea final:

1. Die Aufgabe wird im Plenum besprochen.
2. Die S bilden nach einem Losverfahren Gruppen und wählen ein Thema aus.
3. Die S entscheiden, welche Form sie ihrer *Tarea* geben wollen.
4. Die S teilen die *Tarea* in Einzelaufgaben auf, die von je einem S bearbeitet wird.
5. Für die Beurteilung der Präsentation ist pro Gruppe ein Fragebogen vorzusehen. Die Vorlage befindet sich im **Online-Link 538001-0002**.
6. Die Präsentation wird ausgewertet.

Alternative: Es werden Dreier-Gruppen gebildet, die jeweils ein Plakat erstellen. Die Plakate werden im Klassenzimmer aufgehängt und im Sinn einer Vernissage den „Besuchern" jeweils von einem Gruppenmitglied vorgestellt, das nach erfolgter Präsentation andere Plakate „besucht", während das eigene Plakat von einem anderen Gruppenmitglied neuen Besuchern erläutert wird.

Landeskundeglossar

Die **Anden** sind mit 7500 km die längste Bergkette der Welt. Sie durchqueren entlang des Pazifiks fast den gesamten südamerikanischen Kontinent von Chile im Süden bis Venezuela im Norden. Entstanden sind sie durch tektonische Verschiebungen der Nazca-Platte unter die Südamerikanische Platte. Der höchste Gipfel ist der Aconcagua in Argentinien mit 6962 m. Insgesamt umfassen die Anden fast 100 Gipfel, die über 6000 m hoch sind, unter ihnen die höchsten Vulkane der Erde. Die Anden bestehen aus mehreren parallel verlaufenden Hauptketten (Cordilleras). In Peru und den südlich davon gelegenen Ländern erstreckt sich zwischen diesen Bergketten der Altiplano (Hochland), in dem der größte See Südamerikas, der Titicacasee, liegt. Angebaut wird unter 2000 m v. a. Kaffee, Mais und Zuckerrohr, über 2000 m bis zu einer Höhe von ca. 3500 m vorwiegend Getreide und Kartoffeln. Das höherliegende Gebiet wird noch als Weideland für Schafe und Lamas genutzt.

Atahualpa war der letzte Kaiser des Inka-Reichs. Die Inka-Herrscher konnten aus Prestigegründen nur ihre Schwestern heiraten, hatten jedoch viele Konkubinen, deren Kinder ebenfalls als Nachfolger des Vaters in Frage kamen, wobei das Erstgeburtsrecht nicht bekannt war. Atahualpa ließ seinen Bruder und Rivalen Huáscar festnehmen und feierte den Erfolg in Cajamarca, als er auf Pizarro und seine Truppen stieß. Nach seiner Festnahme bot Atahualpa als Lösegeld Kunstwerke in Gold und Silber an, die die Spanier sofort einschmelzen ließen. Als das Gerücht laut wurde, zwei seiner Generäle bereiteten seine Befreiung vor, ließ ihn Pizarro des Hochverrats anklagen. 1533 starb Atahualpa durch die Garotte.

Callao ist mit ca. 800 000 Einwohnern eine der größten Städte Perus. Es liegt am Pazifik, nur wenige Kilometer westlich von Lima, mit dem es inzwischen zusammengebaut ist. Callao ist seit der Kolonialzeit der Seehafen von Lima und damit einer der bedeutendsten des Landes. Neben den großen Werftanlagen befindet sich hier auch der Internationale Flughafen. Im Sommer ist es in Callao heiß (bis zu 30°), im Winter gemäßigt und feucht (13°) und fast immer ist die Stadt von Wolken bedeckt.

Camino inca bezeichnet heute meist den Weg nach Machu Picchu, der von Touristen zu Fuß zurückgelegt werden kann und der in weiten Teilen noch mit den von den Inkas gelegten Steinen gepflastert ist. Er erstreckt sich in großer Höhe (teilweise 3500 bis über 4000 m) und stellt deshalb große Anforderungen an die körperliche Fitness. Heutzutage sind nur noch geführte Touren erlaubt und die Anzahl der Personen, die den Weg jeden Tag betreten dürfen, ist begrenzt, um Umweltprobleme zu vermeiden.
Mit *Camino del inca* oder *Caminos incas* wird aber auch das gesamte von den Inkas angelegte Straßennetz von mehr als 30 000 km benannt, das sternförmig von Cusco ausging und das Reich in alle Richtungen überzog. Es bildete die Grundlage für Kommunikation und Handel. Der wichtigste Weg verlief auf dem Rücken der Anden, ein weiterer parallel zur Küste (heute die Panamericana). Dieses Wegenetz erleichterte den spanischen Eroberern die Übernahme des riesigen Reiches.

Der Name **Cusco** bezeichnet eine Region im Südosten der peruanischen Anden sowie deren Hauptstadt. Die Stadt hat heute ca. 390 000 Einwohner. Die Bevölkerung besteht zu zwei Dritteln aus Indios, die Quechua sprechen. Daneben leben Mestizen und Weiße (Criollos) in Cusco. In der Region Cusco befinden sich viele Ruinenstätten, darunter Machu Picchu. Cusco war die Hauptstadt des Inka-Reiches und zählt seit 1983 zu den Welterbestätten der UNESCO.

Das **Inka-Reich** war das ausgedehnteste Reich in Amerika und eines der größten des Mittelalters. Es reichte von Kolumbien über Ecuador, Peru und Bolivien bis nach Chile und Teilen von Argentinien. Seine mehr als 12 Millionen Einwohner einte eine gemeinsame Sprache, das Quechua. Die Gesellschaft war streng hierarchisch. An ihrer Spitze stand ein Kaiser, der „Inca", der als Sohn der Sonne verehrt wurde. Nach dem Inca waren die Priester die mächtigste Bevölkerungsgruppe. Die Hauptstadt war Cusco, genannt „Nabel der Welt", da es nach Auffassung der Inkas keine anderen zivilisierten Völker gab. Die Inkas waren hervorragende Architekten, die riesige Steine bearbeiteten, aus denen sie ohne Zement oder andere Bindemittel große Mauern und Bauwerke errichteten. Ihre große technische Begabung zeigte sich auch in der Landwirtschaft: sie legten großflächige Terrassen an und entwickelten ein ausgeklügeltes Bewässerungssystem, um möglichst große Teile des Bodens nutzen und die Bevölkerung ernähren zu können.
Der Kampf zwischen den Stiefbrüdern Huáscar und Atahualpa um die Thronnachfolge ihres Vaters Huayna Cápac, in dem sich Atahualpa nach einem Bürgerkrieg durchsetzte, schwächte das Reich. Mit der Ankunft von Francisco Pizarro, der Festnahme des Inkas und seiner Hinrichtung 1533 war das Ende des Inka-Reichs eingeleitet. Einige Rebellen setzten den Kampf fort, bis 1572 mit Túpac Amaru I der letzte von ihnen hingerichtet wurde.

Lima wurde 1535 von Pizarro gegründet und war fast drei Jahrhunderte lang die Hauptstadt des Vizekönigreichs Peru. 1821 wurde es zur Hauptstadt der nun unabhängigen Republik Peru. Es ist das industrielle und wirtschaftliche Zentrum des Landes und UNESCO-Weltkulturerbe. Mit mehr als 7,5 Millionen Einwohnern steht es unter den am dichtesten bevölkerten Metropolen Lateinamerikas an fünfter Stelle.

Machu Picchu liegt mitten in einem tropischen Gebirgswald auf ca. 2400 m Höhe über dem Urubamba-Fluss in der Nähe von Cusco. Die Ruinen wurden 1911 von dem US-amerikanischen Archäologen Hiram Bingham wieder entdeckt. Schon in Vor-Inka-Zeiten wurde der „alte Gipfel" als heiliger Ort verehrt. Unter den Inkas entstand hier eine kleine, völlig autarke Stadt, die auf den terrassenförmig angelegten Feldern genügend Lebensmittel produzierte, um die dort wohnenden Menschen (zeitweise wohl um die 1000 Personen) zu versorgen. Vermutlich wurde Machu Picchu v. a. für sakrale Zwecke benutzt und diente auch als Observatorium. Heute ist Machu Picchu Weltkulturerbe und eine der größten Touristenattraktionen.

Die **Nazca-Linien** sind seit 1994 UNESCO Weltkulturerbe. Es handelt sich um Hunderte von Linien, die leichte Kerben im Boden bilden und teilweise komplexe Figuren darstellen. Sie bedecken circa 500 km^2 und werden dem Volk der Nazca aus der Vor-Inka-Zeit zugeschrieben. Man geht von einer kultischen Verwendung aus. Die Gegend ist sehr trocken, so dass die Figuren, die nur von oben zu erkennen sind, möglicherweise dazu dienten, von den Göttern Wasser zu erbitten. Durch die geringen Niederschläge sind die Linien sehr gut erhalten. Heute sind sie aber durch den ständig zunehmenden LKW-Verkehr bedroht.

Peru ist ein Staat im Westen Südamerikas mit knapp 30 Millionen Einwohnern. Der Fläche nach ist es das drittgrößte Land Südamerikas. Den Namen erhielt das Land von den spanischen Eroberern. Landschaft und Klima der einzelnen Regionen sind sehr unterschiedlich und reichen von der Küstenregion mit wüstenartiger Landschaft über die Anden bis hin zur Amazonas-Tiefebene mit dem Regenwald. Im Süden des Landes, an der Grenze zu Chile, beginnt die Atacama-Wüste, die trockenste Wüste der Erde. Die Wirtschaft ist stark von der Landwirtschaft und der Förderung von Bodenschätzen (Erze und Metalle) abhängig, was immer wieder zu Problemen führt, da deren internationalen Marktpreise stark fluktuieren. Obwohl die Einkommensunterschiede in den letzten Jahren zurückgegangen sind, ist die Armut besonders unter der ländlichen Bevölkerung und den Ureinwohnern noch immer groß.

Francisco Pizarro stammt aus Trujillo, Extremadura, wo er 1478 geboren wurde. Nach militärischen Einsätzen zusammen mit seinem Vater schiffte er 1520 nach Übersee aus. Er unternahm verschiedene Expeditionen nach Mittelamerika und verwaltete zwischen 1519 und 1523 Panama-Stadt, wo er sich bereicherte. Zusammen mit Diego de Almagro finanzierte er zwei Expeditionen zwecks Eroberung des Inka-Reiches, die aber beide scheiterten. 1529 reiste Pizarro daher zurück nach Spanien und erreichte, dass ihn Karl V zum Gouverneur der neuen, noch zu erobernden Gebiete ernannte, was den Zorn von Almagro erregte. 1532 unternahm Pizarro eine erneute Expedition nach Peru, da er von den Streitigkeiten zwischen Atahualpa und dessen Stiefbruder Huáscar gehört hatte. In Cajamarca erfolgte die Festnahme des Inka-Kaisers, der 1533 hingerichtet wurde. Nach der Übernahme des Inka-Reiches ließ Pizarro Almagro hinrichten. Dessen Anhänger ermordeten ihn 1541 in Lima, der Stadt, die Pizarro selbst gegründet hatte. Der spanische Eroberer zeugte mit einer Schwester Atahualpas, Quispe Sisa, die er ehelichte, zwei Kinder.

Der **Titicaca-See** liegt an der Grenze zwischen Peru und Bolivien und ist der höchstgelegene schiffbare See der Erde. Er erreicht eine Tiefe von 280 m und hat eine Fläche von 8 490 km^2. Bekannt ist er vor allem wegen seiner schwimmenden Inseln, die aus Totora geflochten sind, einer langblättrigen schilfähnlichen Pflanze, die im See wächst. Die Anwohner des Titicaca-Sees leben vor allem vom Fischfang und vom Kunsthandwerk. Auch der Tourismus spielt eine bedeutende Rolle.

Mario **Vargas Llosa** ist einer der bedeutendsten Schriftsteller Lateinamerikas. Er wurde 1936 in Lima geboren. Seine Eltern leben bei seiner Geburt bereits getrennt. Vargas Llosa lernt seinen Vater erst mit 10 Jahren kennen – eine traumatische Erfahrung, da dem Jungen bis dahin erzählt wurde, dass sein Vater tot sei, und dieser ihn zudem mit großer Härte behandelt. Um Schriftsteller werden zu können, nimmt er verschiedenste Arbeiten an und lebt zeitweise in Europa (Promotion in Madrid, Tätigkeit als Journalist und Sprachlehrer in Paris).
1959 erhält er den Premio Leopoldo Arias für seine Erzählungen *Los jefes*. International bekannt wird er mit seinem ersten Roman *La ciudad y los perros*, auf den zahlreiche weitere erfolgreiche Romane folgen (u. a. *Conversación en la Catedral, La tía Julia y el escribidor, Lituma en los Andes*). 1990 kandidiert er für das Präsidentenamt seines Landes, verliert die Wahl aber.
1993 wird er spanischer Staatsbürger. Heute arbeitet Vargas Llosa als Schriftsteller und Essayist für diverse Zeitungen, darunter *El País*. Er hatte zahlreiche Lehraufträge an prestigeträchtigen ausländischen Universitäten, darunter Harvard und Princeton. Seit 1994 ist er Mitglied der Real Academia Española. Für sein Werk, in dem er gegen ungerechte Gesellschaften aufbegehrt, wurde er 2010 mit dem Nobelpreis für Literatur ausgezeichnet.

Unidad 2 Cosas de la vida

Thema: Aspekte des Alltagslebens
Lernziel: sich um einen Ferienjob bewerben und begründen, warum man dafür geeignet ist (Tarea final)

PP:	Unterschiede zwischen dem Tagesablauf in Spanien und Deutschland erkennen
A:	sich mit Fragen einer gesunden Lebensführung auseinandersetzen
B:	über berufliche Tätigkeiten und Probleme im Beruf sprechen
C:	Personen beschreiben
Leer:	einen Text zu Veränderungen im spanischen Geschäftsleben verstehen

Lernbereiche	Lernziele	Lektionsteil Aufg. / Üb.
	Funktional-kommunikative Kompetenzen	
Hablar	über den Tagesablauf sprechen	**SB PP2, PP3, A5** + KV 13
	über eine gesunde Lebensführung sprechen	**SB A1, A6** + KV 10 ▶ CDA 2
	über Irrtümer im Alltag sprechen	**SB B4**
	Schwierigkeiten der spanischen Aussprache trainieren (Diphthonge)	**SB C5** ▶ CDA 18
	eine Telefonnachricht hinterlassen	**SB C6**
Escuchar	alltägliche Geschehnisse und Alltagsbeschreibungen verstehen	**SB PP2b, A2** + KV 11
	einem Hörtext Informationen zum Thema „gesunde Lebensführung" entnehmen	**SB A6**
	ein Gespräch zu einem Vorfall im Büro verstehen	**SB B1, B6** + OL 538001-0004
	einen Text zu Irrtümern im Alltag verstehen	**SB B4**
	einem Hörtext globale Informationen entnehmen	**SB B4, C4**
	eine Personenbeschreibung verstehen	**SB C1** ▶ CDA 13
Escribir	einen Tagesablauf beschreiben	**SB PP4, SB A2c, A5b** ▶ CDA 1
	die eigenen Tätigkeiten der vergangenen Woche beschreiben	**SB A9**
	eine Person charakterisieren	**SB B1b** ▶ CDA 13b
	einen auf Deutsch vorliegenden Geschäftsvorgang auf Spanisch zusammenfassen	**SB B7**
Leer	einem Tagesablauf Fotos zuordnen	**SB PP1**
	eine Alltagsbeschreibung verstehen	**SB A2** + KV 11, 12
	ein Gespräch zu einem Vorfall im Büro verstehen	**SB B1**
	ein Personenporträt verstehen	**SB C1** ▶ CDA 16
	einen Text zu Veränderungen im spanischen Tagesablauf verstehen	**LEER** + KV 17
	weitere Aufgaben zum Leseverstehen	▶ CDA 9, 14, 19
Mediación	einen auf Deutsch vorliegenden Geschäftsvorgang auf Spanisch zusammenfassen	**SB B7**
	einen spanischen Text auf Deutsch zusammenfassen	**SB Leer**
	weitere Aufgaben zur Sprachmittlung	▶ CDA 12, 14, 20
Lexikalische Strukturen	Charakteristika einer (un-)gesunden Lebensführung benennen	**SB A2**
	über berufliche Tätigkeiten sprechen	**SB B1** ▶ CDA 7, 8a
	eine Person beschreiben	**SB B1, C1** + KV 15 ▶ CDA 13

Grammatische Strukturen	Das *pretérito perfecto*	**SB A3, A4, A5** + KV13 ▶ CDA 3, 4, 6, 8, 9, 11
	Kontrastierung mit dem *pretérito indefinido*	**SB A8, C4** ▶ CDA 5
	antes de / después de (+ Infinitiv)	**SB A7** ▶ CDA 10
	die doppelte Verneinung (*ninguno, ni… ni)*	**SB B2, B3, B5** + OL 538001-0003 ▶ CDA 15, 16
	llevar + gerundio	**SB C2** ▶ CDA 17
	Wiederholung der behandelten Strukturen	KV14, 16
	Interkulturelle Kompetenzen	
	der Tagesablauf in Spanien; Unterschiede zu Deutschland	**SB PP2, A2, LEER**
	Methodische Kompetenzen	
	selektives Hören	**SB B6**
	Wörter umschreiben	**SB C3**

Ziele klären
Die S lesen die *Tarea final* und die kommunikativen Fertigkeiten auf S. 25. Sie erkennen, dass sie die in der Lektion vermittelten kommunikativen Fertigkeiten zur Bewältigung der *Tarea final* (Verfassen eines Bewerbungsschreibens und Auswahl des gelungensten Beispiels) benötigen.

Primer paso (S. 24 – 25)

Lernziele: Unterschiede im Tagesablauf in Spanien und Deutschland erkennen

1 La vida de estas personas

Lernziel: einem Tagesablauf Fotos zuordnen

Einstieg: Die Fotos werden über den Beamer oder auf Folie über den OH-Projektor projiziert (vgl. die Seite «Cosas de la vida» auf der **L-CD-ROM**) und nacheinander beschrieben. Hierbei kann der L einige der neuen Vokabeln einführen (*tienda, dependienta, cena, empleado, departamento, sano*).

Im Anschluss lesen die S die Sätze im SB und ordnen sie den Bildern zu.

2 ¿A qué hora? ◎ L1/13

Lernziel: Vermutungen über den Tagesablauf in Spanien anstellen und interkulturelle Unterschiede benennen

Einstieg: Die Bildung der Uhrzeiten wird wiederholt, ggf. kann dies ein S (nach häuslicher Vorbereitung) übernehmen.
Im Anschluss halten die S zunächst einzeln ihre Vermutungen zu den Uhrzeiten der Tätigkeiten auf den Fotos fest (a) und lesen sich dann gegenseitig die vermuteten Zeiten vor. Einige Vermutungen werden im Plenum vorgetragen. Danach wird der Hörtext zweimal vorgespielt. Die S korrigieren ggf. ihre Notizen (b).

Die Unterschiede zu Deutschland (c) werden im Plenum besprochen. Zur Verdeutlichung kann folgende Tabelle an der Tafel ausgefüllt werden:

Actividad	hora a la que se hace en España	hora a la que se hace en Alemania
ir al trabajo		
desayunar		
comer / almorzar		
abrir las tiendas por la tarde		
terminar el trabajo		
ver las noticias en la televisión		
cenar		
salir por la noche		

3 Su día

Lernziel: den Tagesablauf einer Figur erfinden

Die S wählen eine der Personen auf den Fotos aus und denken sich verschiedene Tätigkeiten aus, die sie vermutlich im Laufe des Tages ausführt.

Tipp: Diese Aufgabe kann schriftlich oder (nach etwas Vorbereitungszeit) mündlich durchgeführt werden. Bei einer mündlichen Bearbeitung sollten die S den Tagesablauf ihrer Figur drei weiteren S vortragen, um einen höheren Hör- und Sprechumsatz zu erzielen.

4 ¿Y yo?

Lernziel: über den eigenen Tagesablauf berichten

Die S notieren ihre Tätigkeiten zu bestimmten Tageszeiten und tauschen sich mit einem anderen S darüber aus.

Tipp: Diese Aufgabe eignet sich als Hausaufgabe. Ein S erhält eine Folie und einen Folienstift und schreibt die Hausaufgabe auf die Folie. Sie wird besprochen und ggf. durch Konnektoren (*primero, después de, entonces, cuando, a veces, como siempre*, usw.) sinnvoll strukturiert. Jeder S ergänzt seine Hausaufgabe entsprechend und trägt seinen Tagesablauf dann zwei weiteren Schülern mündlich vor.

Aprender y practicar A (S. 26–28)

Lernziele: das pretérito perfecto *kennen lernen und sich mit Fragen einer gesunden Lebensführung auseinandersetzen*

1 ¡Qué vida!

Lernziel: über eine gesunde Lebensführung sprechen

Die S sehen sich die Fotos im SB an und erkennen, dass dort eine gesunde Lebensführung dargestellt ist. Sie vergleichen dies mit ihren eigenen Gewohnheiten.

Tipp: Der Ausdruck *llevar una vida sana* ist aus PP 1 bekannt. Es empfiehlt sich während der Besprechung von a) und b) das Anlegen eines Vokabelnetzes (**KV 10**) zu diesem Wortfeld, das während der Lektüre von Aufgabe 2 ergänzt wird. Der in Aufgabe 2 neu hinzukommende Wortschatz ist in der Lösung der KV mit hochgestelltem A2 gekennzeichnet; einige weitere passende Vokabeln mit *. Die Verben sollten auf jeden Fall mit aufgenommen werden, damit die S die Kollokationen lernen.

2 Mi nueva vida ◎ L1/14 = S7

Lernziel: eine Alltagsbeschreibung verstehen; einen Tagesablauf beschreiben

Einstieg: Der Einstieg erfolgt über **KV 11**: Die S lesen den Text mit Hilfe der *guía de lectura* ohne Zuhilfenahme des Vokabelverzeichnisses und tauschen sich danach mit einem zweiten S aus. Die auf Deutsch vorgegebenen Aussagen helfen bei der Entschlüsselung des Textes und der Erschließung unbekannten Vokabulars. Verbleibende Zweifel klären die S selbstständig mit dem Vokabelverzeichnis.
Danach wird der Text über CD bei geschlossenen Büchern vorgespielt. Der L liest im Anschluss die Behauptungen von b) vor; die S geben an, ob sie diese für richtig oder falsch halten. Zur Wortschatzsicherung wird **KV 12** bearbeitet.
Als Hausaufgabe beschreiben die S einen Tag im Leben von Virginia (c). Außerdem **KV 10** weiter geführt.

Variante (bei stärkeren Gruppen): Der Text wird nach der Ausgabe die *Guía de lectura* zuerst von der CD zweimal vorgespielt. Die S beurteilen zunächst die Behauptungen und korrigieren ggf. ihre Antworten nach der Textlektüre. Die Aufgabe zur Wortschatz-Sicherung (**KV 12**) kann nach Durchnahme des Wortschatzes ohne die Vokabel-Vorgaben gegeben werden.

Hinweis: Auf die zunehmende Problematik der Fettleibigkeit und des Übergewichts bei spanischen Jugendlichen kann hingewiesen werden. 2010 waren 9 % der spanischen Schüler fettleibig und 33 % übergewichtig. Quelle und weitere Informationen siehe **Online-Link 538010-0013**.

3 ¿Qué ha hecho Virginia?

Lernziel: pretérito perfecto *(Bildung des Partizips)*

a) Die S sammeln die Partizipien der regelmäßigen Verben im Text «Mi nueva vida».

b) Sie notieren jeweils den zugehörigen Infinitiv und formulieren eine Regel für die Bildung des Partizips.

c) Sie suchen auch die Partizipien einiger unregelmäßiger Verben und erklären die Unterschiede zur regelmäßigen Bildung.

Tipp: Damit alle S sich mit Bildung und Gebrauch des *pretérito perfecto* auseinandersetzen, sollten diese und die nächste Aufgabe zunächst in Einzelarbeit erledigt werden. Im Anschluss tauscht sich jeder S mit einem anderen aus. Erst dann erfolgt eine Besprechung im Plenum.

4 El cumpleaños de Lola

Lernziel: Erschließung der Konjugation des pretérito perfecto

a) Die S ordnen die vorgegebenen Sätze den Personen zu und erkennen so die Konjugation des Hilfsverbs *haber*.

b) Sie überprüfen ihre Ergebnisse mit Hilfe des Grammatik-Anhangs.

Tipp: siehe A3

5 La mañana de Virginia

Lernziel: beschreiben, was jemand morgens gemacht hat

Einstieg: Zunächst sollten an der Tafel mögliche Verben zur Beschreibung morgendlicher Tätigkeiten gesammelt werden. (*¿Qué hacéis por la mañana?*) Bekannt sind: *levantarse, ducharse, lavarse (los dientes), arreglarse, limpiar (el baño), ponerse (los vaqueros, la falda, la blusa, la camiseta, el jersey), desayunar.* Verwendet werden können darüber hinaus die ebenfalls bekannten, aber nicht unbedingt zu den typischen morgendlichen Tätigkeiten gehörenden: *lavar la ropa, ordenar la habitación, lavar los platos*.

a) Die S versprachlichen die Zeichnungen, indem sie erklären, welche Aufgaben Virginia am Morgen bereits erledigt hat und welche nicht.

Variante: Die Bilder werden von einer Folie oder über Beamer (vgl. die Seite «La mañana de Virginia» auf der **L-CD-ROM**) an die Wand projiziert und nacheinander aufgedeckt. Die Klasse wird in zwei Gruppen aufgeteilt, die abwechselnd eine Aussage zu der jeweiligen Illustration machen. Hierbei sollen nicht nur Sätze mit *pretérito perfecto* gebildet werden (unter Verwendung der bereits gesammelten Ausdrücke), sondern es können auch gleichzeitig die Ortsangaben mit *estar* sowie ggf. die Farben wiederholt werden, z. B.: *Los zapatos rojos están delante de la cama/entre la mesa y la cama. El pantalón está sobre la cama. La ropa está a la izquierda. La ducha está detrás de la lavadora*. La lavadora está entre la ducha y la ropa.* Ein S notiert die Punkte. Bei einem fehlerhaften Satz darf die zweite Gruppe korrigieren und erhält dann den Punkt.

b) Die S notieren falsche und richtige Angaben über ihre eigenen Tätigkeiten und lassen ihre Mitschüler raten, welche Angaben richtig sind.

Ergänzung: Die Übung wird zunächst in Einzelarbeit gemacht. Danach bewegen sich die S durch die Klasse („Omniumkontakt") und lesen ihre drei Sätze mindestens drei anderen S vor. Die falschen Sätze entdecken die S durch einfache Vermutungen, z. B. *Creo que todavía no has hecho deporte esta mañana.*

Tipp: Diese Phase kann durch **KV13** erweitert werden. In diesem Fall führen die S zunächst die Befragung in PA durch. Hierfür wird die KV in der Mitte auseinander geschnitten; jeder Partner erhält eine Hälfte. Nach der Befragung berichten sie dann jeweils einem dritten S über den Befragten, damit auch die 3. Person Singular geübt wird.

6 ¿Quién lleva una vida más sana? ◎ L1/15–17

Lernziel: einem Hörtext Informationen zum Thema „gesunde Lebensführung" entnehmen und dazu Stellung nehmen

a) Nach zweimaligem Hören füllen die S die Tabelle mit den Aktivitäten der verschiedenen Personen aus.

b) Sie erklären, wer ein gesundes Leben führt und begründen ihre Meinung.

c) Sie geben an, welche der genannten Aktivitäten sie im Laufe der Woche selbst ausgeführt haben und wann dies der Fall war. Danach wird **KV10** komplettiert. Die neu einzutragenden Inhalte sind in der Lösung der KV mit hochgestelltem A6 gekennzeichnet.

Variante (für schwächere Gruppen): Die S werden in drei Gruppen aufgeteilt. Jede Gruppe konzentriert sich auf eine der drei Figuren aus dem Hörtext. Nach zweimaligem Hören werden Dreiergruppen aus S gebildet, die unterschiedliche Personen bearbeitet haben. Die Gruppen füllen gemeinsam die Tabelle aus Aufgabe a) aus. Die Teile b) und c) werden im Plenum besprochen und ebenfalls die **KV10** ergänzt.

7 Antes de desayunar

Lernziel: Aktivitäten zeitlich zueinander in Beziehung setzen

Die S fragen einander, was sie vor oder nach anderen, vorgegebenen Tätigkeiten bereits gemacht haben.

Tipp 1: Vor der Durchführung der Übung können zunächst geeignete Aktivitäten an der Tafel gesammelt werden. Hierzu kann die Liste aus Übung 5 herangezogen und um weitere Aktivitäten ergänzt werden, die nicht ausschließlich am Morgen ausgeübt werden, z. B. *ver la tele, comprar algo* (vgl. auch die Lösungsvorschläge). Dies erleichtert v. a. auch schwächeren Schülern die Bildung der Sätze.

Tipp 2: Bei genügend Zeit kann diese Phase als Omniumkontakt gestaltet werden. Die S gehen hierbei im Klassenzimmer umher und sprechen innerhalb einer vorgegebenen Zeit mit möglichst vielen anderen S.

8 Hablamos del pasado

Lernziel: Unterschied zwischen pretérito perfecto *und* pretérito indefinido

Die S übersetzen die Sätze ins Deutsche (a) und erkennen so, dass die Verwendung von *pretérito perfecto* und *pretérito indefinido* nicht mit dem deutschen Perfekt und Imperfekt gleichgesetzt werden kann (b). Sie vergleichen den Tempusgebrauch auch mit anderen ihnen bekannten Sprachen (c).

Tipp: Sind in der Klasse S mit anderer Muttersprache als Deutsch, sollten sie in die Beantwortung von Aufgabenteil c) einbezogen werden. Neben der Berücksichtigung von weiteren Sprachen bietet sich dem L hier auch Gelegenheit, die Wertschätzung anderer Lebenswirklichkeiten zu zeigen.

9 Tarea: ¡Lo he hecho!

Lernziel: die eigenen Tätigkeiten der vergangenen Woche beschreiben

Die S beschreiben, was sie in der vergangenen Woche für eine gesunde Lebensführung getan haben.

Tipp: Die Aufgabe eignet sich für einen Eintrag in den Klassenblog (vgl. Vorwort S. 8).

Aprender y practicar B (S. 29–31)

Lernziele: Die S erweitern ihre Kenntnisse zur Verneinung und vertiefen ihre sprachlichen Möglichkeiten, um über berufliche Tätigkeiten und Probleme zu sprechen.

1 ¡Qué injusto es el jefe! ◎ L1/18 = S8

Lernziel: ein Gespräch zu einem Vorfall im Büro verstehen; eine Person charakterisieren

Einstieg: Der L listet die neuen Vokabeln mit ihrer deutschen Bedeutung auf einer Folie auf und projiziert diese. Er liest die Vokabeln vor und lässt sie wiederholen. Die S haben fünf Minuten Zeit, sich die Wörter einzuprägen und dabei die ihnen bekannten Memorisierungstechniken anzuwenden (vgl. *¡Adelante! nivel elemental*, S. 140). Danach wird die Folie abgedeckt und die S aufgefordert, möglichst viele der behaltenen Wörter aufzuschreiben. Jeder S tauscht sich im Anschluss mit einem anderen S aus. Danach kann kurz thematisiert werden, welche Strategien zur Einprägung des neuen Wortschatzes von den einzelnen S eingesetzt wurden.

Der L schreibt dann den Titel «¡Qué injusto es el jefe!» an die Tafel sowie die Namen der drei Figuren (Antonio, Virginia, Lena) und spielt den Text bei geschlossenem Buch zweimal vor. Die Höraufgaben beim ersten Durchgang lauten: *¿Quién tiene un problema? ¿Cuál es ese problema?*, beim zweiten Durchgang: *¿Qué ha hecho Lena para escribir el informe? ¿Por qué está enfadado el jefe con ella? ¿Por qué ha escrito Lena el informe sobre otro tema? ¿Por qué no puede esperar el jefe unos días? ¿Qué piensa Lena, de qué tiene miedo*? ¿Qué experiencias tiene Lena? ¿Están de acuerdo Virginia y sus compañeros con el jefe?*

Mögliche Lösungen:
Beim 1. Durchgang: *Lena tiene un problema. El jefe no quiere hablar con ella.*
Beim 2. Durchgang: *Lena ha buscado mucha información. Incluso ha traducido textos del inglés. El jefe está enfadado porque el informe de Lena no es bueno/no es lo que necesita. Lena ha recibido una información falsa. El jefe no puede esperar porque necesita el informe para una reunión que es hoy. Lena piensa que el jefe la va a echar. Lena solo tiene experiencia de marketing, pero no en el ámbito textil. Virginia y sus compañeros no están de acuerdo con el jefe.*

Nach Beantwortung der Fragen lesen die S den Text still und charakterisieren dann in PA die Personen anhand der vorgegebenen Ausdrücke (b). Die Aufgabe wird im Plenum besprochen. Anschließend beurteilen die S, ob der Chef sich ungerecht verhalten hat (c).

Alternative: Der L schreibt als erstes den Titel an und lässt spekulieren, worin sich die Ungerechtigkeit eines Chefs zeigen kann (mögliche Ergebnisse: *no paga bien; no es amable; la gente tiene que trabajar mucho y gana poco; el jefe habla mal de algunos empleados; hay gente que hace el mismo trabajo en la empresa, pero no gana lo mismo; los empleados tienen que soportar las críticas° del jefe; el jefe critica° todo el tiempo*). Danach wird der Text bei geschlossenem Buch vorgespielt. Zu den Höraufgaben usw. s. o.

Differenzierungsvorschlag:

- Eine Wiederholung des Wortschatzes kann über ein Bingo in der nächsten Stunde erfolgen. Die S legen, jeder für sich, eine Tabelle mit 3 x 3 Kästchen an und füllen diese nach Belieben mit den neuen Wörtern aus.

  Der L verfasst einen Text, in dem die neuen Wörter vorkommen, z. B.
  Hoy he tenido problemas en la oficina. Mi jefe me ha dicho en la cara que no soy competente. ¿Por qué ha dicho esto? Porque no está de acuerdo con el informe que he escrito. Es un informe sobre la industria textil en nuestra ciudad que él necesita para una reunión en Madrid, donde está la sede de nuestra empresa. Para escribir el informe, he sacado información de Internet e incluso he traducido una página del inglés. Su secretaria me dice que me he equivocado de tema y que tengo que escribir el informe otra vez. Si no trabajo bien esta vez, el jefe me va a echar porque estoy de prácticas en la empresa.

  Der L liest den Text bzw. die Definitionen nicht zu schnell vor. Die S, die ein Wort hören, das in ihrer Tabelle vorkommt (bzw. seine Definition), streichen dieses durch. Wenn ein S alle Wörter durchgestrichen hat, ruft er „Bingo". Damit endet das Spiel, aber der S muss die Wörter nennen und übersetzen.

- Bei einer stärkeren Gruppe können statt eines Textes die Begriffe durch Synonyme oder Definitionen erklärt werden, z. B.:
  Una persona que acusa a otra aunque sabe que no es verdad, es... (injusto,-a)
  No lo digo en broma, lo digo... (de verdad)
  Lo que se necesita para que un problema deje° de serlo; una respuesta (solución)
  Lo haces, por ejemplo, cuando llamas a un número falso. (equivocarse de)
  un texto escrito sobre un tema (informe)
  noticias que das o recibes sobre un tema, una persona, algo que ha pasado... (información)
  escribir, por ejemplo, un texto alemán en inglés (traducir)
  un encuentro° entre dos, tres, cuatro o más personas. Se hace muchas veces en una empresa (reunión)
  Quien es muy bueno en su trabajo, es... (competente)
  un grupo de personas que trabajan juntos o que se organizan para hacer una actividad, hacer deporte juntos, etc. (equipo)
  el contrario de correcto (falso)
  decirle a una persona que no puede trabajar más en la empresa (echar)
  lugar o sección° donde se realiza° una actividad o una acción° (ámbito)
  La industria que produce ropa es la industria... (textil)
  La empresa Mercedes Benz trabaja en muchos países, pero el jefe trabaja en Stuttgart porque en Stuttgart está... (la sede)
  Una persona con la que te gusta estar te es... (simpático,-a)
  aceptar una idea, decir que sí (estar de acuerdo)

2 No he trabajado nunca

Lernziel: die Verneinungspartikel

a) Die S ordnen vorgegebene Wörter zu Sätzen mit Verneinungspartikeln.

b) Sie machen sich mit der zweiten Möglichkeit der Stellung der Verneinungspartikel vertraut.

Tipp: Zur Veranschaulichung der möglichen Stellung der Verneinungspartikel können die Beispielsätze (vergrößert) auf Folie gezogen und auseinander geschnitten werden. Der L oder ein S bewegt die Verneinungspartikel auf dem Tageslichtprojektor hin und her.

3 No tengo ninguno

Lernziel: ningún, ninguno, -a

a) Die Erarbeitung der Regel zum Gebrauch von *ningún, ninguno, -a* erfolgt in Partnerarbeit mit anschließender Besprechung im Plenum.

b) Die S wenden diese Verneinung auf ein Fehlersuchbild an. Die Ergebnisse werden im Anschluss zur Kontrolle ebenfalls im Plenum vorgetragen.

4 ¡Es solo un error! L1/19–21

Lernziel: über Irrtümer im Alltag sprechen

Einstieg: Die sechs Situationen werden vor dem Anhören zur sprachlichen Klärung gelesen. Zusätzlich kann über den Inhalt spekuliert werden. (*¿Por qué se equivoca uno de deberes? ¿Por qué es un problema si uno manda una foto personal a muchas personas? ¿En qué situación se equivoca uno de persona? ¿Qué pasa si uno no pone su reloj en hora? ¿Qué puede pasar si uno manda un correo electrónico y se equivoca de persona? ¿En qué situación puede ser un problema si uno no sabe la hora en español?*)

a) Der Text wird von der CD abgespielt. Die S notieren, welche der Situationen im Hörtext vorkommen.

b) Die S erzählen von ähnlichen eigenen Erlebnissen. Dafür benötigen sie vermutlich etwas Vorbereitungszeit, weshalb sich diese Aufgabe auch als Hausaufgabe eignet.

Tipp: Weisen Sie die S darauf hin, dass sie auch Situationen erfinden können, wenn sie nichts Passendes selbst erlebt haben.

5 Ni tú ni yo

Lernziel: ni … ni

a) Die S notieren jeweils eine Frage mit zwei Antwortmöglichkeiten, von denen sie vermuten, dass ihre Mitschüler beide verneinen müssen.

b) Als Kettenübung werden die Fragen gestellt.

Weiterarbeit: Unter dem **Online-Link 538001-0003** steht Ihnen weiteres Übungsmaterial zu *ni… ni* zur Verfügung.

6 No lo comprendo L1/22

Lernziel: einem Hörtext Global- und Detailinformationen entnehmen

Einstieg: Es sollte zunächst B1 wiederholt werden. Dafür erhalten die S erhalten einige Minuten Zeit, um sich den Text noch einmal durchzulesen. Bei geschlossenen Büchern wird der Inhalt dann wiederholt, bevor der Hörtext vorgespielt wird.

Die S erkennen, dass über den Chef von Virginia gesprochen wird (a). Nach nochmaligem Hören nennen sie die Stationen seines beruflichen Werdegangs (b), ordnen sie chronologisch und überprüfen das Ergebnis noch einmal mit Hilfe der CD (c).

Varianten (für schwächere Gruppen) finden Sie unter dem **Online-Link 538001-0004**.

7 Tarea: El problema de Lena

Lernziel: einen auf Deutsch vorliegenden Geschäftsvorgang auf Spanisch zusammenfassen

Variante (für schwächere Gruppen): Zur Vorbereitung wird der relevante Wortschatz aus B1 an der Tafel gesammelt (*escribir un informe para el jefe; buscar mucha información; traducir textos del inglés; recibir una información falsa; equivocarse de tema; ser una chica competente; querer hablar con el jefe*). Zusätzlich oder alternativ kann der für „Frau Lottmann" zu schreibende Brief verkürzt als Notizen vorgegeben werden. Auf den erforderlichen abschließenden Gruß sollte hingewiesen werden.

Aprender y practicar C (S. 32–33)

Lernziel: Personen beschreiben

1 Destino León L1/23 = S9

Lernziel: ein Personenporträt verstehen

Einstieg: Die S überlegen sich, welche Informationen sie gerne über eine Person hätten, die sie kennen lernen (persönlich oder z. B. auch in einem sozialen Netzwerk). Als Leitfrage dient z. B.: *¿Qué queréis / os gustaría saber de una persona que acabáis de conocer?* Die Antworten (z. B.: *¿Cómo se llama? ¿Cuántos años tiene? ¿De dónde es / dónde vive? ¿Trabaja o estudia (y qué)? ¿Qué le gusta hacer en su tiempo libre?*, evtl. auch detailliert: *¿Qué deporte hace? ¿Qué música le gusta escuchar?* etc. werden in einem Raster an der Tafel festgehalten. Beim ersten Hören des Textes wird es mit den leicht zu verstehenden Informationen (Alter, Name usw.) zu Lena gefüllt. In einem zweiten Durchgang werden weitere Informationen zu Lena gesammelt.
Zur Sicherung der übrigen Inhalte können noch einige Behauptungen vorgegeben werden, von denen die S entscheiden müssen, ob sie richtig oder falsch sind, z. B.:
Lena contesta preguntas en un programa de una tele local.
Los invitados del programa son españoles.
El tema del programa es «Alemania en avión».

Alternative (für schwächere Gruppen): Der L gibt einige richtige und falsche Informationen über Folie vor, die nach dem zweiten Durchgang zu korrigieren sind.

Danach wird der Text in Stillarbeit von den S gelesen. Sie korrigieren die Fehler in den beiden vorgegebenen Präsentationen (b), schreiben eine korrekte Präsentation (c) und drei weitere Fragen des Moderators an Lena (d). Die Teile c) und d) eignen sich als Hausaufgabe.

2 Llevo un año aprendiendo español

Lernziel: llevar + gerundio

Einstieg: Der L schreibt den Beispielsatz aus C1 sowie den Parallelsatz an die Tafel. Er erläutert ggf. zusätzlich, dass die Konstruktion verwendet wird, wenn besonders auf den Zeitraum hingewiesen werden soll, den eine Handlung bereits andauert. (*Se utiliza para explicar cuánto tiempo estás haciendo algo.*)

Lena	lleva viviendo	en León	cinco meses.
Lena	está viviendo	en León	desde mayo.

a) Die S formen die vorgegebenen Sätze um und verwenden dazu *llevar + gerundio.*

Tipp: Die *perífrasis verbal llevar + gerundio* fällt S erfahrungsgemäß schwer. Als zusätzliche Übungsmöglichkeit können mehrere Sätze vom Deutschen ins Spanische übersetzt werden. Erst im Anschluss sollte Übung b) in Partnerarbeit durchgeführt werden.

Ich mache seit 6 Monaten ein Praktikum in dieser Firma.
Llevo seis meses haciendo unas prácticas en esta empresa.
Wir arbeiten seit fünf Wochen an diesem Projekt.
Llevamos cinco semanas trabajando en este proyecto.
Wie lange lernst du schon Spanisch?
¿Cuánto tiempo llevas estudiando español?
Er schreibt schon fünf Jahre über dieses Thema.
Lleva escribiendo cinco años sobre este tema.
Wir reisen seit zwei Jahren durch die Welt.
Llevamos dos años viajando por el mundo.

b) Die S machen eine Liste mit eigenen Aktivitäten, tauschen diese mit einem Mitschüler und fragen einander, wie lange sie diese Tätigkeit schon ausüben. Ggf. können zunächst an der Tafel einige sinnvolle Verben gesammelt werden (*ir al colegio; practicar deporte / atletismo; bailar tango; salir con tu novio / novia; ser vegetariano; leer libros en inglés; dar clases particulares de…, soñar con…; pensar hacer unas practicas en España / en una empresa / …; pasar las vacaciones en…; trabajar como monitor / monitora de tiempo libre; organizar campamentos de verano para niños*). Um mehr Sätze bilden zu können, kann auch weiterer Wortschatz für Freizeitbeschäftigungen (z. B. *tocar* un instrumento*, jugar* al tenis*, al fútbol*) eingeführt werden.
Auf jeden Fall sollte eine Überprüfung im Plenum erfolgen.

3 Tabú de adjetivos

Lernziel: Wörter umschreiben

Die S notieren die Adjektive und jeweils zwei dazu passende Wörter auf Notizzettel oder Karteikarten. Diese werden an eine andere Gruppe gegeben, die die Adjektive mithilfe der vorgegebenen Wörter erklären muss, ohne das Adjektiv selbst zu verwenden.

Tipp: Bei schwächeren Klassen empfiehlt sich, zunächst eine Sammlung von Adjektiven an der Tafel zu machen (siehe Lösungsvorschlag auf der **L-CD-ROM**).

Ebenso sollten einige weitere Floskeln für Beschreibungen angeschrieben werden:

Es algo que	se utiliza sirve*	para
es una persona que / con la que		
es un	objeto° instrumento°	con el que
	una herramienta*	con la que
es algo para comer que		

4 Mi amiga Lucía ◎ L1/24

Lernziel: einem Hörtext globale Informationen entnehmen; Unterschiede des Tempusgebrauchs im spanischen und lateinamerikanischen Spanisch erkennen

Hinweis: Diese Übung ist fakultativ und vor allem für stärkere Gruppen geeignet.

Einstieg: Der L schreibt zur Vorentlastung des Textes folgende Begriffe an die Tafel und lässt sich die deutsche Bedeutung nennen: *Marruecos, asiático, japonés.* Mit der Bemerkung: *María, una española, ha quedado con una amiga colombiana, Lucía. Vamos a escuchar de qué hablan las dos mujeres.* leitet er zur Hörphase über.

a) Die S hören den Text und nennen das Thema des Gesprächs.

b) Beim erneuten Hören konzentrieren sie sich auf die Verbformen und erkennen, dass die Spanierin María das *pretérito perfecto* verwendet, die Lateinamerikanerin Lucía für die gleichen Sachverhalte das *pretérito indefinido.*

Alternative: Bei der Bearbeitung von b) wird eine Variante des Textes an die S verteilt, die bei den relevanten Sätzen von Lucía zwei Formen enthält (z. B. *Lucía: Oh sí, hoy no he comido / comí nada en todo el día.*). Die S überlegen zunächst, welche Form der Spanier wählen würde, danach hören sie den Text, kreuzen die Form an, die Lucía verwendet, und formulieren dann die Regel.
Die Transkription des Hörtextes finden Sie auf der **L-CD-ROM.**

5 Practicamos la pronunciación

◎ L1/25, 26 = S 10, 11

Lernziel: die Aussprache trainieren

Anmerkung: Die Aussprache der spanischen Diphthonge *ei* und *eu* ist für viele S ein Dauerproblem durch Interferenzen mit dem Deutschen. Auf eine korrekte Aussprache – nicht nur bei dieser Übung – sollte daher stets geachtet werden.

6 Tarea: ¡Me encanta León!

Lernziel: eine Telefonnachricht hinterlassen

Die S bereiten eine Nachricht vor und hinterlassen beim Sender, der «Destino León» produziert, eine Nachricht.

Tipps:
- Weisen Sie Ihre S darauf hin, dass sie nur Stichpunkte vorbereiten sollen, keinesfalls ausformulierte Sätze.
- Diese Aufgabe kann mit einer entsprechenden Audiosoftware vom S zu Hause erledigt werden. Er benötigt dafür einen Kopfhörer mit Mikrofon. Das Audioprodukt kann dann dem Lehrer zugeschickt werden. Ggf. kann auch eine Internet-Seite zum Hochladen von Schülerbeiträgen angelegt werden (vgl. Vorwort S. 8).

Wiederholung: Zur Wiederholung der grammatischen Pensen der Unidad 2 kann **KV14** eingesetzt werden. Jeweils zwei S arbeiten zusammen. Die kopierte KV wird auseinandergeschnitten, die Kärtchen umgedreht. Jeder S nimmt ein Kärtchen, liest die Frage vor und überprüft die Antwort anhand der kursiv gedruckten Lösung. Dieses Spiel eignet sich als Einstieg oder am Ende einer Stunde.

Weiterarbeit: Um das Präsentieren einer Person zu üben, kann **KV15** eingesetzt werden. Falls noch Zeit verfügbar ist, bietet **KV16** eine spielerische Möglichkeit, Lektionsinhalte zu wiederholen.

Leer (S. 34)

Lernziel: Veränderungen im spanischen Tagesablauf kennen lernen

1 ¡Vaya país!

Lernziel: einen Text zu Veränderungen im spanischen Geschäftsleben verstehen

Einstieg: Der L teilt **KV17** aus und lässt diese zerschneiden. Die S versuchen zunächst, die Vokabeln einander zuzuordnen. Danach legen sie die Kärtchen thematisch aus (Essen / Verkehr / Tagesrhythmus). Der L schreibt den Titel «El horario imposible» an die Tafel und lässt die S, ausgehend von ihren gelegten Kärtchen, spekulieren, worum es in dem Text geht.

Erarbeitung: Die S erhalten den Auftrag, den Text in Einzelarbeit mindestens zweimal zu lesen und sich dabei auf das zu konzentrieren, was sie verstehen. Danach tauschen sie sich zunächst mit dem Nachbarn über den Gesamtsinn aus, bevor die Fragen c – f im Plenum beantwortet werden. Danach suchen die S in Stillarbeit unbekannte Wörter im Text, die sie aber verstanden haben (b). Es empfiehlt sich im Anschluss eine Besprechung der jeweiligen Erschließungsstrategien der S im Plenum. Die wichtigsten Strategien sollten an der Tafel festgehalten werden. Abschließend nehmen die S dazu Stellung, welcher Tagesablauf ihnen besser gefällt (f).

Variante (für schwächere Gruppen): Aufgabe 2 wird vorweg genommen und zur inhaltlichen Sicherung eine mündliche Wiedergabe des Textes auf Deutsch gemacht. Die Aufgaben b – f können dann als Hausaufgabe erledigt werden.

2 Un libro interesante

Lernziel: einen Text zu Veränderungen im spanischen Geschäftsleben auf Deutsch zusammenfassen

Weiterarbeit: Denkbar ist im Anschluss an die Bearbeitung der Aufgaben die Erstellung von zwei Wortfeldern: (Das Zeichen ^ verweist auf Vokabeln, die im Text vorkommen, aber bisher kein Lernwortschatz waren.)

Campo semántico: Vida cotidiana*

Los horarios^ laborales^ son diferentes.
Las horas de trabajar son largas.
La mañana es intensa^.
Las tiendas cierran^ a mediodía / abren por la tarde / noche.
Es la hora del almuerzo^.
El almuerzo^ es largo.
La cena es tardía^.
Irse tarde a la cama
dormir
el sueño^ *(der Schlaf)*
levantarse temprano
pasar mucho tiempo atrapado^ en atascos^ de tráfico, en carreteras^ embotelladas^

Campo semántico: Adverbios temporales

los domingos
no hace mucho tiempo
todos los días, toda la semana
por la noche
después de la medianoche
a mediodía
los sábados por la mañana
los domingos por la tarde
durante los años 90
la hora punta
a las siete de la mañana
a las doce de la noche
temprano

Ergänzung: Die S wählen eine der Situationen, die in den Zeilen 30 – 38 erwähnt werden (z. B. Deutsche, die spanische Freunde besuchen, oder ein deutscher Austauschschüler in einer spanischen Familie, die wegen der späten Essenszeiten großen Hunger haben), und schreiben dazu einen kleinen Text oder eine kurze Szene, die dann auch in der Klasse aufgeführt werden kann. Der L trifft eine Vorauswahl.

Tarea final (S.35)

Lernziel: Die S können am Ende der Tarea final *ein Bewerbungsschreiben verfassen, eingegangene Bewerbungsschreiben verstehen und begründen, auf Grund welcher Kriterien ein Kandidat ausgewählt wurde.*

Die Aufgabe wird im Plenum besprochen. Danach erfolgt die Bearbeitung entsprechend den im SB angegebenen Schritten.

Tipps:
- Zur Wiederholung kann das Bewerbungsschreiben aus *¡Adelante! Nivel elemental*, S.101 auf Folie kopiert und die wichtigsten Bestandteile (*datos personales, formación académica, experiencia laboral, idiomas, otros datos de interés*) noch einmal besprochen werden, ebenso Layout, Anrede, Gruß und Datum.
- Die Gruppenbildung kann bereits bei Aufgabe b) erfolgen, sodass die S beim Abfassen des Briefes einander gegenseitig unterstützen können.

Der Ablauf im Anschluss an die Besprechung der Aufgabe ist dann folgender:
1. Nach einem Losverfahren werden jeweils 3er-Gruppen gebildet, die ein Praktikum auswählen.
2. Die S sammeln zunächst in Einzelarbeit Angaben, die sie in den Bewerbungsbrief aufnehmen wollen.
3. Die S jeder 3er-Gruppe vergleichen ihre Angaben, wählen die besten aus und verfassen in dreifacher Ausfertigung das Bewerbungsschreiben.
4. Die Bewerbungsschreiben gehen dann an drei andere Gruppen, die die Schreiben lesen, bewerten und einen Kandidaten auswählen.
5. Jede Bewertergruppe stellt den von ihr ausgewählten Kandidaten vor und begründet die Auswahl.

Alternative (für schwächere Gruppen): Die Aufgaben c) + d) (= Schritte 4 und 5) entfallen. Jeder S schreibt seine Bewerbung, aber ohne Namensnennung. Der L sammelt die Bewerbungen ein und teilt sie an andere S aus, die aufgrund der Informationen erraten müssen, wer der Bewerber ist.

Landeskundeglossar

León ist die Hauptstadt der gleichnamigen Provinz in der Comunidad Autónoma Castilla y León. León ist eine römische Gründung und war ab dem frühen 10. Jhd. Hauptstadt des Königsreichs León und wichtiger Durchgangsort für die Pilger auf dem Camino de Santiago. Heute zählt die Stadt circa 134 000 Einwohner und ist ein attraktiver Touristenort. Besonders bekannt sind ihre gotische Kathedrale, die romanische Basilika San Isidoro mit der Grablege der leonesischen Könige, das San Marcos-Kloster, eines der frühesten Beispiele des spanischen Renaissance-Stils und die Casa Botines, ein Jugendstilwerk von Antoni Gaudí.

Teruel ist die Hauptstadt der Provinz Teruel in Aragón. Die Gegend war schon von den Iberern bewohnt.
Die Hauptattraktion der relativ kleinen Stadt (35 000 Einwohner) sind ihre vielen Bauten im Mudéjar-Stil, die auch als UNESCO-Weltkulturerbe deklariert sind.
Die Stadt ist außerdem bekannt durch die Schlacht von Teruel während des Spanischen Bürgerkriegs (Dezember 1937 bis Februar 1938). Als die republikanischen Truppen am 8. Januar die Stadt einnahmen, hofften sie, Francos geplante Großoffensive auf Madrid zu verhindern. Der Gegenangriff der nationalistischen Truppen, bei dem zum ersten Mal auch die Legion Condor eingesetzt wurde, mit der Nazi-Deutschland Franco unterstützte, ließ nur wenige Tage auf sich warten und führte zum vollständigen Sieg der Truppen Francos. Insgesamt verloren die Republikaner ca. 85 000 Mann in der Schlacht, Francos Truppen etwa 57 000.
Eine Touristenattraktion sind auch „Los amantes de Teruel". Anfang des 13. Jahrhunderts in Teruel lebend musste Juan de Marcilla, da nicht reich genug, in den Krieg ziehen, um sich ein Vermögen zu verdienen und seine Angebetete, Isabel de Segura, heiraten zu können. Kurz nach Ablauf des ihm gesetzten Ultimatums kehrte er zurück, aber Isabel war bereits verheiratet. Juan bat sie um einen Kuss, den sie ihm verweigerte, worauf er an gebrochenem Herzen starb. Bei der Beerdigung am nächsten Tag näherte sich eine verschleierte Frau dem Sarg. Sie küsste den Verstorbenen auf die Lippen und brach tot neben ihm zusammen. Das Motiv der „amantes de Teruel" wurde in späteren literarischen Epochen immer wieder aufgegriffen. Bekannt ist der Spruch „Los amantes de Teruel, tonta ella y tonto él".

Als typische Beispiele für **interkulturelle Unterschiede im Geschäftsleben** werden üblicherweise angeführt: die Direktheit der Deutschen beim Kritisieren, die deutsche Gewohnheit, Geschäftstreffen genau zu planen mit vorgegebener und exakt zu befolgender Tagesordnung, die keine Spontaneität erlaubt, die Sachorientierung des deutschen Geschäftsmanns im Gegensatz zur spanischen Beziehungsorientierung; die Polychronität (Bedeutung der Zeit / Multitasking) des Spaniers, Probleme der Proxemie (körperlicher Abstand zwischen zwei Sprechern) und vieles mehr. Näheres unter dem **Online-Link 538010-0014**.

Die Verfasserin des Textes im SB auf S. 34, **Carlta Vitzthum**, in New York geborene Journalistin, lebte über 15 Jahre in Spanien und war lange Zeit Korrespondentin des Wall Street Journal, später Mitarbeiterin von *Business Week* in Madrid.

Repaso 1

Anforderungen: elementare Kenntnisse der spanischen Sprache (Niveau A 2) Lernziel: Der S kann kurze Texte aus seinem Lebensumfeld verstehen und sich zu bekannten Themen äußern (mündlich und schriftlich)

Lernbereiche	Lernziele	Lektionsteil Aufg. / Üb.
	Funktional-kommunikative Kompetenzen	
Hablar	über ein Bild sprechen über ein lateinamerikanisches Land sprechen	**SB Repaso 4.1** **SB Repaso 4.2**
Escuchar	Dialogen selektiv Informationen entnehmen die Hauptaussagen eines Dialogs verstehen	**SB Repaso 3.1** **SB Repaso 3.2**
Escribir	über persönliche Erfahrungen schreiben, den eigenen Lernprozess reflektieren	**SB Repaso 2**
Leer	kurze touristische Städtebeschreibungen verstehen und ihnen selektiv Informationen entnehmen	**SB Repaso 1**

Die Aufgaben des Repaso 1 (S. 36–39)

Die Aufgaben des *Repaso* 1 sind, ebenso wie die der DELE-Prüfung, in vier Fertigkeiten unterteilt:

	Fertigkeiten	Aufgaben	Zeitdauer
1.	comprensión de lectura	1 tarea	10–15 Min.
2.	expresión e interacción escritas	1 tarea	20 Min.
3.	comprensión auditiva	2 tareas	15 Min.
4.	expresión e interacción orales	2 tareas	5 Min.

Die Lernziele entsprechen denen der Anforderungen der DELE-Prüfung.

Tipp:
Besprechen Sie mit Ihren S vorab die Aufgabenformate und entsprechende Lösungsstrategien, insbesondere wenn die S bisher noch nicht mit *¡Adelante!* gearbeitet haben.

1 Comprensión de lectura

Lernziel: kurze touristische Städtebeschreibungen verstehen und ihnen selektiv Informationen entnehmen

Tarea:
Der zu lesende Text besteht aus vier einzelnen Texten, die jeweils eine andere mexikanische Stadt beschreiben. Zum Inhalt der Texte werden insgesamt sechs Aussagen getroffen, die in Teilsätzen formuliert sind. Aufgabe der S ist es, aus jeweils drei angebotenen Satzenden (a, b oder c) das richtige auszuwählen. Dabei ist vorab nicht ersichtlich, in welchen der vier Kurztexte die S die jeweiligen Lösungen finden können.

Tipps:
- Empfehlen Sie Ihren S, zunächst die Fotos zu betrachten und ggf. ihr Vorwissen zu den einzelnen Orten zu aktivieren. Die auf diese Weise entwickelte Erwartungshaltung kann ihnen das Textverständnis erleichtern.
- Leiten Sie Ihre S an, sich die zu ergänzenden Aussagen vor dem Lesen der Städtebeschreibungen genau durchzulesen, damit sie dann im Text gezielt nach den richtigen Antworten suchen können.
- Verdeutlichen Sie Ihren S, dass sie sich beim Lesen des Textes auf diese Informationen konzentrieren müssen und andere vernachlässigen können.
- Wenn möglich, stellen Sie Ihren S den Text zusätzlich als Kopie zur Verfügung, damit sie sich die Schlüsselwörter (wie in der realen Prüfung) beim Lesen markieren können (vgl. hierzu die Kopiervorlage auf der **L-CD-ROM**).
- Geben Sie Ihren S keine Vokabelhilfen, sondern leiten Sie sie an, sich unbekannte Wörter selbstständig mit Hilfe der bekannten Strategien zu erschließen. Weisen Sie sie auch darauf hin, dass nicht jedes Wort verstanden werden muss, um den Inhalt eines Textes zu erfassen.

2 Expresión e interacción escritas

Lernziel: über persönliche Erfahrungen schreiben; den eigenen Lernprozess reflektieren
Die S sollen für ihr persönliches Internettagebuch (Blog) einen Text über ihr erstes Spanisch-Lernjahr verfassen und dabei verschiedene Aspekte berücksichtigen.

Tipps:
- Weisen Sie Ihre S darauf hin, dass es für eine erfolgreiche Bewältigung der Aufgabe ratsam ist, die Aufgabenstellung ganz genau zu lesen, da sie wichtige Hinweise zur Textsorte und zu den geforderten Inhalten enthält.

- Lassen Sie die S vorab darüber reflektieren, auf welche textsortenspezifischen Merkmale sie beim Verfassen des Blog-Eintrags achten müssen (Datum, Ich-Perspektive etc.).
- Empfehlen Sie Ihren S, sich vor dem Schreiben zu jedem der vier vorgegebenen Unterthemen mindestens eine Idee in Form von Stichworten zu notieren, um sicherzugehen, dass sie die Aufgabe vollständig bearbeiten. Schließlich ist die inhaltliche Vollständigkeit ein wichtiges Bewertungskriterium in der DELE-Prüfung.
- Da jedoch auch formale Kriterien in die Bewertung eingehen und stilistische, lexikalische sowie orthografische Fehler ebenfalls zu Punktabzug führen können, sollten Sie Ihren S unbedingt empfehlen, ihre Texte gründlich Korrektur zu lesen, wenn ihnen noch Zeit zur Verfügung steht.
- Ferner sollten Sie Ihren S verdeutlichen, dass es nicht ausreicht, die einzelnen Informationen aneinanderzureihen, sondern von ihnen ein flüssiger, inhaltlich stringenter Text erwartet wird. Gehen Sie mit ihnen ggf. noch einmal den Kasten „Así podéis estructurar un relato" im SB auf S. 19 durch. Empfehlen Sie Ihren S, ein Blatt mit geeigneten Konjunktionen, Adverbien usw. anzulegen und vor einer schriftlichen Prüfung nochmals durchzugehen, damit sie die Ausdrücke wieder parat haben.

3 Comprensión auditiva ◎ L1/31–37, 38

Lernziel: Dialogen selektiv Informationen entnehmen

Tarea 1:
Die S hören sieben kurze Dialoge (jeden Dialog jeweils zweimal nacheinander), denen sie in einer Tabelle eine von zehn Aussagen (A–J) zuordnen müssen. Die Schwierigkeit dieser für das Prüfungsniveau A 2 typischen Aufgabenform besteht zum einen darin, dass drei Aussagen nicht zugeordnet werden können (Distraktoren), zum anderen aber auch darin, dass sich die S während des Hörens an zehn verschiedene Aussagen und die dazugehörigen Buchstaben erinnern müssen.

Tipps:
- Obwohl dieses Aufgabenformat bereits im *Repaso* 3 des ersten Bandes vorkam, sollten Sie die Aufgabe mit den S vorab noch einmal besprechen. Aus der Aufgabenstellung selbst geht nämlich nicht eindeutig hervor, ob die S jedem Dialog einen Satz zuordnen müssen oder gegebenenfalls auch mehrere, da es ja mehr *enunciados* als Hörtexte gibt.
- Weisen Sie Ihre S darauf hin, dass sie die Aufgabe nur dann erfolgreich lösen können, wenn sie die *enunciados* vor dem Hören genau lesen und sie versuchen, sich die Aussagen gut einzuprägen.
- Empfehlen Sie Ihren S, sich zumindest Stichwörter zu den einzelnen Dialogen zu notieren, wenn sie die Aussagen nicht unmittelbar während des Hörprozesses zuordnen können. So können sie später noch eruieren, welchen Lösungsbuchstaben sie jeweils eintragen müssen.
- Informieren Sie Ihre S vor der Bearbeitung der Aufgabe darüber, dass sie die einzelnen Hörtexte jeweils zweimal direkt nacheinander hören werden.

Tarea 2:
Die S hören einen Dialog zwischen zwei Personen und wählen nach dem zweiten Hören (wie bei der Leseverstehensaufgabe) jeweils die richtige von drei Lösungsalternativen aus.

Tipps:
- Die Aussagen zum Hörtext sollten vor dem Hören wiederum genau gelesen werden.
- Weisen Sie Ihre S darauf hin, dass Sie ihnen den Hörtext zweimal vorspielen werden.
- Lassen Sie zwischen dem ersten und zweiten Abspielen des Dialogs keine längere Hörpause und unterbrechen Sie das Vorspielen des Textes nicht, damit sich Ihre S an die Bedingungen der DELE-Prüfung gewöhnen.

4 Expresión e interacción orales

Lernziele: über ein Bild sprechen; über ein lateinamerikanisches Land sprechen

Tarea 1:
Sprechanlass ist ein Foto von einem joggenden Mann am Strand. Die S beschreiben zunächst das Bild und den Mann und reflektieren davon ausgehend über eine gesunde Lebensführung.

Tarea 2:
Die S werden vor die Aufgabe gestellt, 2–3 Minuten über Peru zu sprechen und sich dabei auf einen der vorgegebenen Aspekte zu konzentrieren. Als kleine Hilfestellung sind ein paar Fragen zu den Inkas vorgegeben, womit den S nahe gelegt wird, sich für das Thema „Los incas" zu entscheiden. Allerdings können die Fragen zu den Inkas auch mit den anderen Aspekten (z. B. „Las ciudades" oder „Los conquistadores") in Verbindung gebracht werden.

Tipps:
Geben Sie Ihren S eine Vorbereitungszeit von 5–6 Minuten, damit sie sich kurze aber strukturierte Notizen anfertigen können. (Die Vorbereitungszeit ist knapp bemessen, damit sich die S an die engen Zeitvorgaben in der DELE-Prüfung gewöhnen.)

Die Lösungen zu *Repaso* 1 sind auf S. 223 im SB zu finden.

Unidad 3 Cataluña

Thema: die autonome Region Katalonien Lernziel: einen Prospekt über die eigene Region erstellen (Tarea final)	
PP:	erste Eindrücke von Katalonien gewinnen
A:	Barcelona und Salvador Dalí kennen lernen
B:	sich über einige katalanische Traditionen informieren
C:	Texten über einige wichtige katalanische Persönlichkeiten Informationen entnehmen
Leer:	ein Lied von Estopa verstehen

Lernbereiche	Lernziele	Lektionsteil Aufg. / Üb.
	Funktional-kommunikative Kompetenzen	
Hablar	erste Eindrücke von Katalonien versprachlichen	**SB PP1** ▸ CDA 1, 2
	Städte beschreiben und raten lassen	**SB PP3** ▸ CDA 3
	eigene Erlebnisse und Meinungen in Zusammenhang mit Katalonien äußern	**SB PP4**
	den eigenen Wohnort mit einer Stadt in Katalonien vergleichen	**SB A3b**
	über ein Gemälde sprechen	**SB A7** + KV 21
	über Geschenkanlässe für Blumen sprechen	**SB B1**
	bei einem Gespräch dolmetschen	**SB B5**
	sich über spanische Traditionen äußern	**SB B6**
	die Aussprache trainieren (Intonation)	**SB B7**
	über den Stil von Werken Gaudis sprechen	**SB C1**
	einen „Botschafter" der eigenen Stadt oder Region beschreiben	**SB C6**
Escuchar	erkennen, von welchen Fotos in einem Hörtext gesprochen wird	**SB PP2**
	einem Text Informationen zu Barcelona entnehmen	**SB A1**
	einen Hörtext über die Ramblas verstehen	**SB A5**
	landeskundliche Informationen (Sant Jordi, Día del libro) verstehen	**SB B2**
	einem Text Informationen zu Antonio Gaudí entnehmen	**SB C2** + KV 22
	Personenbeschreibungen verstehen	**SB C4**
	ein Lied der Gruppe Estopa verstehen	**SB LEER** + KV 1
	weitere Aufgaben zum Hörverstehen	▸ CDA 5, 16
Escribir	Aktivitäten für ein Wochenende in Barcelona beschreiben	**SB A1**
	einen Text über die eigene Stadt schreiben	**SB A8**
	eine E-Mail beantworten	**SB B3**
	Fragen über deutsche Feste erfinden	**SB B8**
	weitere Aufgaben zur Texterstellung	▸ CDA 5, 7
Leer	einem Text Informationen zu Barcelona entnehmen	**SB A1**
	landeskundliche Informationen (Sant Jordi, Día del libro) verstehen	**SB B2** + OL 538001-0006
	einem Text Informationen zu Antonio Gaudí entnehmen	**SB C2** + KV 23
	das Duo Estopa und eines seiner Lieder kennen lernen	**LEER**
	weitere Aufgaben zum Leseverstehen	▸ CDA 6, 7, 10

Mediación	Aussagen über die Ramblas auf Deutsch zusammenfassen	**SB A5**
	bei einem Gespräch dolmetschen	**SB B5**
	weitere Aufgaben zur Sprachmittlung	▶ CDA 5, 15, KV 24
Lexikalische Strukturen	sich über eine Stadt äußern	**SB A1** ▶ CDA 1 + 2
	über Stimmungen und Gefühle sprechen	**SB A 1c)** ▶ CDA 9
	über die Eigenschaften von Personen sprechen	**SB A4**
	über Kunstwerke sprechen	**SB A7, C2** + KV 23
	ein Fest beschreiben	**SB B2, B6**
Grammatische Strukturen	der Unterschied zwischen *ser* und *estar*	**SB A2, A3, A4, A6** + OL 538001-0005 + KV 20 ▶ CDA 4–6, 8–10
	die betonten Possessivbegleiter und Possessivpronomen	**SB B3, B4, B5** ▶ CDA 13, 14, 15
	der absolute Superlativ der Adjektive	**SB B6** ▶ CDA 11, 12
	das *pretérito plusquamperfecto*	**SB C3, C4b), C5** ▶ CDA 16
	Interkulturelle Kompetenzen	
	Informationen zu Katalonien und dem Katalanischen	**SB A1, A5, B2, B6**
	Blumen schenken	**SB B1**
	Methodische Kompetenzen	
	selektives Hören	**SB PP2**
	Bildbeschreibung	**SB A7** + KV 21

Ziele klären
Die S lesen die *Tarea final* und die kommunikativen Fertigkeiten auf S. 41. Sie erkennen, dass sie die in der Lektion vermittelten kommunikativen Fertigkeiten zur Bewältigung der *Tarea final* (Erstellen eines Prospekts über die eigene Region für eine Tourismus-Messe) benötigen.

Primer paso (S. 40–41)

Lernziele: Die S gewinnen erste Eindrücke von Katalonien. Sie lernen dabei, Adjektive zur Beschreibung von Städten zu verwenden.

1 ¿Cómo es Cataluña?

Lernziel: erste Eindrücke von Katalonien versprachlichen

Einstieg: Der L schreibt „Cataluña" an die Tafel. Zur Klärung des Begriffs betrachten die S zunächst die Spanienkarte auf der Innenseite des Bucheinbands bzw. über Beamer auf der **L-CD-ROM** («Mapa de España» unter Extras) und ordnen Katalonien unter Verwendung der Sprachmittel von SB S. 12 geografisch ein. Die Informationen werden an der Tafel festgehalten, ebenso weitere Punkte, die die S möglicherweise nennen. Damit sind gleichzeitig die Aufgaben b) und c) abgedeckt.
Danach erhalten die S einige Minuten Zeit, um die Aufgabe a) in PA zu bearbeiten. Der Tafelanschrieb wird im Plenum unter Verwendung einiger Adjektive ergänzt.

Cataluña
cerca de Francia, en el este de España
limita con: Aragón (al oeste), Andorra (al norte), Valencia (al sur)
cuatro provincias (Gerona, Lérida, Barcelona, Tarragona)
capital: Barcelona (ciudad atractiva, tradicional y moderna)
región turística con posibilidad° de practicar deporte (montañas, playas)
monumentos antiguos, p. ej. de los romanos°
una región creativa y moderna
importancia de la moda catalana° (internacional, clásica, elegante, deportista y un poco loca)
diseñadores famosos (por ejemplo Custo Barcelona)

Alternative: Der L zeigt zunächst die Fotos der Seiten 40 und 41 von der **L-CD-ROM** (vgl. die Seite «Postales de Cataluña») über Beamer bzw. Folie und fordert die S auf zu benennen, worum es im folgenden Kapitel wohl gehen wird: *¿Dónde estamos? ¿De qué vamos a hablar en esta unidad?* Hier können z. B. auch die fußballbegeisterten S ihr Wissen einbringen. Es ist wahrscheinlich, dass die S zunächst Barcelona als Thema vermuten, was durch den Verweis auf die Fotos 1, 2 und 4 modifiziert wird, z. B. zu *la región cerca de Barcelona*. Der Name der *Comunidad Autónoma* wird vom L ergänzt.

2 Las postales ◎ L1/39

Lernziel: erkennen, von welchen Fotos in einem Hörtext gesprochen wird

a) Die S hören die Texte der CD und geben an, von welchen der auf den Postkarten dargestellten Orten die Rede ist.

b) Sie hören die Texte erneut und notieren zu jedem Ort drei Schlüsselwörter.

Tipps:
- Vor Bearbeitung der Übung kann an die Lerntechnik „Selektives Hören" erinnert werden. Die S überlegen sich, worauf sie beim selektiven Hören des anstehenden Textes achten müssen (Eigennamen, Adjektive, Ortsangabe, Bildbeschriftung). Bei Bedarf wird der Kasten von S. 31 nochmals gelesen. Es sollte ein Hinweis gegeben werden, dass die chronologische Reihenfolge der Abbildungen bei dem Hörtext nicht eingehalten wird.
- Im Anschluss an die Bearbeitung der Übung können weitere Informationen zu den abgebildeten landeskundlichen Inhalten gegeben werden (vgl. das Landeskundeglossar S. 39–41). Dabei können auch die S einbezogen werden, z. B. über vorhandenes Wissen (Camp Nou / Barça; Mode) oder in Form von Kurzreferaten.

3 ¿Sí o no?

Lernziel: Städte beschreiben und raten lassen

Die S versuchen durch Ja-Nein-Fragen Orte der eigenen Region zu erraten.

Tipp: Bei schwächeren Gruppen empfiehlt es sich, zunächst eine kleine Vokabelsammlung an der Tafel zu machen und ggf. auch einige wichtige Vokabeln einzuführen (hier mit * gekennzeichnet), um die Beschreibung zu erleichtern. Geeignetes Vokabular ist: *museo, universidad, discoteca, castillo, catedral, estadio, albergue juvenil, biblioteca, hospital, industria, instituto, playa, piscina, tienda, supermercado, centro comercial*, empresa, fábrica, oficina, metro, naturaleza, lago, río*, acabar de construir, disfrutar de*. Die S sollten angehalten werden, Adjektive aus PP 1 wieder zu verwenden.
Statt an der Tafel kann das Vokabular auch auf Folie festgehalten und bei der Bearbeitung der Lektion um weiteres geeignetes Vokabular ergänzt werden (z. B. A1), damit es für weitere Aufgaben (z. B. A3, A8) wieder zur Verfügung steht.

4 Mi idea de Cataluña

Lernziel: eigene Erlebnisse und Meinungen in Zusammenhang mit Katalonien äußern

Die S berichten über eigene Erlebnisse in Katalonien oder erklären, welche der auf den Postkarten dargestellten Orte sie gerne besuchen würden und begründen ihre Entscheidung.

Tipp: Bei schwächeren Gruppen sollte auch hier eine Vokabelsammlung (Kollokationen) zur Vorentlastung gemacht werden: *practicar / estudiar español, pasar todo el día en la playa, probar la comida de la región, beber vino / cava* catalán, bailar en las discotecas, visitar los museos, hablar con los jóvenes, esquiar* en la montaña, ir de compras en las tiendas de moda* usw.

Aprender y practicar A (S. 42–44)

Lernziele: Die S erweitern ihr Wissen über Katalonien allgemein und Barcelona im Besonderen und lernen ser *und* estar *in Verbindung mit Adjektiven kennen. Sie können am Ende des Lektionsteils einen Text über ihre eigene Stadt schreiben.*

1 Estoy encantado de vivir en Barcelona

◎ L1/40 = S16

Lernziel: einem Text Informationen zu Barcelona entnehmen

Einstieg: Der L schreibt den Titel an die Tafel und lässt darüber spekulieren, welche Begründungen vermutlich für die Begeisterung über die eigene Stadt genannt werden. Die Spekulationen werden stichwortartig an der Tafel festgehalten. Danach erfolgt ein erster Hördurchgang bei geschlossenem Buch, wobei die S nur abgleichen, welche Stichwörter tatsächlich auftauchen. Beim zweiten Hördurchgang werden die S aufgefordert, Notizen zu machen, die im Plenum mündlich gesammelt werden.

Danach erfolgt eine Stilllesephase des Textes. In PA listen die S die positiven und negativen Seiten des Lebens in Barcelona auf (b). Unter Verwendung der Ergebnisse geben sie an, was sie an einem Wochenende in Barcelona unternehmen würden (d), bevor eine Zusammenfassung im Plenum erfolgt. Die Aufgabenteile c) und e) eignen sich als Hausaufgabe. Zur Wiederholung kann in der Folgestunde **KV 18** eingesetzt werden.

Tipp: Die Information zum Katalanischen in dem Kasten sollte gelesen werden. Da die geografischen Kenntnisse der S im Allgemeinen begrenzt sind, empfiehlt es sich, den S auf einer Landkarte zu zeigen, wo sich die Balearen, Andorra, das französische Département Pyrénées-Orientales (Cataluña Norte) und Alguer (italienisch Alghero, Sardinien) befinden. Hierfür kann auch die Spanienkarte auf der **L-CD-ROM** herangezogen werden, auf der allerdings Sardinien nicht mehr zu sehen ist.

Weiterarbeit: Zur Wiederholung der Wegbeschreibungen (vgl. SB *¡Adelante! Nivel elemental, Unidad* 4, S. 58) erhalten die S eine Kopie des Stadtplans von Barcelona (**KV 19**). Die S arbeiten zu zweit. S 1 werden drei Zielpunkte (z. B. die Torre Agbar, La Pedrera und einen Punkt am Hafen) genannt, S 2 drei andere (z. B. die Sagrada Familia, die Kathedrale sowie das Stadion Camp Nou). Die Wegbeschreibungen werden wiederholt, wofür ggf. die KV im LHB zu *¡Adelante! Nivel elemental* S. 107 erneut herangezogen werden kann. Danach dirigiert jeder S den Partner zu den jeweiligen Punkten. Schnellere Tandems können auch selbstständig mit Straßennamen oder weiteren markanten Orten weiterüben, bis die anderen Paare fertig sind.

Relevantes Vokabular ist z. B.:

para preguntar por un lugar
Perdón, ¿dónde está...?
¿Me puede decir dónde está...?
Busco la calle... ¿Está cerca de aquí?

para contestar
Mira, nosotros estamos aquí, delante de...
Primero vas todo recto y giras en la primera calle a la derecha.
Vas todo recto hasta... Entonces tomas la segunda / tercera / cuarta / ... calle a la izquierda... Ahí está...

2 Ser o estar... Esa es la cuestión

Lernziel: den Unterschied zwischen ser *und* estar *+ Adjektiv erschließen*

a) Die S wählen zu jedem Satz die korrekte Erklärung aus.

b) Sie formulieren aufgrund der Ergebnisse eine Regel für die Verwendung von *ser* und *estar* bei Adjektiven.

c) und **d)** Sie erklären, weshalb die Verbindung von *ser* bzw. *estar* mit bestimmten Adjektiven nicht möglich ist.

Hinweis: Bevor die S sich in Partnerarbeit austauschen, können sie zuerst kurz allein über die Fragen nachdenken. Auf die Problematik *estar bien / mal* (vgl. *Ojo*-Kasten) sollte besonders hingewiesen werden. Eine zusätzliche Übungsmöglichkeit bietet die Tandemaufgabe auf **KV 20**.

3 Me encanta vivir en Lleida

Lernziel: Einübung des Unterschied zwischen ser *und* estar *+ Adjektiv*

a) Die S verwenden *ser* und *estar* in einer Beschreibung von Lleida.

Tipp: Die Aufgabe sollte zunächst in Stillarbeit vorbereitet werden, danach tauschen sich die S in PA aus, bevor die Besprechung im Plenum erfolgt.

b) Die S vergleichen die Stadt anschließend mit ihrem Wohnort.

Differenzierungsvorschlag:
- Stärkere Gruppen erhalten drei Minuten Zeit, um sich den Text einzuprägen und formulieren dann bei geschlossenem Buch entsprechende Sätze zu ihrer Stadt.
- Bei schwächeren Gruppen schreibt der L folgende Teilsätze an die Tafel, die die S in PA mündlich und bei geschlossenem Buch beenden.

Vivo en...
Está en el norte/oeste/este/sur de (*+ nombre del país / de la región*)
Está al norte/oeste/este/sur de (*+ ciudad más grande o conocida, montaña*)
Es una ciudad (muy / bastante) grande/bonita/ un poco cara/limpia; es tan... como Lleida
Aunque Lleida..., la vida aquí es también fantástica/genial...
Tenemos también...
Mi ciudad tiene... más / menos... que Lleida; tiene tanto, – / a... como... Lleida
Estoy muy contento, – a con...
Mi ciudad está bien para... / es ideal para...
Una fiesta típica es...
A mí (no) me gusta...
Nuestra comida típica es...
Como veis, estoy...

4 ¿Quién de la clase?

Lernziel: über die Eigenschaften von Klassenkameraden sprechen

Die S fragen nach Eigenschaften ihrer Mitschüler (a) und Begründungen dafür (b).

Variante: Da diese Aufgabe unter Umständen bei manchen S Verärgerung auslösen kann, kann sie durch folgende Variante ersetzt werden: Die S bekommen fünf Minuten Zeit und die Aufgabe, sich zu drei der aufgelisteten Adjektive Definitionen oder Situationen auszudenken, in denen sie verwendbar sind. In einer Omniumkontaktphase lesen sie ihre Resultate anderen vor und lassen erraten, um welches Adjektiv es sich handelt. In einer Abschlussrunde im Plenum wird pro Adjektiv jeweils ein Beispiel besprochen und geklärt, ob *ser* oder *estar* zu verwenden ist. Die Aufgabe b) entfällt.

5 Un paseo por las Ramblas ◎ L1/41

Lernziel: Aussagen zu einem Hörtext über die Ramblas korrigieren und auf Deutsch zusammenfassen

a) und **b)** Die S hören den Text von der CD und entscheiden, welche der vorgegebenen Sätze richtig oder falsch sind und benennen, was ihnen aufgefallen ist.

Tipp: Die Sätze sollten vor der Hörphase zunächst still gelesen und eventuelle Vokabelfragen beantwortet werden. Die Korrektur erfolgt zunächst in PA, danach im Plenum mit Besprechung von b).

c) Die S geben die Informationen zu den Ramblas auf Deutsch wieder. Dies kann auch abwechselnd in PA geschehen.

6 Salvador Dalí

Lernziel: ser *und* estar *in Sätzen über Salvador Dalí verwenden*

Die S erstellen nach Vorgaben einen Text über Salvador Dalí und verwenden dabei *ser* und *estar*.

Weiterarbeit: Weiteres Übungsmaterial zu *ser* und *estar* (alle bekannten Verwendungen, nicht nur bei Adjektiven) finden Sie unter dem **Online-Link 538001-0005**.

7 Muchacha en la ventana

Lernziel: über ein Gemälde sprechen

Die S beschreiben das Bild (a) und interpretieren es mit Hilfe von Leitfragen (b). Mittels einer Internet-Recherche überprüfen sie ihre Vermutungen (c). Dieser letzte Übungsteil ist fakultativ und besonders für leistungsstärkere oder kunstinteressierte S geeignet.

Variante: Das Bild kann von der **L-CD-ROM** mittels Beamer an die Wand projiziert werden (vgl. die Seite «Muchacha en la ventana»). Im Plenum werden zunächst die sprachlichen Mittel unter a) geklärt. Danach haben die S fünf Minuten Zeit, um sich Notizen zu machen und die Bildbeschreibung sowie die Beantwortung von b) vorzubereiten. Sie tauschen sich dann in PA aus. Im Plenum tragen zwei S ihre Ergebnisse vor.
Weitere Fragen des L können sich anschließen, falls in der Beschreibung Lücken geblieben sind:
¿Cuántos años tiene la chica? ¿Con quién vive? ¿Qué hace? ¿Por qué mira la chica por la ventana? ¿En qué época° del año estamos? usw.

Weiterarbeit:
- Die Fragen 3 und 4 des Aufgabenteils b) können zu einer kreativen Schreibaufgabe weiterentwickelt werden. Dazu schreiben die S in der ersten Person und unter Berücksichtigung der zuvor erarbeiteten Ergebnisse, was das Mädchen denkt und wie es dazu kam, dass sie sich so fühlt.
- Falls die S Interesse zeigen, können sie aufgefordert werden, sich im Internet unter dem Stichwort „Salvador Dalí" Gemälde des Künstlers anzusehen und ein Bild ggf. kurz im Plenum vorzustellen.
  Als Alternative ist auch ein virtueller Besuch des Museo de Dalí in Figueres oder des Schlosses seiner Frau in Púbol denkbar. Adressen finden Sie unter dem **Online-Link 538010-0015**.
- Zum weiteren Einüben der Bildbeschreibung kann **KV 21** im Sinne eines Bilddiktats verwendet werden.

8 Tarea: Estoy enamorado de Alemania

Lernziel: einen Text über die eigene Stadt schreiben

Die S verfassen eine Beschreibung ihres Wohnortes für eine - fiktive - Internet-Seite.

Tipps:
- Bei Bedarf kann zunächst der Wortschatz aus SB PP3 bzw. SB A3 nochmals wiederholt oder die dort angefertigte Folie aufgelegt werden.
- Falls ein Klassenblog angelegt wurde, können die Texte der S hier eingegeben werden (vgl. Vorwort S. 8). Aus den Ergebnissen kann auch ein gemeinsamer Text erstellt werden, der sich zur Veröffentlichung auf der Homepage der Schule eignet.
- Bei schwächeren Gruppen kann der Text A3 als Vorlage eingesetzt und um thematisch passende Sätze aus A1 ergänzt werden.

Aprender y practicar B (S. 45 – 47)

Lernziele: Die S informieren sich über einige katalanische Traditionen und erarbeiten sich das Possessivpronomen. Sie können am Ende des Lektionsteils Fragen zu deutschen Festen erstellen.

1 Las flores

Lernziel: über Geschenkanlässe für Blumen sprechen

a) Die S berichten, ob sie bereits einmal Blumen verschenkt haben.

b) Anhand von Fotos vergegenwärtigen sie sich, dass es bei bestimmten Anlässen üblich ist, Blumen zu schenken und werden so für den im nachfolgenden Text geschilderten Brauch sensibilisiert.

Zusatzinformation

Mitbringsel bei Einladungen

Bei einer Einladung in Spanien bringt man entweder etwas aus der Konditorei bzw. im Sommer Eistorte mit, bei einem Geburtstag Pralinen. Blumen sind weniger üblich. Falls man sich für einen Strauß entscheidet, wird dieser in Folie (*celofán*) überreicht, mit Band und Etikett des Ladens. Einem Mann schenkt man eine (unverpackte) Flasche Wein. Bei einer Beerdigung werden keine Blumen mitgebracht.

2 Sant Jordi ◎ L1 / 42 = S17

Lernziel: einem Text landeskundliche Informationen (Sant Jordi, Día del libro) entnehmen

Einstieg: Der L schreibt einige Schlüsselwörter aus Katrins Erlebnis an die Tafel, z. B. *Katrin (alemana), Barcelona, Mario, compañero de oficina, atractivo, quedar para tomar un café, aparecer con una rosa°, ilusionada.* In Stillarbeit oder in Kleingruppen spekulieren die S, was Katrin wohl erlebt hat und skizzieren kurz den erwarteten Handlungsverlauf (der vermutlich ähnlich sein wird wie Katrins Erwartungen). Eine Gruppe stellt ihr Ergebnis vor, die anderen ergänzen ggf. Details. Falls eine Gruppe zu ganz anderen Schlussfolgerungen gekommen sein sollte, stellt auch diese ihre Version vor. Die Grundzüge werden an der Tafel oder auf Folie festgehalten. Neben den Stichpunkten bleibt jeweils noch genügend Platz, damit nach dem Hören des Textes die irrtümlichen Interpretationen (Katrins, der Schüler) korrigiert werden können.

Danach wird der Text zunächst bei geschlossenem Buch von der CD präsentiert. Die S vergleichen zuerst Katrins Geschichte mit ihren eigenen Spekulationen. Im zweiten Hördurchgang konzentrieren sie sich auf die Erläuterungen von Katrins Freundin Angels. Die Ergebnisse werden an der Tafel oder auf Folie ergänzt.

Alternative (für stärkere Gruppen): Vor der Präsentation des Textes von der CD kündigt der L an, dass Katrin ihr Erlebnis einer Freundin aus Barcelona erzählt, und diese ihr erklärt, dass alles ganz anders ist: *Cuando Katrin le cuenta la historia a su amiga catalana, esta le explica que todo es diferente, que Katrin es ingenua* (es decir, piensa como una niña pequeña que no sabe nada de la vida). ¿Cuál puede ser la razón?* Für die Überlegungen kann der L auch nochmals auf die Aufgabe B1 verweisen. Die S erkennen, dass die geschenkte Rose nicht unbedingt auf Verliebtheit hindeuten muss, sondern im katalanischen Kontext wohl eine andere Bedeutung hat.
Danach wird der Text vorgespielt und sowohl die Katrins Interpretation von Marios Verhalten als auch Angels Erklärung mit den eigenen Ergebnissen verglichen.

Anschließend wird der Text gelesen und ggf. noch offene Fragen zu Inhalt und Wortschatz geklärt, z. B.:

te noto (+ adj.): veo que eres (+ adj.)
novedades: información nueva, cosas interesantes que contar
emocionado,-a: Katrin habla muy rápido porque está muy contenta y muy nerviosa.
guapo,-a: atractivo,-a
la cabeza: wird durch Zeigen veranschaulicht
enterarse de algo: notar, entender
hacer mucha ilusión a alguien: Cuando alguien está ilusionado y muy contento con algo, esto le hace mucha ilusión.
ser ingenuo,-a: pensar como una niña pequeña, tener ideas muy simples°
un puesto: aquí algo como una pequeña tienda; está al aire libre°; normalmente no existe siempre, sino solo en días especiales.
atento,-a: muy amable
decepcionado,-a: contrario de ilusionado,-a
un caballero: un pequeño noble hace unos 500 años o más

Abschließend erarbeiten die S drei Behauptungen zum Text (Aufgabe b), die sie statt im Plenum auch unterschiedlichen Klassenkameraden stellen können.

Hinweis: Der Text bietet sich auch dafür an, die Pronomen zu wiederholen, die den S oft Probleme bereiten. Hierfür werden im Anschluss an die Bearbeitung der SB-Aufgaben einzelne Textstellen genau analysiert. Die S erhalten die Aufgabe *¿A qué se refieren los pronombres?*
l. 18: ¿No <u>la</u> conocías? (la fiesta)
l. 19: Los chicos <u>les</u> regalan una rosa a las chicas. (las chicas)
l. 21: Pues ahora que <u>lo</u> dices… sí, <u>los</u> he visto. (lo = se refiere a toda la frase que precede; los = los puestos)
l. 27: Me voy rápido a comprar<u>lo</u>. (el libro)

Weiterarbeit: Die Legende von St. Georg und dem Drachen, auf die im Text angespielt wird, erarbeiten sich die S als Lesetext unter dem **Online-Link 538001-0006**.

3 Unos amigos míos

Lernziel: die betonten Possessivbegleiter

a) Die S suchen im Text die betonten Possessivbegleiter und ordnen sie in einer Tabelle.

Tipp: Auf die Parallele im Englischen (z. B. *a friend of mine*) kann hingewiesen werden.

b) und **c)** Die S setzen die Begleiter in einem Mailtext ein und beantworten diese Mail.

Für die Bearbeitung von Aufgabe c) lässt sich der L von den S an der Tafel diktieren, welche Punkte in der E-Mail anzusprechen sind (Frage nach dem Befinden von Stefan + Ute; Utes Zufriedenheit mit ihrer Arbeit und dem Leben in Spanien; Entschuldigung für den spärlichen Nachrichtenfluss; Gratulation zu dem neuen Freund; Bestätigung oder Verneinung der Anwesenheit in Barcelona Anfang August; Freude auf ein Wiedersehen / Bedauern, dass das Wiedersehen nicht stattfinden kann). Die S erfinden einige zusätzliche Informationen. Die Mail wird als Mustermail im Plenum an der Tafel erstellt und von den S in ihr Heft übernommen.

4 ¿De quién es?

Lernziel: die Possessivpronomen

Entdeckendes Lernen: Die S erkennen, dass die Possessivpronomen anstelle der Wiederholung eines Syntagmas Possessivbegleiter + Substantiv stehen und sich in Genus und Numerus nach dem Substantiv richten. Sie formulieren die Regel.

Hinweis: Auf die analoge Form im Englischen (*Who does this book belong to? It is mine / yours / his / hers / ours / yours / theirs*) und im Deutschen kann als Gedächtnisstütze hingewiesen werden.

5 Tu amiga en Barcelona

Lernziel: bei einem Gespräch dolmetschen und dabei die Possessivpronomen verwenden

Tipp: Bei starken Klassen kann der deutsche und spanische Teil auf separate Blätter kopiert werden. Die S arbeiten zu dritt und simulieren das Gespräch in drei Durchgängen, so dass jeder einmal die Rolle des Dolmetschers spielen muss.

6 Unas fiestas divertidísimas

Lernziele: landeskundliche Information (Castells und Sardana); Verwendung des Superlativs auf -ísimo

a) **Entdeckendes Lernen:** Die S erkennen, dass die Formen auf *-ísimo* ähnliche bedeutung wie *muy* + Adjektiv haben.

b) Sie ersetzen in Texten über zwei katalanische Traditionen *muy* + Adjektiv durch den Superlativ auf *-ísimo*.

Hinweis: Die S sollten darauf hingewiesen werden, dass es Adjektive gibt, die nicht gesteigert werden können, z. B. *vegetariano, favorito*. Außerdem gibt es Formen auf *-ísimo*, die nicht gebräuchlich sind, z. B. bei *diferente, bonito*. Im Zweifelsfall ist *muy* zu bevorzugen.

c) Die S äußern sich zu den beiden beschriebenen Traditionen.

7 Practicamos la pronunciación

◎ L1/43–45 = S18, 19

Lernziel: die Aussprache trainieren (Intonation)

Die S machen sich die Verwendung der Satzmelodie im Spanischen bewusst.

Hinweis: Weitere Beispiele finden Sie unter dem **Online-Link 538010-0016**.

8 Tarea: Trivial alemán

Lernziel: Fragen über deutsche Feste erfinden

Die S erstellen ein Fragespiel über deutsche Feste für spanische Austauschschüler.

Hinweis: Falls den S nichts einfällt, kann auf entsprechende Internetseiten zurückgegriffen werden. Vorschläge finden Sie unter dem **Online-Link 538010-0017**.

Aprender y practicar C (S. 48–49)

Lernziel: Die S entnehmen Texten Informationen zu weiteren bekannten Persönlichkeiten aus Katalonien und machen sich mit dem pretérito pluscuamperfecto *vertraut. Sie können am Ende des Lektionsteils begründen, wer Botschafter ihrer Region sein könnte.*

1 Los monumentos de Gaudí

Lernziel: über den Stil von Werken Gaudis sprechen

Einstieg: Als Vorbereitung sitzen die S in Vierergruppen. Nach der Placemat-Methode (siehe Vorwort S. 9) schreiben sie in fünf Minuten möglichst viele Adjektive nieder, aus denen sie dann gemeinsam passende auswählen.

Danach werden im Plenum Sätze gebildet und bei Bedarf bestimmte Adjektive an der Tafel festgehalten. Für eine ausführliche Liste der bis *Unidad* 2 eingeführten Adjektive siehe die Lösungen zu *Unidad* 2 Aufgabe C 3 auf der **L-CD-ROM**.

2 Un libro sobre Gaudí ◎ L1/46 = S20

Lernziel: einem Text Informationen zu Antonio Gaudí entnehmen

Einstieg: Die S werden aufgefordert, die Werke Gaudís zu nennen, die sie bereits kennen (Sagrada Familia und Parque Güell aus C1, La Pedrera aus A1, dort allerdings ohne Nennung des Architekten). Soweit der L bei der Besprechung der Fotos bereits weitere Infos zu Gaudí oder seinen Werken gegeben hat, können diese ebenfalls zusammengefasst werden.

a) Es erfolgt ein erstes Hören des Textes und die Frage nach dem Thema.

Erarbeitung: Danach wird **KV 22** bearbeitet. **KV 23** kann sowohl zur Wortschatzklärung nach dem Hören des Textes als auch zur Wortschatzsicherung eingesetzt werden.
Bei der Verwendung zur Wortschatzklärung können die Spielsteine auch auf Folie kopiert und ein gemeinsamer Durchgang am Tageslichtprojektor gespielt werden.

b) und **c)** Die S vervollständigen die Sätze im SB mit den relevanten Textinhalten und tauschen sich mit einem Partner darüber aus.

d) Sie informieren sich im Internet zum Stand der Bauarbeiten an der Sagrada Familia.

Hinweis: Die Aufgabe d) ist fakultativ. Sie bietet sich als Hausaufgabe an.
Da die S vermutlich bei der Recherche auf die deutsche Webseite gehen werden, sollte explizit verlangt werden, dass sie mindestens fünf Informationen auf Spanisch notieren sollen. In der Folgestunde wird dann aus diesen Informationen ein Tafelbild zur Sagrada Familia erstellt. Zur Veranschaulichung kann ein Videoclip über das Bauwerk angespielt werden (vgl. **Online-Link 538010-0018**).

Weiterarbeit: Zur Ergänzung der Informationen über Dalí kann **KV 24** eingesetzt werden.

3 Había trabajado

Lernziel: Bildung und Gebrauch des pretérito pluscuamperfecto *erkennen*

a) und **b)** Die S erkennen anhand der Beispiele im Text, dass das *pluscuamperfecto* dem *pretérito perfecto* (und dem *pretérito imperfecto*) ähnelt, konjugieren ein Verb und überprüfen ihre Ergebnisse mithilfe des Grammatik-Anhangs.

c) Anhand von Bildimpulsen formulieren sie eine Regel für den Gebrauch.

Tipp: Die drei Teilaufgaben sollten zunächst in Einzelarbeit gemacht werden, bevor sich die S mit einem Partner austauschen und eine abschließende Besprechung im Plenum erfolgt.

4 Embajadores de Cataluña ◎ L1/47

Lernziel: Personenbeschreibungen verstehen

a) Die S hören den Text auf der CD und ordnen die vorgegebenen Sätze der richtigen Person zu.

b) Nach einem weiteren Hördurchgang nennen sie Tätigkeiten und Lebensumstände vor deren Ernennung zum Botschafter Kataloniens.

5 Yo también

Lernziel: über sich selbst sprechen unter Verwendung des pretérito pluscuamperfecto

Weiterarbeit: Die S formulieren frei oder anhand der folgenden Ideen weitere Sätze:
Antes de salir con mi pareja actual…
Antes de vivir en… ya había vivido en…
Antes de ver aquella película el lunes pasado…
Antes de hacer los deberes ayer por la noche…
Antes de comprar este disco la semana pasada…
Antes de viajar por primera vez a… usw.

6 Tarea: El embajador de nuestra región

Lernziel: einen „Botschafter" der eigenen Stadt oder Region beschreiben

Die S denken sich in Gruppenarbeit aus, wer Botschafter für ihre Region sein könnte und stellen ihren Kandidaten im Plenum vor.

Tipp: Um die „Kandidatenfindung" etwas zu beschleunigen, sollten sich die S schon im Vorfeld in Dreiergruppen auf „ihren" Kandidaten einigen und entsprechende Informationen zu Hause recherchieren. Die gesammelten Informationen werden dann im Unterricht zusammengestellt und im Plenum präsentiert.

Leer (S. 50)

Lernziel: das Duo Estopa und eines seiner Lieder kennen lernen

Einstieg: Der L liest den Text über die Gruppe Estopa zweimal bei geschlossenen Büchern in normalem Tempo vor. Die S machen sich gleichzeitig möglichst viele Notizen. In einer Kettenübung geben sie dann mündlich Auskunft über die Gruppe. Fehlerhafte Informationen werden korrigiert. Das Buch bleibt geschlossen.

1 Era ◎ L1/48

Einstieg: Der L teilt **KV1** aus, lässt diese lesen und gibt bei Bedarf Erläuterungen. Im Anschluss erfolgt ein erster Hördurchgang. Die S formulieren ihre Eindrücke (Hörauftrag: *Escuchad la canción sin fijaros* en el texto. Después vamos a hablar primero de si os ha gustado y qué os parece la música.*) Formulierungshilfen stehen im ersten Teil der KV bereit. Die ihrer Ansicht nach zutreffenden Aussagen können von den S auch angekreuzt werden. Zu hören sind folgende Instrumente: Gitarre, Elektrogitarre, Keyboard, Klavier, Percussion / Rassel, Geige (und andere Streichinstrumente).
Beim zweiten Hören notieren die S einige Wörter, die sie verstehen. In Partner- oder Kleingruppenarbeit tauschen sie sich anhand ihrer Notizen aus und versuchen zu erarbeiten, um welches Thema es in dem Lied geht. Gut zu verstehende Schlüsselwörter sind z. B. *se fue, no volvió, no puedo dormir, sueño, recuerdos, nadie sabe dónde está.* Aus ihnen lässt sich das Thema (*El yo lírico^ está enamorado de una chica que lo dejó.*) gut ableiten. Die Syntagmen im letzten Teil der KV bieten weitere Formulierungshilfen.

Danach wird das Lied erneut vorgespielt, die S lesen den Text mit. Es folgt die Bearbeitung der SB-Aufgaben.

Weiterarbeit: Die S geben dem lyrischen Ich Ratschläge, was er tun soll (z. B. um die Frau zu vergessen oder umgekehrt, um sie zurückzugewinnen). Falls die S Sätze der Struktur *te recomiendo que, propongo que, no creo que* etc. verwenden, weist der L sie darauf hin, dass hier Formen verwendet werden müssen, die erst später gelernt werden. Er erinnert an alternative Ausdrucksmöglichkeiten, z. B. *Creo que tienes que… ¿Por qué no…?*

Hinweis: *Allenrok* ist die fünfte CD von Estopa. Der Titel ist das Anagramm von Cornellà, dem Geburtsort der beiden Brüder.

Tarea Final (S. 51)

Lernziel: einen Prospekt über die eigene Region erstellen

Einstieg: Zunächst sollte der kurze Text zu FITUR gelesen werden. Ggf. kann zusätzlich ein Clip über diese Tourismusmesse aus dem Internet gezeigt werden. Die S notieren sich die Namen der lateinamerikanischen Länder, soweit diese im Clip auftauchen, und orten sie im Anschluss auf der Landkarte im Buch. Hierbei wiederholen sie den bereits bekannten Wortschatz: *al norte… de, limitar con, estar entre… y…, estar cerca de…;* einige neue Vokabeln können eingeführt werden, sofern dies nicht bereits in Lektion 1 geschehen ist, z. B. *estar situado,-a en…, encontrarse en…*

a) Die S bilden Gruppen und entscheiden, welches Thema sie behandeln wollen. Umgekehrt kann auch die Gruppenbildung anhand der Themenauswahl erfolgen. Ggf. können einige Themen auch mehrfach vergeben werden.

b) und **c)** Die S erarbeiten ihren Prospekt und stellen ihn der Klasse vor. Dabei erklären sie auch, weshalb sie diesen Aspekt gewählt haben.

d) Sie bewerten die Arbeit der anderen Gruppen im Hinblick auf Adressatengerechtheit.

Variante: Statt der Herstellung von *folletos* ist auch eine Veröffentlichung auf dem Blog (vgl. Vorwort S. 8) möglich, soweit dieser angelegt wurde. Bei der Verwendung fremder Bilder ist zu beachten, ob diese copyrightgeschützt sind.

Landeskundeglossar Online-Link 538010-0019

Ferran **Adrià** wurde 1962 in der Nähe von Barcelona geboren. Er arbeitete ab 1980 zunächst als Küchenjunge in einem Hotel in Castelldefels, wo der Restaurantchef ihn in die Geheimnisse der klassischen Küche einführte. Später war er in dem bekannten Feinschmeckerlokal Finisterre in der katalanischen Hauptstadt beschäftigt und nach Absolvierung seines Militärdienstes, wo er ebenfalls in einer Küche arbeitete, erhielt er 1983 eine Stelle im Restaurant El Bulli bei Roses (Costa Brava), wo seine Karriere als Starkoch begann. Heute ist er Chefkoch und Mitbesitzer des Restaurants, das mehrfach zum besten Restaurant der Welt gewählt wurde. Er verwendet nur regionale und saisonale Produkte und ist bekannt für seine experimentelle Verarbeitung und Präsentation der verwendeten Lebensmittel – die so genannte „Molekularküche", in der Olivenöl in Form von Bonbons auftaucht oder Mousse aus Muschelfleisch besteht. Adrià ist Autor zahlreicher Kochbücher und sehr präsent in den Medien. Vom *Time Magazine* wurde er zu den 100 einflussreichsten Persönlichkeiten der Welt gerechnet.

Die griechisch-römische Stadt **Ampurias** in der Provinz Girona wurde 575 von phönizischen Siedlern als Handelsstützpunkt gegründet und entwickelte sich zur größten griechischen Kolonie auf der Iberischen Halbinsel. Im Mittelalter wurde der Standort aber aufgegeben. Ampurias ist wegen seiner gut erhaltenen Ruinen (Amphitheater, Straßen, Häuser, Zisternen, Bäder, römische Mosaiken) heute ein beliebtes Touristenziel.

Das Skigebiet **Baqueira Beret** befindet sich in der Provinz Lérida (Lleida) und umfasst fast 2000 Hektar. Es liegt zwischen 1500 m und 2510 m hoch und ist das bedeutendste Skigebiet Spaniens. Es verfügt über circa 120 km markierter Pisten, zahlreiche Lifte und Kabinen und bietet Skifahrern, Snowboardern und Tiefschneefahrern ideale Konditionen. Das Gebiet verfügt außerdem über etwa 7 km Langlaufloipen.

Barcelona wurde Ende des 1. Jahrhunderts v. Christus als Barcino von den Römern rund um den Sant Jaume Platz gegründet, wo sich noch heute das Rathaus der Stadt und der Palau de la Generalitat befinden. 801 eroberte Karl der Große die von den Mauren besetzte Stadt, die jedoch 985 von Kalif Al Mansur zerstört wurde. Der katalanische Fürst Borell II, kündigte den Franken daraufhin wegen mangelnder Unterstützung die Gefolgschaft auf und erklärte sich zum „Duque ibérico y marqués". Mit der Eroberung Córdobas Anfang des 11. Jahrhunderts und der Besteuerung der *taifas* (kleine muslimische Königreiche) legte Barcelona den Grundstein für eine schnelle wirtschaftliche Entwicklung, sodass es zur Hauptstadt eines Reiches wurde, das später auch über Valencia, die Balearen, Sizilien und Sardinien herrschte. 1652 verlor Katalonien den nördlichen Teil an Frankreich. Mit dem Thronantritt der Bourbonen 1714 wurden den Katalanen bis zur II. Spanischen Republik (1931–1936/39) und erneut unter Franco bis 1978 Autonomie und Sprache genommen. Die katalanische Textilindustrie mit ihrer zunehmenden Mechanisierung sowie der Bau der ersten Eisenbahnlinie 1848 leisteten einen wichtigen Beitrag zur Industrialisierung Spaniens im 19. Jahrhundert.
Katalonien ist heute eine hochindustrialisierte Region (u. a. Chemie, Pharmaindustrie, Seat, Weinproduktion). Der Tourismus stellt einen wichtigen Devisenbringer dar. Zusammen mit Baden-Württemberg, der Region Rhône-Alpes und der Lombardei ist Katalonien einer der „Vier Motoren für Europa".

Der Stadtteil **Born** ist bei Touristen und Einheimischen aufgrund der zahlreichen Läden und Restaurants sehr beliebt. Auch kulturelle Interessierte kommen auf ihre Kosten (Museo Picasso, Museo Textil). Zur Erholung bieten sich der Parque de la Ciutadella und der dortige Zoo an.

Die über 2500 m² große Markthalle **La Boquería** liegt an der Rambla de les Flors und ist ein Touristenmagnet. Die heutige Markthalle stammt aus der Mitte des 19. Jahrhunderts. An mehr als 300 Ständen werden Obst, Gemüse, Fleisch und Fisch sowie viele weitere Produkte verkauft. Zahlreiche *bares* in der Halle laden den Besucher zum Verweilen ein. Der Markt ist werktags von 8 h bis 20 h geöffnet.

Das Stadion **Camp Nou** ist das Stadion des Fußballclubs FC Barcelona und das größte Europas. Fast 99 000 Zuschauer finden dort Platz. Beim Stadion befindet sich auch das Museum des FC Barcelona, in dem Fanartikel erworben werden können.

Die **Castells** (Türme aus Menschen – *castellers*) stammen ursprünglich aus der Gegend von Tarragona und verbreiteten sich dann nach Norden und auf den Balearen. Männer, Frauen und Kinder können am Bau der Castells teilnehmen. Sie üben für ihre Auftritte das gesamte Jahr über. Üblicherweise gibt es pro Dorf oder Stadt einen entsprechenden Verein *(collà)*. 2010 wurde diese Tradition zum Immateriellen Weltkulturerbe erklart.

Chupa Chups wurde im Jahre 1957 von dem Süßwarenfabrikanten Enric Bernat „erfunden", der die geniale Idee hatte, Bonbons mit einem Stiel zu versehen. Für das Design des Logos konnte er Salvador Dalí gewinnen. Die erste Werbung lief unter dem Slogan „Chupa CHUPS", die Öffentlichkeit übernahm später den Slogan als Bezeichnung für den weltweit ersten Lutscher. Die Firma ist heute in italienischem Besitz.

Custo Barcelona ist eine katalanische Modemarke, die in den 1980er Jahren von den Brüdern Custo Dalmau (studierter Architekt) und David Dalmau (studierter Kunstwissenschaftler) gegründet wurde. Eine längere Weltreise Ende der 70er Jahre führte sie auch nach Kalifornien, wo sie der Surferlook und die psychedelischen Muster der damaligen Mode, v. a. der Hemden, inspirierte. Zu ihrer eigenen Hemdenproduktion im Materialmix und schreienden Farben kamen später weitere Kleidungsstücke hinzu. Die Customanía lässt sich auch in TV-Serien wie *Sex and the City* nachverfolgen. Stars wie Penélope Cruz, Brad Pitt oder auch Claudia Schiffer zeigten sich schon mit der Marke. Weitere katalanische Modelabels sind **Desigual** – entstanden in Ibiza – sowie die Firma **Mango**, die in Deutschland weit verbreitet ist.

Der spanische Maler **Salvador Dalí** wurde 1904 in Figueras geboren und starb dort auch im Jahre 1989. Er ist einer der bedeutendsten Vertreter des spanischen Surrealismus. Neben Gemälden schuf er auch Schmuck und Möbel und drehte mit Luis Buñuel die beiden bekannten Filme *Un chien andalou* sowie *L´Age d´Or*. Er war verheiratet mit der Russin Gala, die er seinem Freund Paul Eluard ausgespannt hatte.

Estopa ist ein katalanisches Musikduo. Näheres siehe SB auf S. 50.

Pau **Gasol** (* 1980 bei Barcelona) ist ein spanischer Basketball-Hüne (2,15m). Er spielte zunächst im Basketballclub des F. C. Barcelona. Sein Medizinstudium brach er mit zunehmendem Bekanntheitsgrad ab. Seit 2001 ist er in den USA unter Vertrag, seit 2008 für die Los Angeles Lakers.

Antoni **Gaudí** wurde 1852 in Reus in eine Familie von Kesselschmieden geboren. 1878 schloss er die Escuela Superior de Arquitectura in Barcelona ab. Sein erster Auftrag waren die Laternen für die Plaza Real in Barcelona. Gaudí ist der bedeutendste Vertreter des spanischen Modernismus und wurde mit 31 Jahren mit dem Bau der Sagrada Familia betraut. Parallel dazu baute er verschiedene Häuser für reiche Privatleute, z. T. auch außerhalb von Katalonien. Die Bekanntschaft mit dem Textilfabrikanten Eusebi Güell war entscheidend für seine Karriere, da Güell ihn mit mehreren Projekten beauftragte und ihn nach Kräften förderte.
Typisch für die Werke Gaudís sind die Vorliebe für geschwungene Formen, fantasievolle Dächer und Fassaden, die Verwendung von Glas, bunter Keramik und Schmiedeeisen, eine ungewöhnliche Farbgebung, seine originelle Interpretation gotischer Elemente und die Inspiration durch die Formen der Natur.
Anfang Juni 1926 wurde der Künstler von einer Straßenbahn angefahren und, da er ohne Ausweis unterwegs und schlecht gekleidet war, in ein Armenkrankenhaus gebracht, wo er wenige Tage später verstarb.

Lleida (span. Lérida), ist die Hauptstadt der gleichnamigen Provinz im Nordwesten Kataloniens. Die Gegend war bereits in prähistorischer Zeit besiedelt und beherbergt zahlreiche Höhlenmalereien, die zum Weltkulturerbe zählen. Die Stadt selbst ist eine Gründung der Iberer, war ein wichtiger Militärstützpunkt der Römer und im Mittelalter eine Zeitlang Residenzstadt der aragonesischen Könige. Aus dieser Zeit stammt auch die Universität, die älteste Kataloniens und drittälteste Spaniens, die allerdings zwischen dem frühen 18. Jahrhundert und 1991 zu existieren aufgehört hatte. Die ca. 135 000 Einwohner sind überwiegend im Dienstleistungsgewerbe tätig.
Überregional bekannt ist Lleida für die *Aplec del caracol*, ein dreitägiges gastronomisches Fest, veranstaltet von etwa Hundert *peñas*, mit Tausenden von Mitgliedern. Bei dem Fest werden bis zu 12 Tonnen Schnecken zubereitet und von den ca. 250 000 Besucher verzehrt. Einen guten Ruf haben auch der Wein und das Olivenöl, die in der Provinz Lleida produziert werden.

Der **Parque Güell** ist nach dem Industriellen Eusebio Güell benannt, einem der Mäzene Gaudís, der ursprünglich eine Gartenstadt für begüterte Bürger errichten wollte. Da nicht genügend Parzellen verkauft wurden, scheiterte der Plan; gebaut wurden nur das Wohnhaus des Auftraggebers, das Haus eines Architekten und das Wohnhaus von Gaudí. Die Erben Güells verkauften das Areal an die Stadt Barcelona, die es in einen öffentlichen Park umwandelte. Seit 1984 ist der Park Unesco-Weltkulturerbe. Gaudí gestaltete den Garten entsprechend seinen modernistischen Vorstellungen und passte die Anlage sehr harmonisch an das Terrain an. Er verwendete viel Glas und Keramik bei der Gestaltung der Terrassen und Stützmauern.

La Pedrera (katalanisch für Steinbruch), nach ihren Auftraggebern auch Casa Milà genannt, hat ihren Spitznamen von der Ähnlichkeit mit einem Felsen, der nur durch Wellenlinien und Ornamente aufgebrochen wird, und den phantasievoll gestaltete Schornsteine überragen. Der Bau war Gaudís letzter Großauftrag, bevor er sich der Sagrada Familia zuwandte. Das Gebäude weist zahlreiche bahnbrechende Besonderheiten auf. So ist dort kein einziger rechter Winkel zu finden; in den einzelnen Wohnungen lassen sich die Innenwände verschieben und es verfügt über eine ausgeklügelte Belüftungsanlage, sodass es ohne Klimaanlage auskommt. In dem Haus befinden sich Wohnungen und Büros, aber einige Teile können auch besichtigt werden. So ist ein Apartment im Stil des Modernismus mit Möbeln aus den 20iger Jahren des 20. Jahrhunderts eingerichtet, und eine Ausstellung informiert über Leben und Werk Gaudis.

Die **Sagrada Familia** ist das Hauptwerk Gaudís, dem er sein gesamtes Leben widmete. Er lebte über 40 Jahre direkt auf dem Gelände, um die Bauarbeiten ständig überwachen zu können.
Die Initiative für den Bau ging auf den Buchhändler Josep Maria Bocabella y Verdaguer zurück, den Gründer einer Vereinigung, die den katholischen Glauben in einer Zeit des sozialen Umbruchs in Folge der Industriellen Revolution stärken wollte. Aufgrund von Meinungsverschiedenheiten mit der Stadtverwaltung kündigte der Architekt Francesc de Paula y Villar bereits ein Jahr nach dem Baubeginn 1882. Auf Vorschlag der Stadt betraute Bocabella den jungen Architekten Antoni Gaudí mit der Fortführung der Bauarbeiten. Dieser gestaltete die Pläne so radikal um, dass ihm selbst bewusst wurde, dass die Kirche nicht in einer Generation zu vollenden war. Gaudí verstarb nach einem Verkehrsunfall 1926 und liegt in der Krypta der Kathedrale begraben. Die Arbeiten wurden von Domènech Sugranyes

weiter geführt, aber durch den Spanischen Bürgerkrieg unterbrochen und erst in den späten 50er Jahren des 20. Jahrhunderts wieder aufgenommen. Noch immer ist unklar, wann das Bauwerk beendet sein wird. Im Gespräch ist das Jahrzehnt zwischen 2017 und 2026, pünktlich zum hundertjährigen Todestag Gaudís. 2010 weihte Papst Benedikt XVI das Gotteshaus zur Basilika.

Die Stadt **Tarragona** war zur Zeit der Römer Hauptstadt der Provinz Hispania Citerior. Aus jener Zeit datiert das römische Amphitheater sowie die Mauern der Altstadt (im Mittelalter restauriert). Tarragona weist diverse Jugendstilgebäude auf und ist ein bedeutender Mittelmeerhafen. In der Umgebung werden gehobene Weine angebaut (z. B. Tarragona, Penedés, Priorato oder Terra Alta, alle D. O. – *denominación de origen* mit entsprechender Qualitätsgarantie). Die heute ca. 140 000 Einwohner zählende Hauptstadt der katalanischen Provinz Tarragona ist außerdem ein bedeutendes Zentrum der petrochemischen Industrie.

Auf dem **Tibidabo** (512 m hoch), einem der Kennzeichen der katalanischen Hauptstadt, befinden sich ein Freizeitpark mit Achterbahn, Riesenrad und dem Automatenmuseum, die katholische Kirche Sagrada Corazón, die an die Pariser Kirche Sacré Coeur erinnert, und der Fernsehturm Torre de Collserola, gebaut 1992 von dem englischen Architekten Sir Norman Foster. Der Berg bietet eine grandiose Aussicht über die Stadt und das Hinterland und ist erreichbar über eine Seilbahn, den Funicular de Tibidabo, bzw. über eine Zufahrtsstraße.

Der **Torre Agbar** ist das Bürogebäude der Wasserwerke von Barcelona (Aguas de Barcelona) und das Werk des französischen Architekten Jean Nouvel, der sich von Gaudí inspirieren ließ. 40 Lackfarben brechen das Licht in unterschiedlicher Art und Weise. Glaslamellen vor der Fassade reflektieren ebenfalls das Licht, so dass eine Art virtueller Wasserfontäne entsteht, die ständig ihr Aussehen ändert. Der Turm wird auch nachts beleuchtet.

Unidad 4 Un mundo más justo

Thema: sich für eine gerechtere Welt einsetzen Lernziel: einen Basar organisieren, um Geld für ein Solidaritätsprojekt zu sammeln (Tarea final)	
PP:	die Herkunft einiger Produkte und die Arbeitsbedingungen, unter denen sie produziert werden, kennen lernen
A:	sich mit dem Thema illegale Einwanderung und der Problematik der Maquilas auseinandersetzen
B:	einen Einblick in die Industrie und Landwirtschaft Spaniens erhalten
C:	erfahren, wie man als Einzelner zur Schaffung einer gerechteren Welt beitragen kann
Leer:	sich mit dem Schicksal illegaler Einwanderer aus Lateinamerika in die USA beschäftigen

Lernbereiche	Lernziele	Lektionsteil Aufg. / Üb.
	Funktional-kommunikative Kompetenzen	
Hablar	über die Herkunft von Produkten sprechen	**SB PP1, PP4** + OL 538001-0007, **B2** ▶ CDA 1, 2
	Arbeitsbedingungen beschreiben und bewerten	**SB PP2, PP3**
	ein Foto beschreiben und Texte zusammenfassen	**SB A1a + 1d**
	Vermutungen über das Leben illegaler Einwanderer anstellen	**SB A3, A6b**
	Sätze zum Hörtext ergänzen	**SB A7**
	über wirtschaftlich bedeutende Sektoren und Produkte sprechen	**SB B1, B5**
	über spanische Mode sprechen	**SB B4**
	Vorschläge für ein Leben in einer gerechteren Welt machen	**SB C1**
	ein Zitat zum Thema Hilfsbereitschaft kommentieren	**LEER 2**
Escuchar	einem Hörtext Informationen zu verschiedenen Produktionsstätten entnehmen	**SB PP2**
	sich über das Leben eines illegalen Einwanderers und über die Arbeitsbedingungen in den Maquilas informieren	**SB A1** + KV 25, 26
	einen Dialog über die Arbeitsbedingungen in den Maquilas verstehen	**SB A7**
	Stärken und Schwächen der spanischen Wirtschaft kennen lernen	**SB B1**
	einem Text über spanische Mode Informationen entnehmen	**SB B4**
	10 Gebote für eine gerechtere Welt zur Kenntnis nehmen	**SB C1**
Escribir	einen Sachtext über El Ejido auf Spanisch zusammenfassen	**SB A9**
	Gründe für den Kauf von fair gehandelten Produkten zusammentragen	**SB A10**
	Hinweise für einen respektvollen Umgang mit Mensch und Umwelt geben	**SB C5**
	weitere Texterstellungsaufgaben	▶ CDA 5, CDA 10
Leer	sich über das Leben eines illegalen Einwanderers und über die Arbeitsbedingungen in den Maquilas informieren	**SB A1** + KV 25 – 27
	Stärken und Schwächen der spanischen Wirtschaft kennen lernen	**SB B1** + KV 28 ▶ CDA 11
	10 Gebote für eine gerechtere Welt zur Kenntnis nehmen	**SB C1**
	sich mit dem Thema fairer Handel auseinandersetzen	**SB C4**
	einem Text Informationen über illegale Migranten auf ihrem Weg in die USA entnehmen	**LEER** + KV 29, 30

Mediación	einen Text über El Ejido auf Spanisch zusammenfassen	**SB A9**
	ein Rezept zur Herstellung eines Gazpacho ins Deutsche übertragen	**SB C7**
	weitere Aufgaben zur Sprachmittlung	▸**CDA 6a**
Lexikalische Strukturen	Meinungen ausdrücken	**SB PP3**
	Arbeitsbedingungen beschreiben	**SB PP3, A1**
	über zukünftige Ereignisse sprechen	**SB A3** ▸CDA 4
	Vermutungen anstellen	**SB A4** ▸CDA 7
	über Landwirtschaft und Industrie sprechen	**SB A9, B1, B2, B5**
	Statistiken versprachlichen	**SB B3** ▸CDA12
Grammatische Strukturen	Futur	**SB A2, A3, A4** ▸CDA 3, 4, 7
	reale Bedingungssätze	**SB A5, A6, A7, A8, A10** ▸CDA 8, 9
	der Imperativ der Höflichkeitsform	**SB C2, C5** ▸CDA 13–15
	Objektpronomen beim bejahten Imperativ	**SB C6** + OL 538001-0008 ▸CDA 16
	die Regeln der Akzentsetzung wiederholen	**SB C3**
	Interkulturelle Kompetenzen	
	wirtschaftliche Aspekte Spaniens und Vergleich mit Deutschland	**SB PP1, PP3, A9, B1–B5**
	Einwanderung in Spanien, Mittel- und Nordamerika	**SB A1, A9, LEER**
	Arbeitsbedingungen in den Gewächshäusern in Spanien und den Maquilas in Mittelamerika	**SB PP2, PP3, A1, A7, A9**
	Aspekte des fairen Handels	**SB C1, C4**
	spanische Küche (Gazpacho)	**SB C7**
	Methodische Kompetenzen	
	Sprachmittlung	**SB A9**
	einen Text zusammenfassen	**SB B1**
	Statistiken interpretieren	**SB B3** ▸CDA 12

Ziele klären
Die S lesen die *Tarea final* und die kommunikativen Fertigkeiten auf S. 53. Sie erkennen, dass sie die in der Lektion vermittelten kommunikativen Fertigkeiten zur Bewältigung der *Tarea final* (einen Basar organisieren, um Geld für ein Solidaritätsprojekt zu sammeln) benötigen.

Primer paso (S. 52–53)

Lernziele: die Herkunft einiger Produkte und die Arbeitsbedingungen, unter denen sie produziert werden, kennen lernen. Die S können am Ende erläutern, wo ihre Kleidung produziert wurde.

1 Los productos de tu vida diaria

Lernziel: die Herkunft einiger Produkte und Transportwege kennen lernen

Einstieg: Die S überlegen sich zunächst, welche Produkte, die sie kaufen bzw. konsumieren, ihrer Meinung nach aus Spanien oder Lateinamerika kommen, und notieren in Partnerarbeit die entsprechenden Begriffe. Hierbei verwenden sie entweder ein zweisprachiges Wörterbuch oder schreiben unbekannte Begriffe zunächst auf Deutsch nieder, die dann während des Klassengesprächs vom L oder anderen S übersetzt werden. Die Vokabeln werden an der Tafel gesammelt und in Kategorien eingeteilt (*productos agrícolas, productos industriales*, Aufgabe a). Vermutlich auftauchende Vokabeln sind: *naranja, piña*, limón*, plátano*, uva*, fresa*; cítricos*, frutas, verduras*, tomate, vino, aceite, aceituna, carne, pescado, conservas*, flor, ropa, zapatos, cerámica*, coche.*

Alternative oder Ergänzung: Die Fotos der Seite «Productos de España» werden von der **L-CD-ROM** projiziert. Die S benennen die Produkte. Dabei werden die Vokabeln *pimiento* und *fresa* vorab eingeführt; alle anderen Bezeichnungen sind bekannt. Des weiteren stellen die S Vermutungen an, aus welchen Ländern diese Produkte kommen und welche davon wohl von Spanien exportiert werden. (Erweiterte Aufgabe b; es sind alle; lediglich der Airbus A400M wird vom Luft- und

Raumfahrtkonzern EADS, an dem auch Spanien beteiligt ist, international produziert. Die Endmontage findet in Sevilla statt. Von dort startete der A 400 M im Dezember 2009 auch zu seinem Erstflug.)
Anschließend bearbeiten die S die Aufgabe c). Sie erkennen, dass diese Verkehrsmittel zum Transport der Waren benötigt werden. Dafür kann auch die Seite «Los medios de transporte» von der **L-CD-ROM** verwendet werden, die bereits weitere zum Warentransport geeignete Verkehrsmittel (d) enthält.

2 ¿Dónde trabajan? ◎ + L1/51–53

Lernziel: Arbeitsbedingungen beschreiben; einem Hörtext Informationen zu verschiedenen Produktionsstätten entnehmen

a) Anhand der Fotos und der Vokabelangaben beschreiben die S die Arbeit an verschiedenen Produktionsstätten. Alternativ kann die Seite «Las condiciones de trabajo» auf der **L-CD-ROM** gezeigt werden. Die S ordnen die vorgegebenen Begriffe den einzelnen Fotos zu und formulieren Sätze, z. B. *Los invernaderos son de plástico. Los trabajadores trabajan con pesticidas. Los turnos de trabajo en las maquilas son largos.*

Hinweis: Bei einer erweiterten Bildbeschreibungen werden vermutlich Vokabeln wie *aplicar (pestidicas), mascarilla de protección, manga, coser, máquina de coser, costurera, polvo, plantar, cultivar* gefragt werden.

b) Die S hören die Aussagen auf der CD und erkennen, wo die Personen arbeiten.

3 ¿Justo o injusto?

Lernziel: Arbeitsbedingungen bewerten

Die S lesen die verschiedenen Aussagen und begründen, warum sie ihnen gerecht oder ungerecht erscheinen.

Tipp: Diese Aufgabe sollte in Einzelarbeit vorbereitet und dann unter Verwendung der Ausdrücke im Kasten einem Partner vorgetragen werden, bevor sie im Plenum besprochen wird. Ergänzend können eingeführt werden: *lo mismo* que, condiciones de trabajo duras*, estar prohibido*, discriminar* a, explotar* a.*

4 ¿De dónde vienen los productos?

Lernziel: über die Herkunft der eigenen Kleidung sprechen

Die S tauschen sich darüber aus, woher ihre Kleidung kommt und erkennen, dass Kleidung heutzutage überwiegend in Asien (China, Vietnam, …) produziert wird.

Hinweis: Ggf. muss hier zunächst die Kleidung wiederholt werden (*ropa, camisa, chaqueta, blusa, pantalón, camiseta, zapato, falda, vaqueros, jersey, vestido*). Hierfür kann z. B. die **KV 36** aus dem Lehrerbuch zu *¡Adelante! Nivel elemental* eingesetzt werden. Unter dem **Online-Link 538010-0020** finden Sie außerdem einen Verweis auf ein Video, das bei Verfügbarkeit eines Internetanschlusses zur Wiederholung und Ergänzung des Wortfelds aufgerufen werden kann.

Alternativ wird das zweisprachige Wörterbuch eingesetzt. Wichtige Ländernamen befinden sich auch im SB auf den Seiten 228–230.

Weiterarbeit: Anhand des Arbeitsblattes unter dem **Online-Link 538001-0007** beschäftigen sich die S mit der Herkunft von Obst und Gemüse und machen sich Gedanken über die Gründe, warum die gleichen Produkte aus verschiedenen Ländern unterschiedliche Preise haben, und die Auswirkungen dieses Phänomens.

Aprender y practicar A (S. 54–57)

Lernziele: Die S setzen sich mit dem Thema illegale Einwanderung und der Problematik der Maquilas auseinander und lernen das Futur und die realen Bedingungssätze kennen. Sie sind am Ende des Lektionsteils in der Lage, unter Verwendung der si-Sätze zu begründen, warum der Kauf von Dritte-Welt-Produkten sinnvoll ist.

1 ¿Trabajos de verdad? ◎ + L1/54, 55 = S 23, 24

Lernziel: sich über das Leben eines illegalen Einwanderers und über die Arbeitsbedingungen in den Maquilas informieren

Einstieg: Zwei S bereiten den zweiten Text vor: Sie lesen ihn und überlegen sich Erklärungen für die neuen Vokabeln (vgl. **KV 25**). Sie haben dazu 15 Minuten Zeit. Sie präsentieren diese später vor der Klasse, die aus den Erklärungen die deutsche Übersetzung der Wörter erkennen muss.

Der Einstieg zum ersten Text erfolgt über das Foto auf S. 54. Es wird an die Wand projiziert (vgl. die Seite «¿Trabajos de verdad?» auf der **L-CD-ROM**). Die S beschreiben, was sie sehen (a) und interpretieren die Tatsache, dass der Abgebildete sein Gesicht nicht zeigen will. Leitfrage: *¿Por qué no muestra su cara? ¿Qué puede significar el signo de interrogación*?* Mögliche Antworten sind z. B. *Quiere decir que nunca puedes conocer a los otros, que en el mundo moderno o en las grandes ciudades la gente no se conoce, que la vida moderna es anónima*. O quiere mostrar su situación personal: A lo mejor los otros no saben quién es / no lo aceptan, él no existe para los otros porque es pobre / tiene problemas / alguien ha sido injusto con él / tiene miedo y no quiere mostrar su cara / su identidad*.* Falls die S nicht selbst darauf kommen, lenkt der L das Gespräch geschickt in Richtung illegale Einwanderer: *¿Creéis que puede ser una persona° que tiene problemas / que tiene miedo? ¿Por qué? ¿Quiénes son las personas° que están allí, pero que no vemos o queremos ver? (gente que saca la basura / basureros*, mendigos*, gente que vive ilegalmente* en el país …)*

Der L bestätigt, dass es sich um einen illegalen Einwanderer handelt, der sich in Madrid befindet (Hinweis Metrostation Lavapiés). Die Spekulationsphase kann sich auch noch auf weitere Fragen erstrecken, z. B. woher der Emigrant kommt, wie er gekommen ist, warum er in Spanien ist, welche Probleme er hat, wovon er lebt. Die Vermutungen werden an der Tafel festgehalten. Hierbei können die Begriffe *inmigrantes, patera, policía, (vender) pelis,* vorab eingeführt werden. Der L schreibt außerdem den geografischen Begriff El Ejido an. Danach wird der Text bei geschlossenem Buch zweimal vorgespielt und die S gleichen ihre Vermutungen mit dem Text ab. Dann wird der Text in Stillarbeit gelesen und die Tabelle mit den Informationen über Djibril ausgefüllt. In stärkeren und interessierteren Klassen können weitere Detailfragen folgen.

Es folgt die Erarbeitung des zweiten Textes mit Hilfe der beiden S. Diese werden zunächst von der Klasse über den Inhalt des ersten Textes informiert. Danach stellen sie bei geschlossenem Buch ihre Vokabeln vor. Die Zuhörer tragen auf **KV 25** die deutschen Begriffe ein. Zur Ergebnissicherung lassen sich die beiden S die Übersetzung der neuen Vokabeln nennen. Danach wird der Text bei geschlossenem Buch zwei Mal angehört. Die S bearbeiten parallel dazu **KV 26**. Nach der Besprechung wird die Tabelle c) im SB ausgefüllt.

Als Hausaufgabe fassen die S die beiden Texte kurz zusammen (d). Eine Wiederholung in der Folgestunde bietet die **KV 27**.

Differenzierungsvorschlag:
- Schwächere S arbeiten mit dem ersten Kartensatz von **KV 27** (Vorgaben auf Spanisch).
- Stärkere S arbeiten mit dem zweiten oder dritten Kartensatz. Der dritte Kartensatz setzt zusätzlich die genaue Kenntnis des ersten Textes von *¿Trabajos de verdad?* voraus.

Erweiterungsmöglichkeiten: Materialien zur Weiterarbeit (Videos zur Obstproduktion und -ernte in Huelva) finden Sie unter dem **Online-Link 538010-0021**.

2 Volveré

Lernziel: Futur

Die S suchen die neuen Verbformen aus den Texten SB S. 54 heraus und systematisieren sie anhand der angegebenen Tabelle (a). Sie überprüfen ihre Ergebnisse in den Verbtabellen des SB (b) und formulieren eine Regel für die Bildung des neuen Tempus (c).

Tipp: Diese Übung eignet sich für eine Stillarbeit, die dann zunächst mit dem Nachbarn besprochen wird, bevor eine abschließende Klärung im Plenum erfolgt.

3 La vida de Djibril y sus compañeros

Lernziel: Vermutungen über das Leben illegaler Einwanderer anstellen

Anhand visueller Impulse formulieren die S Vermutungen über das Leben des Einwanderers aus Text A1.

Tipp: Die entsprechenden Kollokationen aus dieser Übung sollten – auch mit Blick auf das Verfassen von kleinen Kommentare in den Klassenarbeiten – an der Tafel festgehalten werden: *encontrar un mejor trabajo, buscar anuncios de trabajo, ayudar a los padres / a la familia, enviar dinero, aprender la lengua, estudiar español,* usw.

4 El chico de la foto

Lernziel: Futur

Anhand der Vorgaben stellen die S weitere Vermutungen über Djibril an. Dabei kann auf die Vermutungen aus dem Einstieg in die Textarbeit zurückgegriffen werden. Die S erkennen dadurch, dass Vermutungen im Spanischen auf verschiedene Weise ausgedrückt werden können. Dies kann in einem Tafelbild festgehalten werden. Die Vermutungen über die Vergangenheit (z. B. wie er nach Spanien kam) werden ausgespart. In leistungsstarken Klassen kann auch die Bildung des *futuro perfecto* angesprochen werden.

Erweiterung: Diese Aufgabe kann erweitert werden, indem die S Vermutungen über die Familie Djibrils in Afrika anstellen und wie sich deren Leben durch die Überweisungen ihres Sohnes und Bruders verändert hat: *Djibril enviará dinero a su familia. Por eso sus hermanos podrán ir a la escuela. Su padre...*

5 «Si no trabajas...»

Lernziel: reale Bedingungssätze

Die S erklären das Zitat aus dem Text A1 und erkennen, dass es sich um einen Bedingungssatz handelt (a). Sie analysieren die Sätze aus b) und erklären den Tempusgebrauch in realen Bedingungssätzen.

Hinweis: Im Englischen müsste bei b) Satz 3 im Hauptsatz das Futur stehen. Auf diesen Unterschied kann hingewiesen werden.

6 Si cambio de trabajo, podré...

Lernziel: reale Bedingungssätze

Die S beschäftigen sich anhand von sprachlichen und visuellen Impulsen mit der Zukunft einer der Personen aus SB A1 (Text 2). Der Aufgabenteil b) ist fakultativ.

Tipp: Hier empfiehlt sich eine vorherige kurze Wiederholung des Textes, falls dies nicht schon bei der Behandlung von SB A5 erfolgt ist.

7 ¡Ya no puedo más! ◎ + L1/56

Lernziel: einen Dialog über die Arbeitsbedingungen in den Maquilas verstehen, Sätze zum Hörtext ergänzen

Vorbereitung: Nach einer kurzen Wiederholung der beruflichen Veränderung bei Yolanda spekulieren die S vor dem Anhören des Textes zunächst anhand des Titels darüber, was Yolanda ihrer Kollegin Carmenza vermutlich mitteilt und was diese ihr rät.

Erst danach wird der Hörtext vorgespielt und zur Inhaltssicherung die vorgegebenen Bedingungssätze vervollständigt.

8 Una cadena de condiciones

Lernziel: *reale Bedingungssätze*

Zur Festigung der Bedingungssätze formulieren die S Sätze zu selbst gewählten Themen.

Tipp: Weisen Sie die S darauf hin, dass sie das Subjekt variieren sollen, um alle Verbformen zu üben. Zur Kontrolle werden danach im Plenum vom L einige „Ketten" abgefragt. Zur Differenzierung tragen schwächere Gruppen zunächst Ideen zusammen, die an der Tafel festgehalten werden (z. B. *viajar – respetar la cultura del país – conocer mucha gente…*) Nach einem Probedurchlauf im Plenum wiederholen die S die Sätze in PA und formulieren ggf. anschließend noch einige Sätze frei.

9 El Ejido y los supermercados alemanes

Lernziel: einen Sachtext über El Ejido auf Spanisch zusammenfassen

Variante (für schwächere Gruppen): Die S isolieren die sinntragenden Wörter aus dem Text (El Ejido, Südspanien, Agrarprodukte, 40 % nordafrikanische und osteuropäische Arbeitkräfte, billige Löhne, harte Arbeitsbedingungen, niedrige Preise in deutschen Supermärkten). Diese Begriffe werden – in Sätze eingebettet – ins Spanische übersetzt.

Zusatzinformation

Das „mar de plástico" und der Klimawandel

Als „Mar de plástico" oder auch „Costa plástica" werden die ca. 350 km² Gewächshäuser in der Provinz Almería bezeichnet. Die hellen Flächen, größtenteils aus Plastikfolie bestehend, sind angeblich sogar vom Mond aus zu sehen.
Die Plastikabdeckung schützt die Fläche vor Verdunstung und sorgt für höhere Temperaturen, was wiederum eine frühere Ernte ermöglicht. Forscher der Universidad de Almería meinen darüber hinaus herausgefunden zu haben, dass die Treibhäuser zum Schutz vor der Klimaerwärmung beitragen. Sie stellten fest, dass in der Region die Durchschnittstemperaturen seit 1983 in jedem Jahrzehnt um ca. 0,3° C gesunken sind, bei gleichzeitigem Anstieg um 0,5 ° im restlichen Spanien. Sie führen dies u. a. darauf zurück, dass die hellen Dächer der Treibhäuser das Sonnenlicht stärker reflektieren als normale landwirtschaftlich genutzte Flächen.

Quelle: www.ual.es/~pcampra/

10 Tarea: Nuestros productos

Lernziel: Gründe für den Kauf von fair gehandelten Produkten zusammentragen

Variante (für schwächere Gruppen): Der L sammelt Vorschläge an der Tafel, danach schreiben die S ihre Begründungen.

Aprender y practicar B (S. 58–59)

Lernziele: Die S erhalten einen Einblick in die Wirtschaft Spaniens und sind am Ende des Lektionsteils in der Lage, auf Spanisch Auskunft über einfache wirtschaftliche Sachverhalte zu geben.

1 Luces y sombras de la economía española

+ L1/57 = S25

Lernziel: Stärken und Schwächen der spanischen Wirtschaft kennen lernen

Einstieg: Der L legt folgende Tabelle an. Die Zeile für die Zwischentitel „luces" und „sombras" bleibt zunächst leer.

la economía española			
luces			sombras
agricultura	industria	sector terciario	

Die Seite «productos de España» von der **L-CD-ROM** wird noch einmal gezeigt. Die Spalten „agricultura", „industria" und „sector terciario" werden mit ersten Vorschlägen der S ausgefüllt. Im Bereich des Dienstleistungssektors kann neben dem Tourismus z. B. an die Banco Santander oder an Mode (vgl. *Unidad* 3) erinnert werden. Diese Ideen werden der Statistik B von Aufgabe 3 gegenübergestellt. Anschließend wird der Text bis Z. 23 gelesen, die Tabelle ergänzt und die Überschrift „luces" eingetragen.

Danach lässt der L die S über den Titel der zweiten Spalte spekulieren und sammelt Vorkenntnisse der S zu „sombras". Zumindest die Problematik der hohen (Jugend-)Arbeitslosigkeit dürfte bekannt sein. Im Anschluss werden die Z. 24–35 still gelesen und dann gemeinsam die wichtigsten Punkte in der Tabelle fest gehalten.

Die Informationen des Textes werden abschließend zusammengefasst (b, c) und kurz auf die Situation in Deutschland eingegangen (d). Dieser Aufgabenteil ist fakultativ. Zur Wiederholung kann in der Folgestunde die **KV 28** dienen.

Weiterarbeit: Ergänzend zum Thema „La crisis en España" kann ein Ausschnitt aus dem Dokumentarfilm *Let's make money* (Regie: Erwin Wagenhofer, 2008), eine beeindruckende Reportage (in spanischer Sprache mit deutschen Untertiteln) über die Bausünden und Immobilienkrise in Spanien, gezeigt werden.

2 La agricultura en España

Lernziel: Fragen zur Herkunft landwirtschaftlicher Produkte stellen

Die S tauschen sich anhand der visuellen Vorgaben darüber aus, aus welchen Gegenden Spaniens typische landwirtschaftliche Produkte stammen.

Tipp: Die Aufgabe kann erweitert werden durch fiktive Preisangaben, die jeder der S sich vorher überlegt und notiert. Ziel ist eine Wiederholung der Zahlen von 1–100 sowie der Preisangaben. Hierbei dürfen nur Preise in Euro und Cent genannt werden. Es sollten zwei Durchgänge gemacht werden.
S 1: ¿De dónde vienen los pimientos?
S 2: Son de … usw.
S 1: ¿Cuánto cuestan / a cuánto están* los pimientos?
S 2: Cuestan dos euros con treinta céntimos el kilo.

3 Algunas estadísticas

Lernziel: Statistiken versprachlichen

Die S sammeln zunächst Mengenangaben (a) und nutzen dann diese sowie weitere passende Ausdrücke zur Versprachlichung von zwei Statistiken zu den spanischen Exporten. Wenn der vorgeschlagene Einstieg in B1 gewählt wurde, ist Aufgabe c) bereits behandelt.

Tipp: Die Schüler sollten darauf hin gewiesen werden, dass *por ciento* immer mit *el* bzw *un* verwendet wird, keinen Plural hat und „wie viele Prozent" auf Spanisch „qué porcentaje" heißt.

Es empfiehlt sich, für Aufgabe b) einen gemeinsamen Tafelanschrieb zu erstellen, damit die S für zukünftige Statistikbeschreibungen einen Mustertext haben. Grafiken zum Üben von Beschreibungen findet man teilweise unter www.elpais.com/graficos

4 La moda española ◎ + L1/58

Lernziel: einem Text über spanische Mode Informationen entnehmen; über spanische Mode sprechen

Einstieg: Der L schreibt den Titel «La moda española» an die Tafel und stellt Frage a). Er lässt sich ggf. weitere Informationen von den S nennen und ordnet sie tabellarisch an der Tafel. Danach spielt er den Text einmal bei geschlossenem Buch vor, wobei die S nur hören sollen, um welche spanische Firma es geht. Danach lesen die S die Fragen unter b) durch und versuchen, diese nach einem zweiten und ggf. dritten Hördurchgang zu beantworten. Der Anschrieb an der Tafel wird entsprechend ergänzt.

Hinweis: Der Aufgabenteil b) ist fakultativ und besonders für modeinteressierte S geeignet. Falls das Thema die Klasse interessiert, kann zusätzlich eine kurze Reportage über Zara gezeigt werden, vgl. **Online-Link 538010-0022**.

5 Tarea: La economía alemana

Lernziel: Aspekte der deutschen Wirtschaft erläutern

Die S wenden das Gelernte in einer Kurzpräsentation eines Aspekts der deutschen Wirtschaft an. Links zu Texten auf Spanisch, denen auch weiterer wichtiger thematischer Wortschatz entnommen werden kann, finden Sie unter dem **Online-Link 538010-0023**.

Aprender y practicar C (S. 60–61)

Lernziel: Die S erfahren, wie man als Einzelner zur Schaffung einer gerechteren Welt beitragen kann. Sie lernen den Imperativ mit usted(es) *kennen und können am Ende des Lektionsteils einer deutschen Mitschülerin ein spanisches Rezept erklären.*

1 Decálogo para un mundo más justo

◎ + L1/59 = S 26

Lernziel: 10 Gebote für eine gerechtere Welt zur Kenntnis nehmen und weitere Vorschläge machen

Einstieg: Der L schreibt *Un mundo más justo* in die Mitte der Tafel und lässt sich nach einem kurzen Brainstorming in Einzelarbeit Ideen nennen, die er im Sinne einer *Mindmap* um den zentralen Titel notiert. Danach hören die S bei geschlossenem Buch den Text zweimal an und notieren Verstandenes. Der L sammelt die Vorschläge, ergänzt die *Mindmap* und lässt dann den *Decálogo* lesen. Fehlende Vorschläge und weitere Beispiel der S (vgl. Frage c) werden in die *Mindmap* integriert. Dann werden die Vorschläge verschiedenen Lebensbereichen zugeordnet (b).

2 Ayude a hacer un mundo más justo

Lernziel: den Imperativ der Höflichkeitsform kennen lernen

Entdeckendes Lernen: Die S notieren die Verben aus Text C1 im Infinitiv (a), vergleichen diese mit den Verbformen im Text, leiten daraus eine Regel für die Bildung des Imperativs ab (b) und notieren einige wichtige unregelmäßige Formen (c).

3 Practicamos la pronunciación ◎ + L1/60 = S 27

Lernziel: die Regeln der Akzentsetzung wiederholen

a) Die S trennen vorgegebene Wörter in Silben und erkennen mit Hilfe des *Ojo*-Kästchens, dass bei Betonung der drittletzten Silbe diese einen Akzent trägt.

b) Sie hören weitere Wörter von der CD an, notieren diese und entscheiden, ob sie einen Akzent tragen.

4 El comercio justo

Lernziel: sich mit dem Thema fairer Handel auseinandersetzen

Die S lesen die kurze Erläuterung und ordnen einzelnen Textteilen die entsprechende Umschreibung zu.

Tipp: Den S kann anhand dieses Textes bewusst gemacht werden, wie ein Textinhalt mit anderen Worten wiedergegeben werden kann. In der Aufgabe kommen folgende Möglichkeiten vor:
- Oberbegriff finden: *tienda especial* für *tienda solidaria*
- Synonym finden: *trabajar juntos* für *abrir los mercados; relación de respeto* für *relación más justa*
  Weitere Möglichkeiten sind z. B: Verneinungen; Antonym, Wortartenwechsel, Definition (*una forma de…*)

Weiterarbeit: Materialien zur Weiterarbeit finden Sie unter dem **Online-Link 538010-0024**.

5 Señoras y señores…

Lernziel: Hinweise für einen respektvolleren Umgang mit Mensch und Umwelt geben; den Imperativ der Höflichkeitsform anwenden

Die S formulieren anhand von Bildimpulsen Sätze im Imperativ zum Thema respektvoller Umgang mit Umwelt und Mitmenschen.

6 ¡Más rápido!

Lernziel: Objektpronomen beim bejahten Imperativ

Tipp: Die doppelten Objektpronomen stellen für S eine große Hürde dar. Es empfiehlt sich, möglichst viele dieser Verbindungen als Chunks lernen zu lassen (*dígase■, dése■, tráigase■, explíquese■, llévese■, enséñese■*), so dass die S nur noch auf das Akkusativobjekt achten müssen.

Hinweis: Zum Lernen mit Chunks siehe auch Gerhard Westhoff: „Grammatische Regelkenntnisse und der GER" *Babylonia 1* (2007), vgl. **Online-Link 538010-0025**.

Weiterarbeit: Ein Arbeitsblatt zur Wiederholung der Pronomen finden Sie unter dem **Online-Link 538001-0008**.

7 Tarea: El gazpacho, una receta española

Lernziel: ein Rezept zur Herstellung eines Gazpacho ins Deutsche übertragen

Hinweis: Links zu weiteren Kochrezepten finden Sie unter dem **Online-Link 538010-0026**.

Leer (S. 62)

Lernziel: sich mit dem Schicksal illegaler Einwanderer aus Lateinamerika in die USA beschäftigen; ein Zitat zum Thema Hilfsbereitschaft kommentieren

1 El tren de las moscas

Lernziel: Informationen über illegale Migranten auf ihrem Weg in die USA erhalten

Einstieg: Der Einstieg kann bei Verfügbarkeit einer Internetverbindung über den Trailer erfolgen (vgl. **Online-Link 538010-0027**). Er wird einmal im Zusammenhang vorgespielt und beim zweiten Vorspielen drei Mal angehalten (bei 0,09, 0,38, 0,58). Die S beschreiben die jeweiligen Standbilder.

Im Anschluss wird **KV 29** ausgeteilt und die S erarbeiten den Text in EA. Nach der Besprechung der KV wird der Inhalt über (b) noch einmal gesichert.
Eine gezielte Wortschatz-Erweiterung durch die Festigung von Kollokationen aus dem Text ermöglicht das Triomino auf **KV 30**. Die Kollokationen können darüber hinaus als Gedächtnisstütze für ein Resumen des Textes dienen.

2 El que menos tiene…

Lernziel: ein Zitat zum Thema Hilfsbereitschaft kommentieren

Die S machen sich zunächst in Paaren oder Kleingruppen Gedanken über den Satz. Der L weist sie darauf hin, neben der offensichtlichen Verbindung zu dem Text über den „Tren de las moscas" auch Beispiele aus ihrer eigenen Erfahrungswelt zu suchen, um die Behauptung zu untermauern oder zu widerlegen. Die Gruppen notieren ihre Argumente und Beispiele in Stichworten. Einige Statements werden im Plenum vorgetragen.

Alternativen:
1. Eine Gruppe von Freiwilligen trägt ihr Statement vor. Die anderen Gruppen gehen darauf ein und unterstützen diese Sicht der Dinge oder widersprechen.
2. Vor der Bearbeitung der Aufgabe wird festgelegt, welche Gruppen der Behauptung zustimmen und welche versuchen müssen, sie zu widerlegen. Jeweils ein oder zwei Paare treten in einer Podiumsdiskussion gegeneinander an. Die Zuschauer (= restliche Klasse) entscheidet, welche Gruppe ihre Position am besten vertreten hat. Zur Entscheidung, wie überzeugend die Gruppen argumentiert haben, kann auch vor und nach der Diskussion abgestimmt werden, ob die S der These zustimmen.

Tarea Final (S. 63)

Lernziel: einen Basar organisieren, um Geld für ein Solidaritätsprojekt zu sammeln

Durchführung der Tarea final: Die S legen fest, welche Produkte sie verkaufen wollen, tauschen sich darüber aus, welche Arbeitsschritte dafür nötig sind und besprechen die Werbung (a). Die verschiedenen Ideen werden im Plenum präsentiert (b) und bewertet (c).

Tipp: Falls die S zum Schluss kommen, dass der Markt für alte Bücher und gebrauchte Kleidung nicht erfolgversprechend ist, sollte auf Getränke und Essen ausgewichen werden. In diesem Fall könnte nach spanischen und lateinamerikanischen Rezepten gekocht und die Produkte mitsamt den auf Spanisch und Deutsch verfassten Rezepten am Tag des Día Hispánico (statt „Bazar") verkauft werden. Ggf. können auch Waren eines Eine-Welt-Ladens im Kommission verkauft werden, wobei dann pro Produkt ein kurzer Begleittext auf Spanisch zu schreiben wäre (Herkunft des Produkts, einige Informationen zu dem entsprechenden Land oder zu Eigenschaften des Produkts).

Landeskundeglossar

Die Firma **Desigual**, 1984 von dem Schweizer Thomas Meyer gegründet, ist mit ihren typischen Patchwork-Mustern zu einer der erfolgreichsten spanischen Modemarken der vergangenen Jahre geworden. 2009 betrug der Umsatz mehr als 250 Millionen Euro, 1700 Angestellte, meist jüngeren Alters, waren zu diesem Zeitpunkt bei dem Unternehmen beschäftigt.
Spektakuläre Werbeaktionen wie „Kiss the World" (2007 in Barcelona, 2008 in Madrid) machten das Label europaweit bekannt. Die wichtigsten Abnehmer in Europa sind Frankreich, Holland und Deutschland. Auch in Amerika ist Desigual sehr erfolgreich. Seit 2010 betreibt das Label in Japan eine Niederlassung.

El Ejido in der Provinz Almería in Südspanien zählte 2010 circa 50 000 Einwohner (davon waren etwa 30 000 Ausländer, die Mehrheit Marokkaner) und versorgt halb Europa mit Gemüse. Das Wetter und Wasser aus Tiefbrunnen ermöglichen das gesamte Jahr über Rekordernten.
Der personalintensive Sektor beschäftigt zahlreiche Saisonarbeiter aus Marokko und den osteuropäischen Ländern, unter ihnen viele illegale Immigranten.
Die Stadt kam im Jahr 2000 international in die Schlagzeilen, weil die Einwohner nach der Ermordung eines Mädchens durch einen psychisch kranken Immigranten wahllos Jagd auf Marokkaner machten. Trotz eines Abkommens mit den streikenden ausländischen Arbeitskräften über eine bessere Bezahlung und dem Bau menschenwürdiger Unterkünfte hat sich an deren desolater Lage bisher nur wenig geändert.
Die Wirtschaftskrise traf Almería mit voller Wucht.
Mitte 2011 betrug die Arbeitslosigkeit 35%. Außerdem zwingt der zunehmende Preisdruck der Supermärkte und die Konkurrenz von Marokko oder der Türkei auf dem Agrarmarkt viele Kleinbauern dazu, auf externe Arbeitskräfte zu verzichten, was die Lage der Illegalen verschärft.

Die **Extremadura** ist eine der 17 *Comunidades Autónomas* und eine der am dünnsten besiedelten Regionen nicht nur Spaniens, sondern ganz Europas. Über Jahrhunderte hinweg führte die Armut und die geringen wirtschaftlichen Möglichkeiten dazu, dass viele *extremeños* das Land verließen. Im 16. Jahrhundert gingen sie in die neu entdeckte neue Welt, wodurch die Region auch die Bezeichnung „tierra de los conquistadores" erhielt. Zwischen 1950 und 1977 wanderten fast 45% der Bevölkerung aus, überwiegend in andere Regionen Spaniens oder ins europäische Ausland. Die Region gehört trotz der Unterstützung aus dem EU-Kohäsionsfonds weiterhin zu den Regionen mit den niedrigsten Einkommen in Spanien. Die Bevölkerung lebt hauptsächlich vom Tourismus, der Landwirtschaft (*jamón ibérico*, Korken, Wein im Süden sowie Südfrüchte im wasserreichen Norden) und der Bauindustrie. Große Industriezweige gibt es nicht. Hoffnung setzt die regionale Regierung auf alternative Energien. Der Export von Strom aus den zahlreichen Wasserkraftwerken an Stauseen und Talsperren trägt schon heute beträchtlich zum Haushalt der Extremadura bei.

Der **Gazpacho** ist eine Gemüsesuppe aus Andalusien, die kalt serviert wird. Der Gazpacho war früher ein Arme-Leute-Essen, ist aber inzwischen genau so bekannt wie die valenzianische Paella. Im Mittelalter waren die Hauptbestandteile eingeweichtes altes Brot, Essig und Olivenöl, in das Knoblauch zugegeben wurde. Die Tomate, die aus Lateinamerika stammt, kam vermutlich erst im 19. Jahrhundert hinzu. Es gibt verschiedene Arten des Gazpacho, der in anderen Regionen auch Fleisch, Fisch und Kartoffeln enthalten kann. Angeblich erfanden römischen Soldaten den Vorläufer des Gazpacho. Sie reicherten sauren Wein mit Brot und Gurken an, um den bitteren Geschmack zu mildern und schneller betrunken zu werden.

Die Provinz **Huelva** ist eine der acht Provinzen Andalusiens und grenzt direkt an Portugal und an den Atlantischen Ozean. Sie lebt hauptsächlich vom Tourismus und vom Erdbeeranbau. Bekannt ist der Nationalpark Doñana, in dem Zugvögel auf ihrer Reise nach und von Afrika Halt machen.
Die gleichnamige Stadt Huelva ist eine bedeutende Industriestadt und hat einen großen Handelshafen.

Die galizische Firma **Inditex** ist eine der größten Modefirmen der Welt und ist mit acht Marken, deren bekannteste vermutlich Zara ist, in 77 Ländern vertreten. Die Zentrale ist weiterhin in A Coruña. Tägliche Rückmeldungen aus den Firmen an die Zentrale über Absatzzahlen ermöglichen eine sehr flexible Reaktion auf die Kundenwünsche. 80% der Beschäftigten sind Frauen, das Durchschnittsalter liegt bei 26 Jahren.

Die spanische **Landwirtschaft** hat sich in den letzten Jahrzehnten in Richtung Monokultur, Maschineneinsatz, hohe Ertragssteigerung, Marktorientierung und wenig Arbeitskräfte entwickelt. Ein Dauerproblem ist der Wassermangel. Finanziell am lohnendsten sind Gemüse, Blumen und Zitrusfrüchte. Hauptanbaugebiete sind die Levante (Valencia, Murcia) und Andalusien für Zitrusfrüchte. Blumen werden v. a. in Katalonien und Andalusien angebaut. Andalusien und La Mancha sind Gebiete, in denen der Olivenanbau vorherrscht. Spanien ist der bedeutendste Olivenproduzent der Welt. Eine wichtige Rolle spielt auch der Wein (Jerez, Montilla in Andalusien, Penedés in Katalonien, Tischweine aus La Rioja, Ribera del Duero und der Mancha). Die kantabrische Küste ist von der Milchwirtschaft geprägt, in Castilla y León werden Getreide, Sonnenblumen und Zuckerrüben angebaut. Bekannt sind auch der *jamón ibérico* und die Korkeichen aus der Extremadura.

Der Madrider Stadtteil **Lavapiés**, im Mittelalter das Judenviertel, ist bekannt für sein multikulturelles Ambiente, da über die Hälfte seiner Bewohner Einwanderer sind. Hier findet sonntags und an Feiertagen auch der bekannte Flohmarkt El Rastro statt. Zahlreiche Tapas-Bars laden Touristen und Einheimische in Lavapiés zum Verweilen ein.

Mango wurde im Jahre 1984 von den zwei Brüdern Isaac und Nahman Andic gegründet. Die Marke richtet sich v. a. an junge, moderne, Frauen weltweit, die schicke Mode zu günstigen Preisen kaufen wollen. Design und Vertrieb übernimmt die Firma, hergestellt wird die Ware in unterschiedlichen Ländern, in denen sich die Zulieferer auf bestimmte Kleidungsstücke spezialisiert haben, was die Kosten deutlich reduziert. Mango vertreibt seine vier Kollektionen pro Jahr über Franchising-Läden in über 100 Ländern. Der Umsatz jedes Ladens wird täglich online abgefragt, verkaufte Ware umgehend ersetzt und die gewonnenen Erkenntnisse für die folgende Kollektion verwertet. Die Marke wird seit Jahren von international bekannten Models beworben (2011 von Scarlett Johanssen). Mango unterstützt die Arbeit diverser NGOs (Umweltschutz, Hilfe in der 3. Welt). Im Jahr 2011 beschäftigte die Firma 8600 Angestellte.

Maquilas sind Montagebetriebe in *zonas francas* (zollfreie Gebiete) im Norden Mexikos und Mittelamerikas, die für multinationale Firmen importierte Einzelteile oder Halbfertigware zusammensetzen. Diese zahlen keine Steuern, es gibt weder Umweltauflagen noch Gewerkschaften. Die Maquilas beschäftigen vor allem Frauen, die unter frühkapitalistischen Bedingungen arbeiten. Durch die sehr niedrigen Löhne bleiben die multinationalen Firmen auch gegenüber Niedriglohnländern wettbewerbsfähig. Zahlreiche US-amerikanische Firmen haben in den vergangenen Jahrzehnten einen Teil ihrer Produktion nach Mexiko in Grenznähe verlagert, was zu einer beträchtlichen Binnenmigration führte. Auch zahlreiche deutsche Firmen lassen in den Maquilas produzieren.

Das **País Vasco** (Baskenland, auf Baskisch Euskal Herria) umfasst die Provinzen Guipúzcoa, Vizcaya und Álava. Hauptstadt ist Vitoria-Gasteiz. Der Regierungschef trägt den Titel Lehendakari. Nationalistische Basken zählen auch Navarra sowie den französischen Teil des Baskenlandes hinzu. Das Baskenland kann auf eine über 2000 Jahre alte Kultur zurückblicken. Die Herkunft der Sprache ist noch immer nicht geklärt.
Die heutige *Comunidad Autónoma* in den aktuellen Grenzen besteht seit 1979, die Autonomie geht zurück auf die früheren *fueros* (Sonderrechte) des Baskenlandes, auf die der spanische König unter der Eiche in Gernika den Schwur leisten musste. Das Baskenland gehörte zu den ersten Regionen, die gemäß der spanischen Verfassung von 1978 ein Autonomie-Statut erhielten. Seit 1979 verfügt das Baskenland über die vollständige finanzielle Autonomie. Nicht Madrid, sondern die Regierung in Vitoria zieht die Steuern ein und überweist einen festgelegten Anteil an die Hauptstadt.
Seit den 60er Jahren des 20. Jahrhunderts kämpft die Terrororganisation ETA für die Unabhängigkeit des Baskenlandes von Spanien. Sie finanziert sich durch eine so genannte „Revolutionssteuer", die von ortsansässigen Unternehmern erpresst wird, sowie durch Entführungen. Durch den Terror der ETA starben Hunderte von Menschen. Zeitweilig ausgerufene Waffenruhen nutzte die Organisation zur Erholung und Umstrukturierung. Bei Kommunal- und Regionalwahlen tritt sie jeweils mit einer neuen, bewusst zu diesem Zweck gegründeten politischen Formation an, die deshalb häufig vom Obersten Gerichtshof Spaniens verboten wurde.
Die Wirtschaftskraft des Baskenlandes ist beträchtlich und beruht auf den drei Säulen Industrie, Dienstleistungen und Finanzsektor (Börse in Bilbao). Der Mittelstand ist sehr stark. Wichtige Industriezweige sind Chemie, Erdöl, Telekommunikation, Werkzeugmaschinen, Automobile, Schiffbau, Papierindustrie, Luftfahrt, Umwelt und Energie.

Unidad 5 ¡Buen viaje!

Thema: Tourismus in Spanien und Mexiko
Lernziel: über Vor- und Nachteile des Tourismus in Entwicklungsländern diskutieren (Tarea final)

PP:	verschiedene Arten von Tourismus bewerten
A:	Informationen zum Tourismus in Mexiko und Spanien kennen lernen und über eigene Urlaubsvorlieben reflektieren
B:	Auswirkungen des Tourismus auf die Umwelt kennen lernen und seine Meinung dazu formulieren
C:	über Ferienjobs sprechen und Ratschläge erteilen
Leer:	einen informativen Text verstehen

Lernbereiche	Lernziele	Lektionsteil Aufg. / Üb.
	Funktional-kommunikative Kompetenzen	
Hablar	verschiedene Arten von Tourismus kennen lernen und semantisieren	**SB PP1**
	sich zu Werbeplakaten äußern	**SB PP2**
	Bewertung von verschiedenen Arten des Tourismus	**SB PP4** + KV 31
	über Urlaubsvorlieben sprechen	**SB A6** + KV 33
	über den Zusammenhang von Tourismus und Umweltproblemen sprechen	**SB B1**
	sich zum Problem der Wasserverschwendung äußern	**SB B3**
	über Berufe sprechen	**SB C1**
Escuchar	einen Text über Reiseerlebnisse verstehen	**SB A1**
	einen Artikel und Kommentare zum Zusammenhang von Tourismus und Umweltproblemen verstehen	**SB B1**
	(nicht) umweltgerechtes Verhalten beurteilen	**SB B6**
	Anweisungen für einen Ferienjob verstehen	**SB C2** + KV 34
	die Beschreibung von spanischen Gesten verstehen	**SB C5**
	weiterer Hörtext	▸CDA 8
Escribir	über eine der auf Werbepostern dargestellten Personen einen Text schreiben	**SB PP3**
	Bewertung von verschiedenen Arten des Tourismus	**SB PP4** ▸CDA 1
	einen Dialog zu Ende schreiben	**SB A1** + KV 3
	Transparente für eine Demonstration erstellen	**SB A3**
	einen Kommentar zu einem Artikel verfassen	**SB B2** ▸CDA 9, 13
	einen Brief auf Spanisch schreiben	**SB B8**
	Ratschläge erteilen	**SB C6**
Leer	einen Comic über Reiseerlebnisse verstehen	**SB A1**
	einen Artikel und Kommentare zum Zusammenhang von Tourismus und Umweltproblemen verstehen	**SB B1**
	Anweisungen für einen Ferienjob verstehen	**SB C2** + KV 34
	einen Text über die Verbindung von Kino und Tourismus verstehen	**SB Leer** + KV 36
	weitere Lesetexte	▸CDA 1, 9, 13

Mediación	Reiseangebote auf Deutsch zusammenfassen	**SB A6**
	einen Brief ins Spanische übertragen	**SB B8**
	Gesten auf Spanisch erklären	**SB C5**
	weitere Übung zur Sprachmittlung	▶ CDA 19
Lexikalische Strukturen	Vokabelnetz zum Thema „Tourismus"	**SB PP1**
	eine Statistik versprachlichen und bewerten	**SB A4** + KV 32
	über Vorlieben sprechen / Meinungen und Empfindungen äußern	**SB A6, B2, B3, B5** ▶ CDA 1, 8, 10–13
	Aussagen bewerten	**SB A3, A4** ▶ CDA 7, 9
	Regeln zur Betonung und Akzentsetzung erkennen	**SB B7**
	Ratschläge oder Befehle erteilen	**SB C4** + KV 35, **C6** ▶ CDA 16, 20
Grammatische Strukturen	*subjuntivo*	**SB A2, A3, A4, A5, B2, B3, B5** ▶ CDA 2–13
	die Verwendung von *para* und *por*	**SB B4** + OL 538001-0009 ▶ CDA 14
	bejahter und verneinter Imperativ	**SB C3, C4** + KV 35 ▶ CDA 15, 16
	Interkulturelle Kompetenzen	
	den Zusammenhang von Tourismus und Umweltproblemen verstehen	**SB B1**
	sich zum Problem der Wasserverschwendung äußern	**SB B3**
	typische spanische Gesten kennen lernen	**SB C5** + OL 538001-0010
	Methodische Kompetenzen	
	in einer Diskussion argumentieren	**SB Tarea final**

Ziele klären

Die S lesen die *Tarea final* und die kommunikativen Fertigkeiten auf S. 65. Sie erkennen, dass sie die in der Lektion vermittelten Fertigkeiten benötigen, um über den Tourismus in Entwicklungsländern diskutieren zu können (*Tarea final*).

Primer paso (S. 64–65)

Lernziele: Die S lernen verschiedene Arten von Tourismus kennen und können diese am Ende des Lektionsteils bewerten.

1 Tipos de turismo

Lernziel: verschiedene Arten von Tourismus kennen lernen und semantisieren

Einstieg: Der L führt in das Thema ein und schreibt *¡Buen viaje!* an die Tafel. Die verschiedenen Werbeplakate werden den S auf Folie oder über Beamer präsentiert (vgl. die Datei «¡Buen viaje!» auf der **L-CD-ROM**). In einem kurzen Unterrichtsgespräch werden die S auf das Thema eingestimmt, z. B. mit folgenden Fragen: *¿Qué póster os gusta? ¿Adónde os gusta viajar? ¿Qué destino preferís? ¿Qué os parece interesante?*

Anschließend wählen die S in Kleingruppen jeweils ein Plakat aus und erstellen eine Präsentation, in der das Plakat beschrieben wird. Dabei können den S folgende Redemittel an die Hand gegeben werden (vgl. auch die Anleitung zur Bildbeschreibung in Lektion 3, S. 44 sowie in den *Estrategias*, S. 147), wobei neuer Wortschatz zur Bildbeschreibung (vgl. Unterstreichungen) eingeführt werden können:

en el póster / el cartel | se ve...
hay (+ artículo indeterminado o número)
está (+ artículo determinado, pronombre o nombre)

al fondo... en primer plano... en el centro... a la izquierda / a la derecha... aparece(n)

la(s) persona(s) | hace(n)...
parece(n)...

el póster / el cartel en general... muestra / expresa... un sentimiento de...

a) Im Anschluss an die Beschreibung ordnen die S die verschiedenen Plakate den Bezeichnungen zu. Dabei werden die verschiedenen Arten von Tourismus semantisiert. Die wenigen unbekannten Wörter *(rural, cultural, gastronómico)* werden durch Erinnerung an das Deutsche oder Englische geklärt.

b) Die S erweitern das Vokabelnetz zum Thema *turismo* um weitere Begriffe. Das Ergebnis wird an der Tafel gesichert.

c) Die Begriffe *turismo de salud, turismo de idiomas* und *turismo religioso* werden dem Vokabelnetz hinzugefügt und erklärt.

Tipp: Fragen Sie, ob den S noch mehr Arten von Tourismus bekannt sind und fügen Sie diese ggf. dem Tafelbild hinzu.

2 El mensaje

Lernziel: sich zu Werbeplakaten äußern

Wenn zuvor keine ausführliche Bildbeschreibung vorgenommen wurde, kann diese nun stattfinden: jede Kleingruppe beschreibt eines der Werbeplakate und erklärt im Anschluss den Slogan.

Ergänzung (für leistungsstärkere Gruppen): Der L kann weitere Redemittel zur Verfügung stellen, welche eine tiefere Analyse möglich machen.

El póster / el cartel expresa / muestra ironía.
Los eslóganes son graciosos / sorprenden porque...
Hay / Se ve... un juego de palabras / un contraste entre... y... / oposición etc.

3 Turistas

Lernziel: über eine der dargestellten Personen einen Text schreiben

Bei diesem kreativen Schreibauftrag versuchen die S, sich die Lebensumstände der dargestellten Personen oder Personengruppen genauer auszumalen und berichten darüber. Alternativ kann dies auch aus der Perspektive der Personen geschehen.

Alternativen zur Durchführung:

- Die S versetzen sich in die Situation einer der abgebildeten Personen und schreiben eine Postkarte an einen Freund / eine Freundin. Das Format der Postkarte bietet sich an, da der Platz begrenzt ist und die S sich auf das Wichtigste konzentrieren müssen. Im Anschluss daran kann der L die Postkarten einsammeln und gemischt im Kurs verteilen. Die Empfänger müssen nun versuchen herauszufinden, auf welches der Plakate sich der Text bezieht. Außerdem können so sprachliche Korrekturen von den S vorgenommen werden.
- Es können kurze Interviews mit den Personen erstellt und im Kurs vorgeführt werden. Diese können auch mit einer Foto- bzw. Handykamera aufgenommen werden.

Leistungsschwächere S oder Gruppen können ein Wörterbuch zu Hilfe nehmen und vor dem Schreiben eine Ideensammlung anfertigen, was die jeweilige Person schreiben / sagen könnte.

4 Preferencias

Lernziel: persönliche Bewertung der verschiedenen Arten des Tourismus

Die S nehmen eine individuelle Klassifizierung vor. Hilfreich ist es für die anschließende Bewertung, wenn zuvor Komparativ und Superlativ wiederholt werden. Bei der Präsentation bietet sich eine Meldekette an, in der sich die S aufeinander beziehen müssen.

Ergänzung: Zur vertieften Wiederholung des Komparativs und Superlativs arbeiten die S mit **KV 31** und machen sich durch entdeckendes Lernen erneut mit den Regeln für Bildung und Gebrauch vertraut.

Alternative zur Durchführung: Im Rahmen einer Umfrage können auch die Präferenzen des gesamten Kurses festgestellt werden. In einer abschließenden Auswertung wenden die S das Vokabular zur Auswertung von Statistiken an (vgl. SB S. 59).

Aprender y practicar A (S. 66–68)

Lernziele: Die S lernen Informationen zum Tourismus in Mexiko und Spanien kennen. Sie erschließen sich die Bildung und den Gebrauch des subjuntivo presente *und können ihn am Ende des Lektionsteils zur Bewertung von Sachverhalten anwenden.*

1 En México ◎ L1 (Fortsetzung) / 63, 64 = S 30, 31

Lernziel: einen Comic über Reiseerlebnisse verstehen und dabei einige Aspekte des Tourismus in Mexiko kennen lernen

Einstieg: L führt in das Thema ein fragt, was die S mit Ferien verbinden. Ein *mapa mental* mit dem genannten Vokabular kann an der Tafel festgehalten werden und so den folgenden Text vorentlasten.
Möglich ist auch ein Einstieg über das Thema México: *¿Alguien ya estuvo en México? ¿Ya sabéis algo de México? ¿Cómo os imagináis México? ¿Qué se puede hacer allí?*
Als Impulse können auch die Fotos der Datei «Imágenes de México» auf der **L-CD-ROM** herangezogen werden.
Die Ergebnisse des Brainstormings werden auf Folie oder einem Plakat festgehalten. Sie werden im Lauf der Bearbeitung stichpunktartig ergänzt. Falls Aspekte genannt werden, die in der Lektion nicht vorkommen, die die S aber interessieren, können sie z. B. in Kurzreferaten behandelt werden.
Danach leitet der L zum Text über, z. B. mit folgenden Worten: *Vamos a leer un texto que tiene lugar en México. Raquel, Alicia y Bruno se van de viaje a México. Vamos a ver lo que les pasa a ellos.*

a) und b) **Erarbeitung:** Die S hören oder lesen den Text. Das Textverständnis wird durch Herausfinden der falschen Informationen im Aufgabenteil b) gesichert.

Ergänzung: Die S erstellen in Gruppen ein Lernplakat zum Thema Mexiko bzw. ergänzen das Plakat, das sie beim Einstieg in den Text zusammengestellt haben. Dabei kann der Schwerpunkt auf dem Tourismus liegen: die S präsentieren verschiedene touristische Orte, traditionelle Gerichte, indigene Kunst, etc. Es ist aber auch möglich, Themen im Sinne eines Länderporträts zu verteilen; mögliche Themen könnten sein:
La historia de México:
- la época precolombina
- la conquista
- la independencia

México hoy en día:
- datos generales
- el narcotráfico (Da dieses Thema auch in Unidad 7 am Beispiel Kolumbiens bearbeitet wird, kann es hier weggelassen werden.)
- la inmigración a EE. UU.

c) Die S schreiben aus der Perspektive von Bruno und Raquel den Dialog zu Ende.

Vorschlag: Lassen Sie die S den Dialog vorspielen. Verteilen Sie Höraufträge an die restlichen S, um eine Korrektur zu ermöglichen. Zur konstruktiven Kritik an den Szenen kann **KV3** herangezogen werden.

d) Durch das Hören des Originaltextes erfahren die S den Schluss der Geschichte.

Weiterarbeit: Die S vergleichen ihre Versionen mit dem Original und nehmen eine Bewertung vor. Dies könnte auch im Sinne eines kleinen Wettbewerbs geschehen: der schönste / logischste / witzigste etc. Schluss wird von der Gruppe ermittelt.

2 Una nueva forma de ver las cosas

Lernziel: die Bildung des subjuntivo *erschließen*

a) **Entdeckendes Lernen:** Die S suchen aus dem Text «En México» die Formen des *subjuntivo* und erarbeiten sich folgendes Tafelbild:

Im Anschluss formulieren sie eine Regel für die Bildung der regelmäßigen Formen.

b) In Partnerarbeit werden die neuen Formen eingeübt.

c) Die S erkennen *indicativo* und *subjuntivo*-Formen.

Hinweis: Der L weist auf die Besonderheit der Spaltverben (z. B. *volver*) hin.

3 La manifestación

Lernziel: den Gebrauch des subjuntivo *erschließen (Bewertung von Sachverhalten)*

a) Die S lesen die Transparente und benennen die Inhalte.

b) In Partnerarbeit erstellen die S zwei neue Transparente zu diesem Thema und wenden den *subjuntivo* an.

Entdeckendes Lernen: Die Sprüche der Transparente werden an der Tafel gesammelt. Dabei werden die Sätze mit *subjuntivo* Sätzen im Indikativ gegenübergestellt. Die S erkennen, dass der *subjuntivo* verwendet wird, wenn ein Sachverhalt bewertet wird.

4 El turismo en España

Lernziel: eine Statistik bewerten

Einstieg: Bevor die S mit der Bewertung beginnen, sollen sie die Statistik beschreiben. Dazu kann entsprechendes Vokabular gesammelt und wiederholt werden, vgl. SB S. 59.
Die Beschreibungen der S werden auf Folie oder an der Tafel festgehalten, z. B.: *La mayoría realiza^ actividades culturales. Muy poca gente visita espectáculos^ deportivos^.* etc. Die Sätze werden benötigt, um in einer zweiten Phase weitere Auslöser für den *subjuntivo* deutlich zu machen.

Tipp: Um sukzessiv den Metawortschatz der S zu erweitern, lassen Sie die S dieses Vokabular gesondert notieren. Lassen Sie dieses Vokabular immer wieder anwenden, damit die S nach und nach auch diese sprachlichen Mittel aktiv zur Verfügung haben.

infinitivo	1ª pers. sg. indicativo	indicativo	subjuntivo
regelmäßige Bildung			
poder hablar estar salir gustar volver	puedo hablo estoy salgo me gusta vuelvo	podemos hablan estamos salimos les gusta vuelven	podamos hablen estemos salgamos les guste vuelvan
unregelmäßige Bildung			
ser haber	soy	es hay	sea haya

a) Entdeckendes Lernen: Der L verweist auf die Satzanfänge, mit denen die Statistik bewertet werden soll und stellt den Arbeitsauftrag: *Vamos a valorar los resultados de la estadística.* Mithilfe der Satzanfänge und der zuvor gesammelten Auswertung der Statistik formuliert der L Beispielsätze, in denen *subjuntivo* verwendet wird, z. B.: *Es interesante que mucha gente realice actividades culturales. Es sorprendente que solo poca gente visite espectáculos deportivos.* etc. Nach einigen Beispielsätzen, wendet sich der L an die S und lässt diese Bewertungen vornehmen, bis alle Möglichkeiten verwendet wurden und jeder S mindestens einen Satz formuliert hat. Im Anschluss notieren die S die neu erlernten Auslöser für den *subjuntivo*.

Tipps: Da das Ziel das Einschleifen des *subjuntivo* ist, liegt der Fokus auf der Verbflektion. Falls ein S das Verb im Indikativ verwendet, lassen Sie die anderen S korrigieren oder korrigieren Sie selbst.
Da die Lernleistung größer ist, wenn zunächst nur verbal imitiert wird, bestehen Sie darauf, dass die S keine Sätze verschriftlichen. Erst nachdem die oben beschriebenen Phasen (Imitation, Regelbildung) durchlaufen sind, halten die S das zuvor Gelernte schriftlich fest: *Valora la estadística en por lo menos 5 frases con el subjuntivo.* Dies kann auch als nachbereitende Hausaufgabe erfolgen.

b) Die S benennen eigene Vorlieben für Ferienaktivitäten.

Alternative: Lassen Sie die S mit Hilfe der **KV 32** eine Umfrage in der Schule, im Elternhaus oder im Freundeskreis durchführen. In EA oder in Kleingruppen fertigen die S dann eine graphische Darstellung ihrer Ergebnisse an und präsentieren diese mithilfe des Metavokabulars zur Beschreibung von Statistiken.

5 Me encanta que haya de todo

Lernziel: Anwendung des subjuntivo

Die S bilden die passende Form des *subjuntivo* und setzen sie ein.

Ergänzung: Die S formulieren eigenständig Sätze mit *subjuntivo* oder Infinitiv und lassen diese von ihrem Sitznachbarn korrigieren.

6 Tarea: Nos vamos de viaje

Lernziel: über Urlaubsvorlieben sprechen

Einstieg: Präsentieren Sie jeweils ein Foto von Barcelona und Mallorca. Lassen Sie die S die Fotos beschreiben: *¿Qué hay en las fotos?*
Erklären die S: *Es Mallorca. Es Barcelona*, fragen Sie weiter: *¿Dónde se encuentran? ¿Cómo son? ¿Cómo es el clima? ¿Por qué estos lugares son famosos? ¿Qué cosas típicas hay en Barcelona / en Mallorca?* etc.
Eröffnen Sie nun den Arbeitsauftrag: *Vamos de viaje a Barcelona / a Mallorca. Tenéis que trabajar en grupos, vais a decidir adonde queréis viajar.*

a) Innerhalb der Gruppen erklären die S zunächst ihren Mitschülern, welche Aspekte bei einem Urlaub für sie wichtig sind. Bei leistungsschwächeren Gruppen lassen Sie die Sätze vorher verschriftlichen.

b) Die Gruppen wählen nun eine der Reisen aus und begründen ihre Wahl.

Weiterarbeit (Differenzierung): Die S planen eine fiktive Reise in eine der beiden Städte. Lassen Sie die S festlegen, welche Aktivitäten, Besichtigungen etc. während der achttägigen Reise unternommen werden sollen. Je authentischer die Suche dabei ist, desto interessierter werden die S sein. So können Sie z. B. einen konkreten Zeitraum angeben, in dem die Reise stattfinden soll. Die S können dann recherchieren, ob in dieser Zeit beispielsweise besondere Ausstellungen, Konzerte etc. stattfinden. Auch ein bestimmter finanzieller Rahmen, der nicht überschritten werden darf, könnte von der Gruppe festgelegt werden. Wichtige Redemittel für das Argumentieren in einer Diskussion befinden sich im SB auf S. 70. Leistungsschwächere Gruppen können mit **KV 33** arbeiten, die schon einen vorgefertigten Rahmen bietet. Abschließend präsentieren alle Gruppen im Plenum ihre Vorschläge. Der Kurs stimmt gemeinsam ab, welche der Reisen durchgeführt werden soll und begründet dies. Eine Begründung der Auswahl kann auch schriftlich erfolgen.

c) Mittels Mediation erklären sich die S gegenseitig, welche Besonderheiten das jeweilige Angebot zu bieten hat.

Aprender y practicar B (S. 69–71)

Lernziele: Die S lernen verschiedene Auswirkungen des Tourismus auf die Umwelt kennen und formulieren ihre Meinung zu diesem Thema. Sie erfahren verschiedene Auslöser für die Verwendung des subjuntivo. *Am Ende des Lektionsteils können sie verschiedene Argumente zum Thema Umweltverschmutzung verschriftlichen.*

1 Los campos de golf ◎ L1 (Fortsetzung) / 65 = S 32

Lernziel: den Zusammenhang von Tourismus und Umweltproblemen anhand des Wasserverbrauchs der Golfplätze in Andalusien erkennen

Einstieg: Der L schreibt als stummen Impuls an die Tafel: *El turismo destruye el medio ambiente.* Die S sollen jeder mindestens ein Beispiel / Argument dafür und dagegen finden. Die Argumente werden auf Blättern notiert, die der L an der Tafel sammelt. Werden Argumente doppelt genannt, kann der L sie einfach untereinander hängen. Um das Ergebnis weiterhin zur Verfügung zu haben und ggf. zu einem späteren Zeitpunkt darauf zurückgreifen zu können, erhalten zwei S den Auftrag, das so entstandene Tafelbild abzuschreiben und per Mail oder Kopie an die Gruppe zu verteilen.

a) Die S lesen / hören den Text.

Alternative (für leistungsschwächere Gruppen): Die S hören / lesen zunächst nur den ersten Text über Fernando Ortega. Nach der ersten Textbegegnung werden die Leitfragen beantwortet. Die Aufgaben b) und c) entfallen.

Contesta las preguntas:
1. ¿Quién es Fernando Ortega?
2. ¿Cuántos campos de golf hay en Murcia?
3. ¿Qué relación hay entre los campos de golf de Murcia y la ciudad de Albacete?
4. ¿Qué perspectiva existe para el futuro en esta región?
5. ¿Qué solución propone Fernando Ortega para el futuro?

b) Zur Sicherung des Textverständnisses benennen die S, welche Position señor Ortega hat und belegen dies mit dem Ausgangstext.

c) Die S listen die Argumente für und gegen die Golfplätze auf.

Vorschlag: Lassen Sie die S nach der Zuordnung der Argumente in einem zweiten Schritt eine Klassifizierung dieser machen, indem sie benennen, welches Argument ihrer Meinung nach am wichtigsten, am zweitwichtigsten etc. sei.

d) **Interkultureller Ansatz:** Die S vergleichen das eigene Land mit dem beliebten Urlaubsland Spanien.

Vorschlag: Lassen Sie die S beliebte Touristenziele in Deutschland nennen oder als Hausaufgabe im Internet suchen. Die S können sich auch darüber informieren, ob es in ihrer Region beliebte Urlaubsziele gibt und zu welchen Jahreszeiten sie vor allem frequentiert werden. Auch die damit verbundenen Umweltprobleme (z. B. Landschaftsschäden durch Skifahren oder ständig zunehmenden Autoverkehr) sowie Maßnahmen gegen die zunehmende Umweltzerstörung (z. B. Umweltzonen; komplette Sperrung von Orten für den Autoverkehr) können thematisiert werden.

2 ¿Y tú qué piensas?

Lernziel: weitere Auslöser für den subjuntivo *erschließen und anwenden*

a) **Entdeckendes Lernen:** Die S lesen den Kommentar von Aurelio. Der L schreibt die beiden Aussagen an die Tafel. In PA formulieren die S eine Hypothese über die Verwendung des *subjuntivo* im zweiten Satz. Der L markiert die Verneinung und die Verbformen farbig. Anschließend formuliert das Plenum gemeinsam die Regel.

b) Die S lesen die weiteren Kommentare. Selbstständig erschließen die S nun weitere Auslöser für den *subjuntivo*, für die die zuvor formulierte Regel gilt.

Vorschlag: Erstellen Sie ein Tafelbild, bei dem die Sätze einander gegenübergestellt werden. Markieren Sie Auslöser und Verbformen farbig.

c) Die S wenden die zuvor erarbeitete Regel an, indem sie die Verben entsprechend flektiert einsetzen.

Vorschlag: Lassen Sie die S neben den flektierten Verbformen auch die Auslöser ins Heft schreiben.

d) Die S formulieren nun ihre eigene Meinung zu diesem Thema und wenden, falls nötig, den *subjuntivo* an.

Vorschlag: Die Aufgabe eignet sich für das Forum (vgl. Vorwort S. 8), in das die S ihren Kommentar stellen können.

3 Problemas y soluciones

Lernziel: die eigene Meinung zum Problem der Wasserverschwendung mündlich äußern

Die S bewerten verschiedene Vorschläge und begründen ihre Meinung.

Tipp: Machen Sie den S deutlich, dass die angegebenen Redemittel benutzt werden sollen.

Vorschlag: Initiieren Sie eine Meldekette: die S beziehen sich mit ihrer Meinung auf die Meinung des Vorredners. Dadurch wird eine größere Konzentration erzeugt, da jeder darauf achten muss, was sein Vorredner gesagt hat und sich darauf beziehen muss, z. B. *También estoy a favor de que… / Para mi no es tan importante que… Tengo otra opinión que X porque no pienso que…*

4 Para o por

Lernziel: den Gebrauch von para *und* por *erfahren und anwenden*

Die Verwendungen der beiden Konjunktionen aus der Übung und auch die weiteren im Grammatik-Anhang genannten sind den S seit langem bekannt. Hier werden sie systematisiert und kontrastiert. Indem die S die Konjunktionen *para* und *por* einsetzen, machen sie sich einen wichtigen Unterschied in der Bedeutung bewusst. Unter dem **Online-Link 538001-0009** finden Sie eine weitere Übung, in der alle den S bekannten Verwendungen der beiden Präpositionen berücksichtigt sind.

Vorschlag: Lassen Sie jeden S noch jeweils 3 weitere Sätze mit *para* und *por* bilden.

5 ¿Estás seguro?

Lernziel: die Verwendung des subjuntivo *in Äußerungen des Zweifels kennenlernen*

a) **Entdeckendes Lernen:** Die S suchen aus dem Kommentar von Mariela die Sätze heraus, die Zweifel ausdrücken und erschließen sich eine weitere Regeln für die Verwendung des *subjuntivo*.

Tipp: Lassen Sie die S Verben und Ausdrücke suchen, die Zweifel ausdrücken und zu der Regel notieren. Sie können Aufgabe b) dann erweitern, indem die S eigenständig Sätze mit dem neuen Vokabular bilden und den *subjuntivo* anwenden.

b) S formulieren Sätze mit und ohne *subjuntivo*, indem sie Gewissheit bzw. Zweifel ausdrücken.

6 Fundación JuLiLi ◎ L1 (Fortsetzung) / 66

Lernziel: (nicht) umweltgerechtes Verhalten beurteilen

a) Die S formulieren Hypothesen zur Arbeit der – erfundenen – Organisation JuLiLi.

Tipp: Um sicherzugehen, dass der *subjuntivo* kontextbezogen angewendet wird, schreiben Sie Satzanfänge an die Tafel, die von den S weitergeführt werden: *Creo que… / No creo que… Supongo* que… Pienso que… / No pienso que… Dudo que…*

b) Die S trainieren ihr Hörverstehen, indem sie die Ziele der Organisation zusammenfassen.

c) Die S bewerten die Aussage des Sängers.

Vorschlag: Lassen Sie die S nach Organisationen recherchieren, die als Ziel den Umweltschutz haben. In Kleingruppen können die S jeweils eine Organisation vorstellen. Um weiterhin die eigene Meinung zu üben, sollen die S nach den Präsentationen in einer kleinen Diskussionsrunde begründen, welche Organisation sie am überzeugendsten finden.

7 Practicamos la pronunciación ◎ L1 (Fortsetzung) / 67 = S 33

Lernziel: Regeln zur Betonung und Akzentsetzung erkennen

a) Die S hören die Wörter und erkennen, welches die betonte Silbe ist.

Vorschlag: Zur leichteren Regelfindung ziehen Sie die Wörter auf eine Folie und lassen Sie die S die betonte Silbe unterstreichen.

b) Die S formulieren eine Regel für die Schreibung mit Akzent.

c) Interkultureller Ansatz: Die S reflektieren über ihre eigene Muttersprache und vergleichen diese mit Spanisch. Diese Aufgabe ist fakultativ und eignet sich v. a. für leistungsstärkere S.

8 Tarea: El agua

Lernziel: einen Brief über Veränderungen im Urlaubsort ins Spanische übertragen

Einstieg: Wiederholen Sie zunächst die Bildung des Komparativs, da die S diesen für die Bewerkstelligung der Aufgabe benötigen. Fertigen Sie ein Tafelbild an, welches die S während der Erarbeitung ansehen können. Falls die **KV 31** im *Primer paso* nicht eingesetzt wurde, kann dies hier erfolgen.

Die S übertragen den Brief ins Spanische, wobei sie den in der Lektion neu erworbenen Wortschatz anwenden. In einem zweiten Schritt, korrigieren die S gegenseitig ihre Texte. Dabei auftauchende Schwierigkeiten werden im Plenum an der Tafel besprochen.

Aprender y practicar C (S. 72–73)

Lernziele: Die S lernen den verneinten Imperativ. Sie sprechen über Ferienjobs und können am Ende des Lektionsteils Ratschläge erteilen.

1 Trabajos de verano

Lernziel: über Berufe sprechen

Einstieg: Der L beginnt an der Tafel ein *mapa mental* zum Thema *profesiones en el sector turístico* und wendet sich z. B. mit folgenden Fragen an die S: *¿Qué profesiones hay en el sector turístico?* Die Nennungen der S werden an der Tafel festgehalten. Bekannte Berufsbezeichnungen aus diesem Bereich sind: *el camarero / la camarera, el / la recepcionista, el azafato / la azafata, el animador / la animadora, el monitor / la monitora (de tiempo libre), la camarera de piso, el dependiente / la dependienta, el cocinero / la cocinera.*

a) Die S reaktivieren und erweitern ihr Vokabular zum Thema Beruf, indem sie benennen, was die Menschen auf den Fotos arbeiten. Das Vokabelnetz an der Tafel kann um die Verben, die nun genannt werden, erweitert werden.

Vorschlag: Um den Wortschatz Ihrer S auf diesem Gebiet zu vergrößern, lassen Sie sie mit Hilfe eines Wörterbuchs weitere thematisch passende Wörter ergänzen.

b) Die S berichten von eigenen Erfahrungen beim Ausüben von (Ferien)Jobs in der Tourismusbranche.

2 Un favor ◎ L1 (Fortsetzung) / 68, 69 = S 34, 35

Lernziel: Anweisungen für einen Ferienjob verstehen

a) Die S lesen / hören den Text.

Differenzierung (für leistungsschwächere Gruppen): Zur Restsemantisierung bietet sich die **KV 34** an, bei der bestimmte, im Text vorkommende, Ausdrücke gebildet werden müssen.

b) Zum vertieften Textverständnis erklären die S anhand der Zeichnungen, an welche Regeln sich Fernando gehalten hat.

c) und **d)** Die S erkennen, um welche Tätigkeit es sich handelt und vergleichen ihr Ergebnis mit dem Hörtext auf der CD.

3 ¡No te preocupes!

Lernziel: die Regel für die Bildung und den Gebrauch des verneinten Imperativs erschließen

a) Die S lesen den Text aus C2 erneut und erarbeiten ein Tafelbild mit den bejahten und verneinten Imperativen (vgl. Lösungen zu C3).

b) Entdeckendes Lernen: Anhand der Tabelle erschließen die S die Bildung des verneinten Imperativs.

Tipp: Lassen Sie die S eine Regel auf Spanisch formulieren. Verweisen Sie dabei explizit auf die identische Bildung mit dem *subjuntivo*.

c) Durch die Transformation der bejahten Imperative in verneinte wenden die S die neue Regel an. Sie erschließen sich darüber hinaus die Verwendung des verneinten Imperativs im Plural und bei der höflichen Anrede.

Tipp: Verweisen Sie auf die veränderte Stellung des Objektpronomens.

Weiterarbeit: Wenn die S schon Erfahrung mit Ferienjobs haben, lassen Sie sie eine Liste mit Ratschlägen zu ihrem jeweiligen Job erstellen.

4 Unos consejos

Lernziel: mündliche Anwendung des Imperativs

Die S geben zu bestimmten Problemen Ratschläge.

Vorschlag zur Durchführung: Lassen Sie die S die vorgegebenen Syntagmen und Nennungen der S in einem Rollenspiel oder freien Dialog anwenden.

Weiterarbeit: Die S arbeiten in Partnerarbeit und bilden mit Hilfe der **KV 35** Ratschläge, die die Eltern ihren Kindern mit auf den Weg geben, wenn sie auf Klassenfahrt fahren. Zum Abschluss können die S Ratschläge an ihre Eltern formulieren.

5 Los gestos españoles ◎ L1 (Fortsetzung) / 70

Lernziel: typische spanische Gesten kennen lernen

Die S versuchen in Partnerarbeit die Bedeutung der verschiedenen Gesten zu erschließen (a), überprüfen anhand des Hörtextes, ob ihre Vermutungen richtig waren (b) und denken über bestimmte Gesten ihres Heimatlandes nach (c).

Vorschlag zur Durchführung: Lassen Sie die S in Partnerarbeit arbeiten. Bei der Präsentation im Plenum macht ein S die Geste, während der andere die Bedeutung erklärt. Möglich wäre auch, dass die anderen S die Bedeutung erraten müssen.

Weiterarbeit: Abbildungen zu weiteren Gesten finden Sie unter dem **Online-Link 538001-0010**.

Interkultureller Ansatz: Wenn in Ihre Klasse S aus anderen Herkunftsländern gehen, beziehen Sie diese aktiv in die Aufgabe mit ein und erweitern Sie das Repertoire an Gesten.

6 Tarea: Mi casa es tu casa

Lernziel: Ratschläge erteilen

Die S formulieren Ratschläge in Briefform. Der L erinnert noch einmal an den Unterschied zwischen bejahtem und verneintem Imperativ.

Alternative (für leistungsschwächere Gruppen): Der L stellt sprachliche Hilfen zur Verfügung, die die Bearbeitung der Aufgabe erleichtern, z. B.: *regar las plantas / dar comida al conejo / escuchar música en voz alta* / hacer una barbacoa° en el balcón / sacar la basura / celebrar una fiesta cada noche*

Leer (S. 74)

Lernziel: einen Text über die Verbindung von Kino und Tourismus verstehen

Einstieg: Der L führt in das Thema ein und fragt, ob die S spanische Filme oder Filme, die in Spanien gedreht wurden, kennen. Der L leitet zum Text über: *Vamos a ver qué películas se rodaron* en España. Seguramente conocéis algunas.*

a) **Erarbeitung:** Die S lesen den Text.

Alternative (für leistungsschwächere Gruppen): Die S lesen den Text mit Hilfe der **KV 36**. Sie erarbeiten die *actividad de correcto o falso* und präsentieren die Ergebnisse in einer Meldekette. Falls ein Ergebnis falsch sein sollte, liest das Plenum die Stelle im Text nach und korrigiert.

b) Die S stellen Vermutungen über den Titel und die Doppeldeutigkeit des Ausdrucks *de cine* an. Zur Überprüfung wird ein Wörterbuch herangezogen.

c) Die S sammeln die in dem Text aufgeführten Filme und suchen nach ihren deutschen oder englischen Entsprechungen.

Vorschlag: Vielleicht kennen die S ja einige der Filme. Sie können gemeinsam kurz den Inhalt vortragen. Zu den unbekannten Filmen machen die S eine Internetrecherche, um eine Inhaltsangabe präsentieren zu können.

d) **Interkultureller Ansatz:** Die S reflektieren darüber, ob es auch Filme gibt, in denen Orte in Deutschland die Kulisse bildet und geben an, ob sie diese schon einmal besucht haben.

Vorschlag zur Weiterarbeit: Die S nennen Orte in ihrer Heimatstadt, die sie sich gut als Filmkulisse vorstellen können und begründen ihre Wahl.

Tarea final (S. 75)

Lernziel: Die S können am Ende der Tarea final *ihre Meinung zum Thema Tourismus in Entwicklungsländern in einer Diskussionsrunde äußern.*

a) **Vorbereitung:** Die S setzen sich zunächst mit der Methode der Diskussion auseinander, indem sie Regeln für die Durchführung auf Spanisch formulieren (a).

Think-pair-share-Methode: Zunächst formulieren die S in Partnerarbeit jeweils 4 Regeln für die anschließende Diskussionsrunde. In einer zweiten Phase schließen sich jeweils zwei Paarungen zu einer Vierer-Gruppe zusammen und einigen sich auf die wichtigsten 5 Regeln. Gleichzeitig findet eine sprachliche Korrektur statt. Im Plenum werden anschließend alle Regeln vorgestellt und gemeinsam besprochen, welche 5–7 Regeln für die Diskussion gelten sollen.

b) und **c)** Die S lesen zunächst alle Texte, um einen Überblick über das Thema zu erhalten und ordnen sich einer der vorgegebenen Gruppen zu.

Tipp: Um zu verhindern, dass ein Ungleichgewicht der Gruppen besteht, kann der L auch per Zufallsgenerator oder durch Zuordnen die Gruppen einteilen. Machen Sie Ihren S klar, dass es sich um ein Rollenspiel handelt und die vertretene Meinung nicht die persönliche Meinung eines jeden S sein muss.

d) In Kleingruppen sammeln die S Argumente: Dabei ist es hilfreich, wenn sie sich auf die im Text angesprochenen Informationen beziehen.

Alternative (für leistungsstärkere Gruppen): Der L gibt Rollen vor oder die S erstellen selbst Rollenprofile. Dabei kann es sich um Rollenbeschreibungen (z. B. Umweltschützer, Regionalpolitiker, Beschäftigter mit Zeitvertrag, o. Ä.) oder um authentische Personen handeln, die etwas mit dem Thema zu tun haben, z. B.:
el turismo beneficia: Javier Bustamante Moreno (presidente de Turespaña), Miguel Sebastián Gascón (ministro de turismo)
el turismo perjudica: Achim Steiner (UNEP), Fernando Ortega, Rosa Aguilar (ministra de medio ambiente).
Die S können in der Vorbereitung über diese Personen recherchieren, vor dem Sammeln der Argumente ein Rollenprofil erstellen und sich so besser in ihre jeweiligen Rollen hineinversetzen.

Tipp: Besetzen Sie die Rollen doppelt. Dies erleichtert die Vorbereitung und ist auch für die Durchführung hilfreich, da der zweite S unterstützend eingreifen kann, wenn dem anderen die Argumente oder sprachlichen Mittel ausgehen.

e) Vorschlag zur Durchführung der Diskussion: Legen Sie vorab fest, welche Hilfsmittel die S mit in die Diskussion nehmen dürfen. Hilfreich sind *fichas* im DIN A 5-Format. Da der Platz begrenzt ist, notieren die S keine ganzen Sätze, sondern ihre Argumente in Stichworten. Dies unterstützt das freie Sprechen. Achten Sie darauf, dass die S neben den inhaltlichen auch sprachliche Hilfen notieren. Sammeln Sie ggf. vorab Redemittel für eine Diskussion, z. B.

Según mi opinión...
Quiero decir sobre todo que...
(No) estoy de acuerdo con.../(no) tengo la misma opinión que.../tengo otra opinión...
Es verdad que..., pero...
Eso puede ser, pero hay que pensar también en...
Este me parece un argumento importante.
Como acabas de decir...

Ggf. können auch weitere passende Redemittel eingeführt werden, z. B. *por un lado*..., por otro lado..., (no) comparto* la opinión de...*

Durchführung: Ist der L der Moderator, beginnt er zunächst mit einer Präsentationsrunde der Gäste. Danach gibt er das Wort an einen der Teilnehmer, um die Diskussion zu beginnen.

Alternative (für leistungsstärkere Gruppen): Bei Gruppen oder einzelnen Schülern, denen das freie und spontane Sprechen leicht fällt, kann die Rolle des Moderators auch von ein bis zwei S übernommen werden. Für eine gelungene Durchführung ist es hilfreich, wenn vorab auch Regeln für die Moderatoren erstellt werden, an die sich die S dann halten können, z. B.: *saludar° a los invitados, dar el turno° de palabra, calmar° a los invitados, empezar y terminar* el debate, dar una conclusión° al final* (vgl. auch **KV 4**).

Eine ausführliche Darstellung der Vorbereitung und Durchführung einer Diskussion für die Hand der S, einschließlich Redemittelvorgaben und Anwendungsbeispielen finden Sie im Heft *Sicher in die Oberstufe. Methodenheft mit Multimedia-CD*. Stuttgart: Klett, 2011, S. 91 – 95.

f) Im Anschluss an die Diskussion werden die S gefragt, welche Seite am plausibelsten argumentiert hat. Nun können die S ihre Rolle verlassen und sich ihrer eigenen Meinung gemäß äußern und sich der entsprechenden Gruppe zuordnen.

Weiterarbeit: Sinnvoll ist es auch, neben der inhaltlichen Bewertung, eine sprachliche Evaluation durchzuführen. Die Evaluationsbögen (s. **KV 4**) sollten den S allerdings schon vorher ausgehändigt werden, damit sie wissen, worauf sie sich konzentrieren müssen. Nehmen nicht alle S an der Diskussion teil, erhalten die Zuschauer den Auftrag, jeweils einen Teilnehmer der Runde zu beobachten und zu bewerten. Im Anschluss an die Diskussion erhält so jeder Teilnehmer eine individuelle Rückmeldung.

Landeskundeglossar

Die Bundesrepublik **Mexiko** erstreckt sich über eine Fläche von 1 972 550 km² mit einer Einwohnerzahl von 112 322 757 Einwohnern. Das Klima ist vielfältig, es finden sich subtropische und alpine Regionen sowie Wüstenklima. Die Wirtschaft des nordamerikanischen Landes teilt sich v. a. in drei Bereiche, wobei der Landwirtschaft 4 %, der Industrie 27,2 % und dem Dienstleistungssektor 68,8 % zufallen. Zunehmende Bedeutung erlangt die Textilproduktion, da die v. a. in der nördlichen Grenzregion gegründeten Maquilas zu Billigpreisen Waren für den nordamerikanischen Markt produzieren. Einen großen Teil des Dienstleistungssektors macht der Tourismus aus: Jährlich besuchen knapp 20 Millionen Touristen das Land. Deutschland stellt dabei zusammen mit den anderen EU-Staaten das drittgrößte Besucherkontingent in Mexiko nach den USA und Kanada.

In präkolumbischer Zeit waren es vor allem die Maya und Azteken, deren Hochkulturen die Landstriche des heutigen Mexikos prägten. Zwischen 1519 und 1521 eroberte und zerschlug der Spanier Hernán Cortés das Aztekenreich, das danach unter spanischer Krone stand. 1810 erfolgte die Unabhängigkeit von Spanien.
Ein großes Problem stellt heutzutage die hohe Kriminalität in Mexiko dar, die besonders in den Metropolen wie Mexiko City, aber auch in der Grenzregion zu den Vereinigten Staaten von Amerika anzutreffen ist. Dort herrscht ein regelrechter Bandenkrieg zwischen verschiedenen Drogenkartellen, dem Polizei und Justiz nahezu hilflos gegenüberstehen.

Der **Tourismus** ist ein wichtiger Wirtschaftsfaktor für Spanien. Das Land zählt zu den beliebtesten Urlaubsreisezielen der Welt.
Während noch vor einigen Jahren v. a. der Sonnentourismus an den zahlreichen Stränden gefördert wurde, sieht man inzwischen auch die Vorteile anderer Formen des Tourismus. So zieht beispielsweise auch der Nordosten inzwischen Besucher an, die interessante Städte wie Santiago de Compostela oder A Coruña ebenso zu schätzen wissen, wie die Steilküste Galiziens, die Küsten Asturiens und Kantabriens mit ihrem milden atlantischen Klima, sowie die vielseitige Gastronomie der Region.
Kulturtouristen kommen wegen Spaniens 41 Weltkulturerbestätten – allein 13 Städte tragen den Titel Erbe der Menschheit. Das gestiegene Interesse am Kulturtourismus drückt sich auch in der Beliebtheit der Städtereisen aus: neben der Hauptstadt Madrid und der Metropole Barcelona ist es v. a. Santiago de Compostela (Galicien) am Jakobsweg, das Besucher aus der ganzen Welt anzieht. Durch den *turismo rural* werden neben dem Kulturtourismus auch Naturliebhaber angelockt: Es gibt im ganzen Land zahlreiche Naturparks bzw. Nationalparks.

Spanien leidet immer wieder unter **Wassermangel**.
Der Niederschlag ist seit 1930 um 44 % zurückgegangen. Dadurch sind die Stauseen z. T. auf ein Minimum geschrumpft oder drohen auszutrocknen.
Der Wassermangel rührt nicht nur von ausbleibenden Regenfällen, sondern auch von einem ständig ansteigenden Verbrauch. In Madrid beispielsweise werden die meisten Neubauten mit Swimmingpool gebaut. Im Großraum der Hauptstadt sind darüber hinaus 28 Golfplätze angesiedelt. Deren Wasserverbrauch beträgt allein durch das Sprengen der Rasenfläche so viel, wie eine Stadt mit 100 000 Einwohnern samt Industriebetrieben verbraucht. Auch die große Zahl an Touristen zur heißesten Jahreszeit und der damit einhergehende höhere Verbrauch wird als Grund für den Wassermangel angesehen.
Die durch Wassermangel verursachten Ernteausfälle in der Landwirtschaft werden auf 2,5 Milliarden Euro geschätzt. Zudem steigt die Zahl des illegalen Brunnen, die den Grundwasserspiegel absinken lassen.
All diese Veränderungen werden auf Dauer womöglich wirtschaftliche und demografische Auswirkungen haben, wie die Versteppung und die Entvölkerung des Hinterlandes.
Die Regierung versucht das Problem durch Ausbau der Stauseen und Wasserspeicher und ein besseres Wassermanagement zu mindern. Auch die Umleitung von Wasser aus niederschlagsreichen Gebieten in trockenere wird immer wieder diskutiert. Darüber hinaus werden auch Privatpersonen mittels Werbespots zum Wassersparen aufgefordert. In besonders trockenen Perioden werden sogar Strafen von bis zu 3000 Euro verhängt, wenn Trinkwasser verschwendet wird, wie etwa zum Autowaschen.

Die Halbinsel **Yucatán** umfasst eine Fläche von ca. 181 000 km², liegt am Südende Nordamerikas und im Norden Zentralamerikas und trennt den Golf von Mexiko vom Karibischen Meer ab. Auf der Halbinsel liegen die mexikanischen Bundesstaaten Yucatán, Campeche und Quintana Roo; ein Teil gehört auch zu Guatemala und Belize.
Touristisch gehört die Halbinsel zu den bedeutendsten Regionen Mexikos, da sowohl Badeurlauber als auch Kulturinteressierte auf ihre Kosten kommen. Neben der landschaftlichen Schönheit bietet sie reizvolle Städte, Ökotourismus sowie viele präkolumbische Monumente. Die indigene Mayakultur, deren Zentrum sich auf der Halbinsel befand, hat die vielen archäologischen Stätten hinterlassen. Über die gesamte Fläche verteilt gibt es Kulturstätten, Stufenpyramiden und Tempel. Die bekanntesten sind: Becán, Chicanná, Chichén Itzá, Coba, Edzná, Kabáh, Kohunlich, Labná, Sayil, Tulúm, Uxmal, Xlapak und Xkipché.
Ein weiterer touristischer Höhepunkt sind die sog. *Cenotes*, unterirdische natürliche Wasserreservoire, die zum Schnorcheln und Tauchen einladen.

Repaso 2

Anforderungen: elementare Kenntnisse der spanischen Sprache (Niveau A 2)
Lernziel: Der S kann kurze Texte aus seinem Lebensumfeld verstehen und sich zu bekannten Themen äußern (mündlich und schriftlich)

Lernbereiche	Lernziele	Lektionsteil Aufg. / Üb.
	Funktional-kommunikative Kompetenzen	
Hablar	über ein Bild sprechen / eine Stadt beschreiben	SB Repaso 4.1
	über das eigene Land sprechen	SB Repaso 4.2
Escuchar	Dialogen selektiv Informationen entnehmen	SB Repaso 3.1
	die Hauptaussagen eines Dialogs verstehen	SB Repaso 3.2
Escribir	über Urlaubserlebnisse schreiben; über ein spanischsprachiges Land schreiben	SB Repaso 2
Leer	statistische Texte verstehen und ihnen selektiv Informationen entnehmen	SB Repaso 1

Die Aufgaben des Repaso 2 (S. 76–79)

Die Aufgaben des *Repaso* 2 sind, ebenso wie die der DELE-Prüfung, in vier Fertigkeiten unterteilt:

	Fertigkeit	Aufgaben	Zeitdauer
1.	comprensión de lectura	1 tarea	10 – 15 Min.
2.	expresión e interacción escritas	1 tarea	20 Min.
3.	comprensión auditiva	2 tareas	15 Min.
4.	expresión e interacción orales	2 tareas	5 Min.

Die Lernziele entsprechen denen der Anforderungen der DELE-Prüfung.

1 Comprensión de lectura

Lernziel: statistische Texte verstehen und ihnen selektiv Informationen entnehmen

Tarea:
Die S lesen einen Text über die Wirtschaft Kataloniens und ergänzen anschließend sechs Aussagen zum Text, indem sie jeweils einen von drei Teilsätzen (a, b oder c) als richtig markieren. Dieser Aufgabentyp ist den S von *Repaso* 1 bekannt. Die Progression ist im Text selbst zu sehen, welcher relativ abstrakt ist und sehr viele Fakten und Daten beinhaltet.

Tipps:
- Erklären Sie Ihren S, dass sie nicht alle Details des Textes verstehen müssen, um die Aufgabe erfolgreich lösen zu können. Leiten Sie sie an, sich die zu ergänzenden Satzanfänge vor dem Lesen des Textes einzuprägen und sich beim Lesen an diesen Schlüsselbegriffen zu orientieren.
- Stellen Sie den S den Lesetext als Kopie zur Verfügung, damit sie sich die entsprechenden Stellen im Text (wie in der realen Prüfungssituation) markieren können (vgl. die Kopiervorlage auf der **L-CD-ROM**).
- Geben Sie Ihren S keine Vokabelhilfen, damit sie sich an die Bedingungen der DELE-Prüfung gewöhnen und sie sich darin üben, sich unbekannte Wörter selbstständig aus dem Kontext zu erschließen.

2 Expresión e interacción escritas

Lernziel: von einer Urlaubsreise erzählen; über ein spanischsprachiges Land schreiben

Tarea:
Die S sollen sich vorstellen, gerade einen Urlaub in einem spanischsprachigen Land zu verbringen und von dort aus eine E-Mail an einen Freund zu schreiben. In dieser E-Mail sollen sie den jeweiligen Urlaubsort näher beschreiben und beurteilen sowie über persönliche Urlaubserlebnisse und die Pläne für die nächsten Tagen erzählen.

Tipps:
- Weisen Sie Ihre S darauf hin, dass die Aufgabenstellung wichtige Hinweise zur Textsorte, zum Adressaten sowie zu den geforderten Inhalten enthält und daher genau beachtet werden muss.
- Empfehlen Sie Ihren S, sich ihre letzte private E-Mail in Erinnerung zu rufen, um sicher zu gehen, dass sie das richtige Sprachregister wählen und die Grußformeln nicht vergessen.

- Geben Sie Ihren S den Hinweis, dass bei dieser Aufgabe sprachliche Kompetenzen sowie landeskundliches Wissen im Vordergrund stehen, nicht jedoch eigene Erlebnisse als solche. Ansonsten besteht die Gefahr, dass einige S wertvolle Zeit verlieren, um sich an tatsächliche Urlaubsaufenthalte in spanischsprachigen Ländern zu erinnern und dann von persönlichen Erlebnissen oder besonderen Ereignissen berichten möchten, die sie sprachlich noch gar nicht (fehlerfrei) ausdrücken können. Ermuntern Sie Ihre S daher, ihrer Fantasie freien Lauf zu lassen beziehungsweise auch von „langweiligen" Aktivitäten zu berichten, wenn sie die sprachlichen Strukturen sicher beherrschen.
- Erinnern Sie Ihre S daran, dass sie jeweils verschiedene Zeitformen gebrauchen müssen, um über vergangene, gegenwärtige und zukünftige Urlaubsaktivitäten zu schreiben.
- Empfehlen Sie Ihren S, ihre Ideen vor dem Schreiben (z. B. in Form einer *Mindmap*) zu sammeln und zu ordnen.

3 Comprensión auditiva ◎ L2/1-7; 8

Lernziel: Dialogen selektiv Informationen entnehmen

Tarea 1:
Die S hören sieben Interviews, in denen Menschen aus Mallorca zum Tourismus auf der Insel befragt werden. Die S hören alle Interviews zweimal und ordnen ihnen im Anschluss jeweils eine von zehn Aussagen (A-J) zu. Der Aufgabentyp ist den S bereits aus *Repaso* 1 (und dem ersten Band) bekannt.

Tipps:
- Fordern Sie Ihre S wiederum auf, die Aussagen zum Hörtext vorab aufmerksam zu lesen, damit sie wissen, worauf sie beim Hören achten müssen.
- Weisen Sie Ihre S auf die Distraktoren hin: nicht alle *enunciados* können mit den Dialogen in Verbindung gebracht werden.
- Informieren Sie Ihre S darüber, dass sie alle Interviews zweimal nacheinander hören werden.

Tarea 2:
Die S hören ein Gespräch zwischen zwei Personen und achten dabei auf sechs verschiedene Inhalte, zu denen jeweils drei Antwortvarianten (a, b oder c) vorgegeben sind, von denen die richtige angekreuzt werden muss. Der Hörtext wird zweimal vorgespielt.

Tipps:
- Dieser Aufgabentyp ist leicht zu verstehen und den S ebenfalls aus *Repaso* 1 (und dem ersten Band) bekannt. Geben Sie Ihren S daher keine weiteren Hilfestellungen mehr, damit sie Gelegenheit bekommen, die Prüfungsaufgaben selbständig zu üben.
- Weisen Sie Ihre S darauf hin, dass Sie den Hörtext zweimal abspielen werden.

4 Expresión e interacción orales

Lernziele: über ein Bild sprechen / eine Stadt beschreiben; über das eigene Land sprechen

Tarea 1:
Sprechanlass ist ein Foto von einer Stadt, die es zunächst zu beschreiben und zu identifizieren gilt. Anschließend sollen die S in ihrem Monolog auf ihre persönliche Beziehung zu dieser Stadt und einen kulturellen Aspekt (z. B. die Architektur) eingehen.

Tarea 2:
Die S unterhalten sich mit ihrem Gesprächspartner über ihr eigenes Land und konzentrieren sich dabei auf einen der vorgegebenen Aspekte (z. B. *la industria*). Als kleine Hilfestellung werden ein paar Fragen angeboten, an denen sich die S orientieren können aber nicht müssen.

Tipps:
- Beide Aufgabentypen sind den S bereits aus *Repaso* 1 bekannt.
- Geben Sie Ihren S eine Vorbereitungszeit von ca. 7-8 Minuten, um sich einige Notizen anzufertigen.

Die Lösungen zu *Repaso* 2 sind auf S. 224-225 im SB zu finden.

Unidad 6 Mi futuro profesional

Thema: die eigene berufliche Zukunft reflektieren und ein Berufsberatungsgespräch vorbereiten **Lernziel: ein Gespräch im Rahmen einer Berufsberatung führen können (Tarea final)**	
PP:	über Gründe für die Berufswahl sprechen
A:	Berufsberatung in Spanien; Wünsche und Hoffnungen ausdrücken, Anweisungen geben
B:	zwei Berufe aus dem Gesundheitsbereich näher kennen lernen und ein eigenes Bewerberprofil erstellen
C:	moderne Berufe, ein Traumjob
Leer:	einen Text über die Berufswelt der Zukunft verstehen

Lernbereiche	Lernziele	Lektionsteil Aufg. / Üb.
	Funktional-kommunikative Kompetenzen	
Hablar	die eigene Meinung zu verschiedenen Berufen äußern	**SB PP1** + KV 37, 38
	über einige Aspekte des Berufslebens und der Berufswahl sprechen	**SB PP2–4**
	die eigene Berufswahlsituation reflektieren	**SB A2** ▶ CDA 2
	einen Dialog zum Thema Berufswahl durchführen	**SB A3** + KV 3
	über Erwartungen an eine Bank sprechen	**SB A4**
	Vor- und Nachteile eines Berufs oder eines Praktikums abwägen	**SB A5, A7**
	zwei Berufe aus dem Gesundheitsbereich vergleichen	**SB B1**
	sich bei einem Arztbesuch verständigen können	**SB B3**
	über Eigenschaften von Bewerbern sprechen	**SB C5**
	den Traumjob beschreiben; über seine Vor- und Nachteile diskutieren	**SB C6**
Escuchar	Gründe für die Berufswahl verstehen	**SB PP2d**
	einen Text zum Thema Berufswahl verstehen	**SB A1**
	Arbeitsbedingungen in einer Bank verstehen	**SB A4**
	Vor- und Nachteile eines Berufs verstehen	**SB A5** ▶ CDA 5
	zwei Berufe aus dem Gesundheitsbereich kennen lernen	**SB B1**
	einen Text über moderne Berufe verstehen	**SB C1** + KV 42
	weitere Aufgaben zum Hörverstehen	▶ CDA 8, 10, 12
Escribir	Ratschläge zur Berufswahl formulieren	**SB A1**
	die eigene Berufswahlsituation reflektieren	**SB A2** + KV 39, 40
	einen Dialog zum Thema Berufswahl schreiben	**SB A3**
	einen Dialog beim Arztbesuch verfassen	**SB B3**
	ein persönliches Profil erstellen	**SB B7**
Leer	einen Text zum Thema Berufswahl verstehen	**SB A1**
	zwei Berufe aus dem Gesundheitsbereich kennen lernen	**SB B1**
	ein Arztbesuch	**SB B3**
	einen Text über moderne Berufe verstehen	**SB C1**
	Stellenanzeigen verstehen	**SB C5**
	einen Text über Berufe der Zukunft / utopische Berufe verstehen	**SB Leer**
	weitere Aufgabe zum Leseverstehen	▶ CDA 2

Mediación	einen deutschen Zeitungsartikel auf Spanisch wiedergeben	**SB B4** + KV 41
	einen Text über moderne Berufe in Spanien verstehen und wiedergeben	**SB C1**
	weitere Aufgabe zur Sprachmittlung	▶ CDA 9
Lexikalische Strukturen	Wortfeld Beruf und Berufsfindung	**SB PP1, PP2, PP4** ▶ CDA 1
	Strukturwörter zur Kontrastierung	**SB PP1**
	Umfrageergebnisse darstellen	**SB PP4**
	Wünsche und Hoffnungen ausdrücken; Ratschläge geben	**SB A3, B5** ▶ CDA 3, 4, 8, 11, 12
	Wortfeld Gesundheit / Körperteile	**SB B3** ▶ CDA 9, 10
	sich bei einem Arztbesuch verständigen können	**SB B3**
Grammatische Strukturen	der *subjuntivo* bei Verben des Wünschens	**SB A2** + OL 538001-0011 **SB A3, A4** ▶ CDA 3, 4, 8
	der *subjuntivo* in Temporalsätzen	**SB A5, A6** ▶ CDA 5, 6, 8
	der subjuntivo in Konzessivsätzen	**SB B2** ▶ CDA 7
	Steigerung der Adverbien	**SB B3** + OL 538001-0012 ▶ CDA 11
	der *subjuntivo* im Hauptsatz	**SB B5** ▶ CDA 12
	der Zusammenhang von Wortbedeutung und Betonung	**SB B6**
	der *subjuntivo* in Finalsätzen	**SB C3**
	der *subjuntivo* in Relativsätzen	**SB C4, C5** ▶ CDA 13
	Interkulturelle Kompetenzen	
	Berufe und Ausbildungen in Spanien	**SB PP1, PP2**
	Berufsberatung in Spanien	**SB A1**
	moderne Berufe in Spanien	**SB C1**
	Methodische Kompetenzen	
	ein zweisprachiges Wörterbuch benutzen	**SB B5**
	selektives Lesen	**SB A1**
	die wichtigsten Aspekte eines Textes als Wörternetz darstellen	**SB C1**
	Wortbildung und ihre Nutzung zur Wortschatzerschließung	**SB C2** ▶ CDA 14

Ziele klären
Die S lesen die *Tarea final* und die kommunikativen Fertigkeiten auf Seite 81. Sie erkennen, dass sie die in der Lektion vermittelten Fertigkeiten benötigen, um ein Gespräch im Rahmen einer Berufsberatung führen zu können.

Primer paso (S. 80 – 81)

Lernziele: Vermittlung von Fachwortschatz zum Thema Beruf und Berufsfindung: Die S sammeln Berufsbezeichnungen, sprechen über persönliche Vorlieben und Abneigungen und begründen diese. Sie lernen Entscheidungskriterien bei der Berufswahl kennen. Am Ende dieses Lektionsteils können sie über Gründe für die Berufswahl sprechen und führen eine Umfrage in der Klasse durch.

1 El mundo del trabajo

Lernziel: die eigene Meinung zu verschiedenen Berufen äußern

Einstieg: Der L führt in das Thema ein und schreibt das Thema der Lektion an die Tafel: *Mi futuro profesional*. Die S sammeln Berufsbezeichnungen, die sie schon kennen und äußern sich zu den Berufen. Sie geben an, woher sie Informationen zu diesen Berufen haben – aus eigener Erfahrung / Praktikum, aus der Familie, usw. Dabei können die unterstrichenen Vokabeln vorab eingeführt werden.

La profesión me gusta porque en ella puedo...
- ganar dinero / tener un buen salario.
- trabajar con gente simpática / tener un buen ambiente laboral.
- tener tiempo libre y una vida privada.
- hacer viajes.
- hacer investigaciones.
- tener éxito / responsabilidad.
- ...

Dabei werden die S aufgefordert, die im SB auf Seite 80 aufgelisteten Strukturwörter zu verwenden.
Hier kann bereits gefragt werden, ob die S schon mit der Berufswahlproblematik konfrontiert wurden und wenn ja, in welcher Weise.

Alternativen:

- Der L zeigt die Fotos der Berufe, jedoch ohne die Berufsbezeichnungen, über Beamer oder Folie (vgl. **L-CD-ROM**, Lektion 6, «Profesiones»). Die S äußern Vermutungen zu den Berufen, Arbeitsfeldern, Ausbildungen sowie zu möglichen Vor- und Nachteilen. Der L gibt sprachliche Hilfestellung und führt bereits neue Wörter (*el ambiente* profesional°, el salario*, la conciliación° de la vida laboral y privada°; la estabilidad* laboral*) ein. Danach nennt der L die Berufsbezeichnungen.
- **El juego de la memoria:** Um das Interesse der S für die Lektion zu wecken, kann das „Gedächstnisspiel" (El juego de la memoria, **KV 37** gespielt werden. Dazu legen Sie den ausgefüllten Teil als Folie auf, die S sehen sich die Wörter eine Minute lang an. Dann notieren sie möglichst viele Wörter, die sie behalten haben. Anschließend kann die Liste in Partnerarbeit ergänzt werden. Die Ergebnissicherung erfolgt anhand der Folie bei eingeschaltetem Overheadprojektor.
  Die S überlegen anschließend, wie sich die Wörter gruppieren lassen und formulieren gegebenenfalls schon Sätze.
- Möglich ist auch eine Bearbeitung mithilfe der Tabelle auf **KV 38**. Zunächst werden die Vorkenntnisse der S (in Partnerarbeit mit Arbeitsblatt oder im Plenum mit der KV als Folie) gesammelt. Felder, die die S im Moment noch nicht ausfüllen können, bleiben frei und werden im Laufe der Lektion ergänzt: Folgende Übungen liefern weitere Informationen: A4 (*asesor de banco*), A5 (*ingeniera en una empresa multinacional*), B1 (*farmacéutica / fisioterapeuta*).

2 Esto es importante ◎ L 2/9

Lernziel: über einige Aspekte des Berufslebens sprechen und Gründe für die Berufswahl verstehen

a) Die Schüler lesen die Aufgabenstellung und geben ein möglichst konkretes Beispiel. Falls nötig werden die Ausdrücke übersetzt.

b) Die S ordnen die Begriffe im SB in einer Prioritätenliste.

c) Sie ordnen diesen einen der oben abgebildeten Berufe zu.

d) Anschließend überprüfen sie ihre Vermutung durch Anhören der CD. Sie äußern sich über Übereinstimmung und Nichtübereinstimmung ihrer Vermutung mit dem Hörtext.

Vorschlag: Kreativer Zugang zum Thema Berufswahl:
Die S stellen auf einem Blatt symbolisch drei Dinge dar, die sie von ihrem zukünftigen Beruf erwarten, und zwei Dinge, die sie vermeiden möchten. (Weisen Sie die S darauf hin, dass es sich nicht um künstlerische oder sehr exakte Darstellungen handeln muss.) Wenn die S ihre Zeichnungen fertiggestellt haben, verweisen Sie auf die Ausdrücke auf Seite 80 zur Kontrastierung von Meinungen. Die S verbalisieren danach ihre Zeichnungen in Partnerarbeit. Anschließend stellt jeder S die beruflichen Vorstellungen seines Partners der Klasse vor. Dabei verwenden die S die neue Lexik aus 2a).

3 ¿Vocación o dinero?

Lernziel: über unterschiedliche Berufsmotivationen sprechen

a) Die S entscheiden sich für eine der beiden Äußerungen und begründen diese.

b) Die Frage wird im Plenum diskutiert.

Alternative: Partnerarbeit bzw. Arbeit in Dreiergruppen: Die S interviewen sich gegenseitig und machen Notizen. Anschließend berichten Sie dem Plenum.

Tipp: Gehen Sie von Gruppe zu Gruppe und geben Sie Hilfestellung.

Zusatzinformation

Berufsaussichten und Arbeitslosigkeit in Spanien

Mitte 2011 befand sich Spanien in einer tiefen Wirtschaftskrise. Die Zahl der Arbeitslosen hatte den höchsten Stand seit der Erhebung vergleichbarer Zahlen erreicht und war zudem die höchste in Westeuropa. Im Mai 2011 waren ca. 4,9 Millionen Menschen arbeitslos. Es gab 1,4 Millionen Haushalte, in denen alle Erwerbsfähigen ohne Job waren. Besonders gravierend war die Jugendarbeitslosigkeit: im 1. Quartal 2011 war fast jeder zweite Jugendliche unter 24 Jahren ohne Beschäftigung, und viele wollen das Land verlassen.
Gründe: Der Auslöser war die Immobilienkrise in den Jahren 2007 / 2008, welche wiederum zum Ende des Baubooms führte. Seitdem ist die Baubranche, ein wichtiger Arbeitgeber in Spanien, in einer Krise.
Folgen:
- Das Land befand sich in einer Rezession; die Teuerung betrug im April 2011 3,5 %.
- Die spanische Regierung unter Präsident Zapatero verschärfte ihr Sparprogramm. In den Kommunalwahlen am 23. Mai 2011 verlor die Regierungspartei PSOE Stimmen und stellte z. B. nach 32 Jahren nicht mehr den Bürgermeister in Barcelona.
- Landesweit und vor allem in den großen Städten kam es zu Protesten von Jugendlichen gegen die Arbeitslosigkeit und die Sparpolitik der Regierung.

4 Tú y tu profesión

Lernziel: über Aspekte der Berufswahl sprechen; eine Umfrage durchführen und deren Ergebnis darstellen

Der L führt die Aufgabe ein: *Haced una encuesta en clase / en vuestro grupo. Primero, formulad las preguntas. Podéis utilizar las ideas de la tarea en vuestro libro. Después presentad los resultados.* Die S entwerfen Fragen für einen Fragebogen unter Verwendung der Ausdrücke in den Kästchen.
Anschließend führen sie die Umfrage in einer Kleingruppe durch. Die Ergebnisse werden an der Tafel gesammelt.

In einem Tafelbild werden die Mengenangaben und Prozentzahlen systematisiert:

Presentar la opinión del grupo:

De 20 alumnos, cinco	quieren estudiar.
Muchos alumnos	quieren hacer prácticas.
Más de la mitad	quiere ir a la universidad.
La mayoría	quiere...
Un 20 % (por ciento)	...

Alternative: Die S formulieren Aussagen auf der Basis der vorgegebenen Ausdrücke im *Así podéis*-Kästchen. Der L sammelt diese auf einem Flipchartbogen. Beispiel: *Quiero ir a la universidad.* Der Bogen wird in der Klasse aufgehängt. Jede/r S erhält zwei Klebepunkte und klebt sie neben die Aussagen, die für ihn zutreffen. Anschließend werden die Ergebnisse dargestellt.

Dí si estás de acuerdo con las siguientes afirmaciones:	
Quiero ir a la universidad. Para mí, la vocación es más importante que el dinero. ...	

Interkulturelles Lernen: Sollte eine Schulpartnerschaft mit einem spanischsprachigen Land bestehen, könnte ein ähnlicher Fragebogen erstellt werden, der dann per Mail zugeschickt und von der Klasse ausgefüllt wird. Sollte keine Schulpartnerschaft bestehen, würde es gegebenenfalls auch ausreichen, dass ein S, der einen Brieffreund aus einem spanischsprachigen Land hat, diesen bittet, den Fragebogen zusammen mir seiner Klasse auszufüllen. Die Ergebnisse liefern vielfältige Diskussionsansätze.

Aprender y practicar A (S. 82–84)

Lernziele: Die Schüler sprechen über die Problematik der Berufsentscheidung und lernen exemplarisch Arbeitsbedingungen eines Bankangestellten und einer Ingenieurin kennen. Sie können am Ende des Lektionsteils über unterschiedliche Berufsfelder sprechen und deren Vor- und Nachteile abwägen.

1 ¡Decidir no es fácil! ◎ L 2/10, 11 = S 37, 38

Lernziel: einen Text zum Thema Berufswahl verstehen; Ratschläge zur Berufswahl formulieren

Einstieg: Führen Sie kurz in die Thematik ein: Ángel hat noch keine Berufsentscheidung getroffen. Fordern sie die S auf, sich in seine Situation zu versetzen: *Ángel todavía no sabe qué hacer…: ¿Qué puede hacer? ¿Qué le dicen sus padres?* und lassen Sie die S antworten. Möglicherweise werden die S selbst auf den Begriff „Berufsberatung" kommen. Schreiben Sie den Begriff *el orientador profesional* an die Tafel, erläutern Sie ihn oder lassen Sie ihn durch die S erklären. Bitten Sie die S, über einen Besuch beim Berufsberater zu berichten, wenn sie schon entsprechende Erfahrungen gemacht haben.

Tipp: In manchen Bundesländern ist diese Frage auch Thema des P-Seminars (Projektseminars) der 11. und 12. Klassen, das einen Teil Berufs- und Studienorientierung enthält. Fordern Sie die S dazu auf, darüber zu berichten, falls sie ein solches Seminar absolviert haben.

a) Es erfolgt das Anhören des ersten Teils.

Alternative: Die S lesen den ersten Teil in Stillarbeit und formulieren drei Fragen zum Textverständnis. (Weisen Sie die S darauf hin, dass sie keine Fragen formulieren, die nur mit Ja oder Nein beantwortet werden können.) Anschließend wird das Globalverständnis mittels der Fragen überprüft.

b) erfolgt in Stillarbeit: Die S schreiben die Sätze in ihr Heft.

c) wird nach Anhören des zweiten Teils bearbeitet.

Zusatzinformation

Berufsberatung in Spanien

In Spanien liegt die Verantwortung für die berufliche Orientierung Jugendlicher bei den autonomen Regionen. Mit der Einführung der ESO durch das neue Gesetz zur allgemeinen Neuordnung des Bildungswesens (*Ley de Ordenación del Sistema Educativo* – LOGSE) von 1990, durch das auch die Schulpflicht auf 16 Jahre verlängert wurde, ist berufliche Orientierung fester Bestandteil des spanischen Bildungssystems. Die sogenannte *Formación Profesional de Base* (FPB) – Berufliche Grundbildung – vermittelt grundlegende Kenntnisse und Fertigkeiten zur Vorbereitung auf bestimmte Berufsfelder und ist Bestandteil der obligatorischen Sekundarstufe I und Voraussetzung für die weitere Ausbildung in Sekundarstufe II (*Bachillerato* / Berufsausbildung mittleren und höheren Grades).
Berufsberatung findet darüber hinaus auch extern in den Städten und Gemeinden in den sogenannten Jugendinformationszentren oder Jugendhäusern (*Casa de la juventud / Centro de información juvenil*) vor Ort statt (siehe *Tarea final*). Dort werden Kurse (auch Sprachkurse für jugendliche Auswanderungswillige!), Praktika, Stipendien und finanzielle Hilfen zur beruflichen Mobilität angeboten.
Geleistet wird diese Arbeit von Tutoren und Beratungskräften (*orientadores laborales / asesores profesionales*).

2 Los usos del subjuntivo

Lernziel: der subjuntivo *bei Verben des Wünschens; die eigene Berufswahlsituation reflektieren*

Entdeckendes Lernen: Die S suchen im Text die Sätze, die *subjuntivo*-Formen enthalten, schreiben sie in ihr Heft (a) und erkennen, dass es sich um weitere Funktionen des *presente de subjuntivo* handelt, den sie bereits in Lektion 5 kennen gelernt haben (b).

Es erfolgt die Bearbeitung von c). Achten Sie dabei darauf, dass die S unterschiedliche Verben verwenden. Zur Systematisierung werden die Ausdrücke noch einmal an der Tafel aufgeschrieben.

Órdenes, peticiones y deseos	
querer que	wollen, dass
preferir que	lieber wollen, dass/ vorziehen, dass
proponer que	vorschlagen, dass
recomendar que	empfehlen, dass
pedir que	verlangen, dass
esperar que	hoffen, dass
obligar a que	zwingen, dass
decir que	sagen, dass ... tun soll

Bei Bedarf empfiehlt sich die Wiederholung der *subjuntivo*-Formen.

Weiterarbeit: Zur Vernetzung mit den bisher gelernten Verwendungen des *subjuntivo* arbeiten die S in Gruppen mit der Lernscheibe **KV 39**. Zusätzlich erhält jede Gruppe Karten mit Aussagesätzen, Behauptungen, statistischen Angaben, z. B. *Los padres ayudan a/hablan con sus hijos... Los amigos son más importantes que los padres/Con un amigo puedes/no puedes... La mayoría de los jóvenes (no) piensa en su futuro profesional.* Diese Liste kann von den S oder vom L erstellt werden.
Die S würfeln und bewegen auf der Scheibe ein Geldstück oder eine Spielfigur zum jeweiligen Feld. Alternativ kann ein Stift gedreht werden, die Spitze zeigt auf den entsprechenden Ausdruck. Dann ziehen sie eine Karte mit dem Aussagesatz und müssen nun mit dem einleitenden Satz und der Aussage auf dem Kärtchen einen neuen Satz bilden. Die Sätze können sinngemäß abgewandelt werden.
Weiteres Übungsmaterial zum *subjuntivo* finden Sie auch unter dem **Online-Link 538001-0011**.

Tipp: Laminieren Sie die leeren Spielscheiben (**KV 40**), dann können die S sie mit abwischbarem Folienstift immer wieder neu beschriften.

3 ¡Tienes que decidirte ya!

Lernziel: einen Dialog zum Thema Berufswahl schreiben und durchführen

a) Die S bereiten in Dreiergruppen ein Rollenspiel vor. Sie lesen dazu die Etappen der Situation genau durch, machen sich den Ablauf des Rollenspiels klar und schreiben den Dialog. Dann verteilen sie die Rollen. Als Hilfestellung bleiben die verschiedenen Auslöser des *subjuntivo*, wie sie in Übung 2 zusammengestellt wurden, an der Tafel sichtbar. Sie können um weitere passende und bereits aus Lektion 5 bekannte (Gefühle, Urteile, Zweifel – vgl. auch SB S. 161–162) ergänzt werden. Alternativ dazu schlagen die S § 34 im Grammatikanhang auf (S. 164).

Tipp: Lassen Sie die Gruppen durch schwächere Schüler zusammenstellen.

b) Die S üben den Dialog ein und führen ihn je nach zeitlichen Möglichkeiten der Klasse vor. Die Schüler bewerten die Dialoge mithilfe des Auswertungsbogens **KV 3**.

4 ¡Todos me piden algo! L2/12

Lernziel: Arbeitsbedingungen in einer Bank verstehen; über Erwartungen an eine Bank sprechen

Der L führt in das Thema ein. Er gibt folgende Tabelle an der Tafel vor.

¿Quién pide algo?	¿Qué piden?
1.	
2.	
3.	
4.	
5.	

a) Die S machen sich mit der Aufgabenstellung vertraut. Danach hören Sie den Text von CD und füllen die erste Spalte aus.

b) Beim zweiten Hören vervollständigen die S die Tabelle mit den Informationen aus dem Hörtext. (Falls nötig, ist ein drittes Anhören möglich.)
Falls in PP1 mit dem Raster **KV 38** gearbeitet wurde, vergleichen die S ihre früheren Einträge mit den Informationen, die sie dem Hörtext entnommen haben und nehmen ggf. Korrekturen vor.

c) Um einen ersten Überblick zu erhalten, fragen Sie, wer ein eigenes Bankkonto hat. Danach leiten Sie auf die anderen in den Stichwörtern im SB genannten Aspekte über. Fordern Sie die S auf, sich zu zweit über entsprechende Erfahrungen und Erwartungen zu unterhalten. Anschließend stellt ein Gruppenmitglied die Ergebnisse vor. Diese Aufgabe ist fakultativ und eignet sich besonders für leistungsstärkere S.

Tipp: Gehen Sie durch die Klasse und achten Sie darauf, ob der *subjuntivo* verwendet wird. Vor der abschließenden Ergebnissicherung kann noch einmal auf diese neuen Strukturen hingewiesen werden.

5 Mi trabajo como ingeniera L2/13

Lernziel: Vor- und Nachteile eines Berufs verstehen und abwägen; der subjuntivo *in Temporalsätzen*

a) Einstieg: Die S bearbeiten in Kleingruppen die vier Aspekte. Anschließend werden die Ergebnisse vorgestellt und an der Tafel gesammelt.

b) Es erfolgt das Anhören des Texts von der CD. Die S vergleichen ihre Ergebnisse aus a) und ergänzen gegebenenfalls das Tafelbild.

c) Gemeinsam wird die Erklärung im *¡Ojo!*-Kasten gelesen. Anschließend entscheiden sich die S für eine Verbform. Zur Überprüfung wird die CD ein zweites Mal angehört.

6 Es tu futuro

Lernziel: der subjuntivo *in Temporalsätzen*

Die S lesen die Einträge im Kreisdiagramm und geben jeweils ein Beispiel, wie sie diese Vorschläge konkret umsetzen können: *¿Cómo podéis informaros sobre una profesión? – Puedo hablar con mis padres. Puedo informarme en Internet.* Wenn den S die Aufgabenstellung klar ist, ergänzen sie die Sätze sinngemäß. Eine Ergebnissicherung in einem Tafelbild sowie als Hefteintrag (die *subjuntivo*-Formen werden unterstrichen) ist sinnvoll.

7 Tarea: Unas prácticas sin salario

Lernziel: Vor- und Nachteile eines Praktikums abwägen

a) Die S lesen die Anzeige durch und machen sich mit der Aufgabenstellung vertraut. Die erwähnten Orte werden auf der Karte gesucht. Die Begriffe *el Arte Surrealista, el Teatro-Museo, Dalí, Barcelona* sind aus Unidad 3 bereits bekannt und werden kurz wiederholt.
Auf Zuruf werden an der Tafel die Vor- und Nachteile in einer Tabelle gesammelt.

b) In Partnerarbeit begründen die S, warum das Praktikum für sie (nicht) infrage kommt. Lassen Sie exemplarisch einige Schüler zu Wort kommen, die dann ihre Entscheidung und die des Partners vortragen.

Aprender y practicar B (S. 85–87)

Lernziele: Die S lernen zwei Berufe aus dem Gesundheitsbereich näher kennen. Am Ende dieses Lektionsteils erstellen sie auf der Basis persönlicher Vorlieben und Abneigungen ihr eigenes Bewerberprofil.

1 Es tu vida ◎ L2/14 = S39

Lernziel: zwei Berufe aus dem Gesundheitsbereich kennen lernen und vergleichen

Einstieg: Satzpuzzle
Bereiten Sie eine Folie mit den folgenden Satzteilen vor:

1. Un farmacéutico necesita…	a) también en un hotel o en un centro deportivo.
2. El trabajo de un farmacéutico…	b) tener paciencia y ser flexible.
3. A veces viene gente a la farmacia que necesita…	c) nunca es monótono.
4. Un farmacéutico también tiene que…	d) a alguien para hablar.
5. Un fisioterapeuta trabaja…	e) hablar idiomas.
6. Para un buen fisioterapeuta es necesario…	f) conocimientos de informática y de psicología.

Lassen Sie die S die Satzanfänge mit den ihrer Meinung nach passenden Satzenden kombinieren.
Anschließend werden die gefundenen Sätze mithilfe des Hörtextes überprüft.
Lösung: 1. f) – 2. c) – 3. d) – 4. e) – 5. a) – 6. b)

Es erfolgt die Bearbeitung der Aufgaben b) und c) in Einzelarbeit.

Tipp: Weisen Sie die S bei Bedarf auf die Strategie des Selektiven Lesens hin: Gründliches Durchlesen der Fragen (damit klar ist, welche Information benötigt wird) – beim anschließenden Lesen Konzentration nur auf diese gesuchte Information.

d) Die S äußern sich abschließend zu den beiden Berufen und begründen ihre Meinung.

2 De día y de noche

Lernziel: der subjuntivo *in Konzessivsätzen*

a) Entdeckendes Lernen: die S suchen aus dem Text «Es tu vida» die Beispielsätze heraus und reflektieren die unterschiedlichen Zeitformen. Sie übersetzen *aunque*. Dazu lesen sie den *¡Ojo!*-Kasten.
Die Ergebnisse werden an der Tafel festgehalten (siehe nächste Seite).

b) Die S bearbeiten anhand der Regel die vorgegebenen Sätze. Erklären Sie ihnen, dass sie sich zuerst klar machen müssen, wo eine Tatsache ausgesprochen wird und wo es um eine Möglichkeit oder eine die Zukunft betreffende Aussage geht.

Tipp: Sensibilisieren Sie Ihre S dafür, dass oft beide Möglichkeiten richtig sind und der Gebrauch des *subjuntivo* bzw. des Indikativs davon abhängt, ob der Sprecher etwas als eine Tatsache oder eine unsichere, zukünftige Aussage darstellen will.

3 Una visita al médico

Lernziel: sich bei einem Arztbesuch verständigen können; die Steigerung der Adverbien

a) und **b)** Anhand des Bildimpulses werden die Körperteile eingeführt. Anschließend lesen die S den Text (a) und fassen ihn zusammen (b). Der L erläutert, dass durch den Einsatz von Adverbien (des Grades / der Art und Weise usw.) die Aussage verdeutlicht werden kann.

c) Die S setzen die Adverbien in den Text ein.

indicativo	subjuntivo
Aunque es lo más importante, es mejor que sepas... (l. 5–6) Pero hay otros sectores, aunque mucha gente no los conoce. (l. 12–13) Aunque suena a lo típico que dice la gente, me gusta ayudar... (l. 26)	Aunque no lo creas, a la farmacia vienen muchos extranjeros. (l. 10) Los pacientes te cuentan su vida aunque no te conozcan. (l. 18) Aunque conozcas muy bien tu trabajo, tienes que... (l. 33)
Indicativo: obwohl bekannter Sachverhalt, Tatsache (Gegenwart, Vergangenheit)	Subjuntivo: selbst wenn Möglichkeit, ungewisse Annahme, Einwand, der als unwichtig dargestellt wird

d) Der L weist auf die Steigerung der Adjektive *bien, mal, mucho* und *poco* im *¡Ojo!*-Kasten hin und fordert die S auf, die unterschiedlichen Ratschläge mithilfe der Adverbien zu vergleichen.

e) Anschließend üben die S die neuen Formen in kleinen Rollenspielen ein.

Tipp: Weisen Sie auf die unterschiedlichen Strukturen hin:

> A Matías le parece mejor tomar unos días libres.
> (gleiches Subjekt: Infinitiv)
> Doctor: Es mejor que (usted) no vaya al gimnasio.
> (unterschiedliches Subjekt: subjuntivo)

Weiterarbeit: Zur Vertiefung des Wortfelds Körperteile und Arztbesuch arbeiten die S mit dem Arbeitsblatt des **Online-Links 538001-0012**.

4 Los alemanes y su bici

Lernziel: einen deutschen Zeitungsartikel auf Spanisch wiedergeben

Die S fassen den kurzen Zeitungsausschnitt auf Spanisch zusammen. Falls nötig kann an dieser Stelle auf die Lernstrategie zur Mediation (SB S.143) hingewiesen werden.

Alternative: Die S füllen vor der Bearbeitung **KV 41** aus und strukturieren so vorab die Informationen.

5 Finalmente es fin de semana

Lernziel: Wünsche und Hoffnungen ausdrücken

a) Die S lesen den Dialog und verdeutlichen sich anhand des *¡Ojo!*-Kastens die Verwendung des *subjuntivo*. Sie suchen die spanischen Entsprechungen der Ausdrücke unter b).

c) Danach formulieren sie Sätze mit (guten) Wünschen für die angegebenen Situationen.

Tipp: Lassen Sie die S kleine Dialoge erfinden und diese auswendig lernen, damit ihnen die ungewohnten Strukturen geläufiger werden.

6 Practicamos la pronunciación ◎ L2/15 = S40

Lernziel: den Zusammenhang von Wortbedeutung und Betonung / Akzent erkennen

a) Die S werden auf die Bedeutung der Wortbetonung hingewiesen. Sie erklären die unterschiedlichen Bedeutungen der Beispielsätze. Anschließend hören sie die CD und bearbeiten a).

b) Zur Verdeutlichung werden die S aufgefordert, die Beispiele in einen Kontext einzubinden.

7 Tarea: Tu perfil

Lernziel: ein persönliches Profil erstellen; über Vorlieben und Abneigungen sprechen

Einstieg: Der L führt in die Aufgabe ein: Um eine passende Tätigkeit zu finden, muss jeder herausfinden, welche Vorlieben und Abneigungen er hat. Diese müssen nicht immer mit den Ansichten der Eltern, Lehrer oder Freunde übereinstimmen.

a) Die S erstellen eine Liste mit persönlichen Vorlieben und Abneigungen. Wenn Sie im *Primer paso* (Aufgabe 2) mit dem kreativen Zugang gearbeitet haben, verweisen Sie auf Erkenntnisse, die die S dabei über sich gewonnen haben.

b) Anschließend vergleichen die S ihre Liste mit der ihres Partners.

Weiterführung: Die S verfassen eine Stellenanzeige für sich selbst, in der sie ihre Vorlieben und Abneigungen beschreiben, (z. B.: *Se busca trabajo ideal para chico, 16 años, deportivo… etc. / Chica activa busca… Le gusta…, pero no le gusta nada…*), jedoch ohne den eigenen Namen zu nennen. Die Anzeigen werden auf Kärtchen geschrieben. Anschließend werden diese gemischt und vorgelesen. Die S raten, um wen es sich in der Beschreibung handelt.
Die Übung kann auch als Wettspiel durchgeführt werden: Die Karten werden durchnummeriert und im Klassenzimmer (auf dem Pult, den Fensterbrettern …) ausgelegt oder an die Wand geheftet. Die S lesen alle und notieren, wer ihrer Ansicht nach zu welcher Nummer gehört.

Dann wird aufgelöst. Pro richtig geratenem Mitschüler erhalten die S einen Punkt. Wer hat die meisten Punkte? Wer kennt die Mitschüler am besten?

Aprender y practicar C (S. 88–89)

Lernziele: Die S lesen einen Text über moderne Berufe in Spanien und stellen die wichtigsten Aspekte als Wörternetz dar. Sie lernen, die Wortbildung zur Herleitung von Wörtern heranzuziehen. Sie lernen weitere Verwendungen des subjuntivo *kennen und sprechen über ihren Traumjob.*

1 Profesiones con futuro ◎ L 2/16 = S 41

Lernziel: einen Text über moderne Berufe in Spanien verstehen und wiedergeben

a) Die S hören zunächst den Text bei geschlossenen Büchern. Sie erhalten dabei den Auftrag herauszufinden, worum es in dem Text geht. Vor dem zweiten Hören bearbeiten sie **KV 42**. Viele der neuen Vokabeln sind leicht herzuleiten, da es sich um Wörter handelt, die in anderen Sprachen ähnlich lauten. Bei schwächeren S empfiehlt es sich, die Wörter vor der Bearbeitung durchzugehen. Anschließend überprüfen die S anhand der CD ihre Lösung. Der Text wird gelesen, unbekannte Wörter auf Rückfragen der S geklärt.

b) Die S erstellen ein Wörternetz mit den wichtigsten Informationen.

c) In Partnerarbeit wird der Inhalt mündlich wiedergegeben. Als Stichwortzettel dient das Wörternetz.

d) Im Plenum wird die Situation in Spanien mit der in Deutschland verglichen. Diese Aufgabe ist fakultativ und eignet sich vor allem für leistungsstärkere oder besonders an Wirtschaftsthemen interessierte S.

Weiterarbeit: Als Hausaufgabe bereiten die S das Thema als Zwei-Minuten-Rede (Vorübung zum Referat) vor: Zu Beginn der folgenden Stunde hält ein S seine Rede. Darin sollen die neu erworbenen Vokabeln und Strukturen angewendet werden. Damit der Lehrbuchtext nicht einfach auswendig gelernt wird, müssen weitere Aspekte des Themas aus dem Unterricht mit einbezogen werden.

Zusatzinformation (siehe unten)

2 ¿De dónde vienen estas palabras?

Lernziel: Wortbildung und ihre Nutzung zur Wortschatzerschließung

a) Die S suchen aus dem Text «Profesiones con futuro» die Substantive auf *-ción* oder *-sión* heraus und tragen sie in eine Liste ein.

b) Anschließend suchen sie im *Diccionario* (SB S. 197 ff) oder dem Wörterbuch weitere Beispiele.

c) Sie finden die entsprechenden Verben.

Zusatzinformation

Lieblingsberufe Jugendlicher in Spanien

Jedes Jahr führt der Personaldienstleister Adecco eine Umfrage unter dem Titel *¿Qué quieres ser de mayor?* durch.
In der Untersuchung vom August 2010 wurden 2200 Kinder und Jugendliche zwischen 4 und 16 Jahren befragt.
Bei den Jungen gaben 25,2 % an, ihr zukünftiger Beruf solle mit Sport zu tun haben, gefolgt von Naturwissenschaften (15,8 %) und öffentlicher Sicherheit (14,1 %). Demzufolge liegen die Berufe Profi-Fußballer, Polizist, Lehrer, Ingenieur und Arzt vorne.
Bei den Mädchen stimmten 26,3 % für eine Arbeit im Bereich Unterricht / Schule. Den zweiten Platz mit 18,3 % nehmen Berufe im Gesundheitswesen ein, gefolgt von dem Berufswunsch, mit Tieren zu tun zu haben (8,7 %).

Die Ergebnisse im Einzelnen:

Profesiones deseadas

Niños		Niñas	
Futbolista	16,51 %	Profesora	24,64 %
Policía	6,75 %	Veterinaria	8,33 %
Profesor	5,63 %	Médica	7,61 %
Ingeniero	5,44 %	Abogada	3,99 %
Médico	4,50 %	Peluquera	3,44 %

Interessant ist auch die Liste der unbeliebtesten Berufe, die sich teilweise mit den beliebtesten Berufen überschneiden, weil offensichtlich die Berufe, die für die einen den großen Wunschtraum darstellen, für andere völlig indiskutabel sind.

Profesiones no deseadas

Niños		Niñas	
Barrendero *(Straßenkehrer)*	15,30 %	Barrendera	11,0 %
Basurero *(Müllmann)*	11,4 %	Basurera	10,2 %
Médico	6,8 %	Médica	8,4 %
Profesor	6,8 %	Limpieza	7,1 %
Albañil	3,8 %	Profesora	5,1 %

Quelle: 6ª Encuesta Adecco-Fundación Adecco: ¿Qué quieres ser de mayor?, 9/8/2010

3 ¿Para qué?

Lernziel: subjuntivo *in Finalsätzen*

a) Lernen durch Lehren: Die S erhalten die Aufgabe, für die Verwendung der beiden Strukturen eine Regel zu finden und zu formulieren. Sie können dabei auf Vorkenntnisse aus Lektion 5 (§ 30) zurückgreifen.

b) Sie bearbeiten die Aufgabe in Partnerarbeit.

Tipp: Bei lernschwächeren S empfiehlt es sich, die Tätigkeiten auf der rechten Seite den genannten Personen / Subjekten zuordnen zu lassen und den Unterschied an der Tafel festzuhalten (siehe unten).

4 Más usos del subjuntivo

Lernziel: subjuntivo *in Relativsätzen*

a) Entdeckendes Lernen: Die beiden Äußerungen werden an die Tafel geschrieben. Die S lesen zunächst die Aufgabenstellung durch und beantworten die Frage.

b) Mithilfe der gewählten Lösung formulieren sie die Regel.

c) Die S denken sich einen Kontext zu den beiden Beispielsätzen aus.

5 Se busca cantante

Lernziel: über tatsächliche und gewünschte Eigenschaften von Bewerbern sprechen

Diese Übung dient dem Transfer der Verwendung des *subjuntivo* in Relativsätzen.
Die S lesen in Stillarbeit die Anzeige. Sie erstellen einen Anforderungskatalog für den gesuchten Sänger / die gesuchte Sängerin und vergleichen ihn mit den beiden Profilen. Sie entscheiden sich für einen der beiden Kandidaten und begründen ihre Auswahl.

Tipp: Weisen Sie die S darauf hin, dass sie sich sowohl auf die Anzeige (gewünschte Eigenschaft / *subjuntivo*) als auch auf die beiden Kandidaten (tatsächlich vorhandene Eigenschaften / *indicativo*) beziehen, damit sie beide Verbformen einüben:
Se busca una persona que <u>tenga</u> entre 17 y 23 años.
Carlos es mejor que Ana porque él <u>tiene</u> 19 años, y ella <u>tiene</u> 27 años.

6 Tarea: Mi trabajo ideal

Lernziel: den Traumjob beschreiben und über seine Vor- und Nachteile diskutieren

Die S bereiten anhand von Leitfragen die Beschreibung ihres Traumjobs vor. Dabei greifen sie auf die W-Fragen aus **KV 41** zurück und passen sie der Aufgabenstellung an. Anschließend tragen die S reihum ihre Ideen vor. Die anderen Gruppenmitglieder geben Feedback und stellen Rückfragen.

Tipp: Stellen Sie in dieser Phase sicher, dass sich die S nicht zu rasch auf einen konkreten Beruf festlegen. Dadurch werden sie gezwungen, ihre Vorstellungen in Relativsätzen mithilfe des *subjuntivo* zu formulieren und das Gelernte anzuwenden.

Ergänzung (für lernschwächere Gruppen): Bereiten Sie die Aufgabe mit einer Kettenübung vor: *Para mí (no) es importante (tener mucho tiempo libre… / levantarse temprano / trabajar en equipo…) – Para mí, también / tampoco es importante…* Dabei können z. B. die Ergebnisse der Übung A5 herangezogen werden. Mit den Ideen, die so zusammengetragen wurden, schreiben die S einen Text über ihren Traumberuf. In Kleingruppen lesen die S sich gegenseitig ihre Texte vor und kommentieren sie.

Weiterführung und Wiederholung: Lernplakat: Die S wiederholen das Thema *subjuntivo* selbstständig anhand des grammatikalischen Anhangs sowie ihrer Aufzeichnungen und erstellen ein Plakat (DIN A 3-Format), auf dem sie übersichtlich die wichtigsten Regeln und Anwendungsbereiche des *subjuntivo* zusammenfassen. Anschließend stellen die S ihre Plakate der Klasse vor. Die Plakate werden im Klassenzimmer aufgehängt.

Leer (S. 86)

Lernziel: einen Text über Berufe der Zukunft / utopische Berufe verstehen

a) Die S lesen in Stillarbeit den ersten Teil des Textes.

b) Anschließend beantworten sie die Fragen. Die Lösungen werden im Plenum verglichen.

¿Quién se levanta temprano?	Carolina
¿Quién quiere llegar a las ocho en punto?	Carolina

Se utiliza el infinitivo porque los sujetos son <u>idénticos</u>.
→ Voy a levantarme temprano para llegar a las ocho en punto.

¿Quién se pone ropa elegante?	Carolina
¿Quién se lleva una buena idea?	el jefe

Se utiliza el subjuntivo porque hay <u>dos sujetos diferentes</u>.
→ Voy a ponerme ropa elegante para que el jefe se lleve una buena idea de mí.

c) Vor dem Lesen des zweiten Teils können die S aufgefordert werden, Berufe zu nennen, die ihrer Meinung nach *trabajos increíbles* sind. Die S lesen den Text und beantworten in Partnerarbeit die Fragen.

Weiterarbeit: Fragen Sie nach, welche heute gängigen Berufe vor 20, 50 oder 100 Jahren kaum vorstellbar waren.

Tarea final (S. 87)

Lernziel: Die S können am Ende der Tarea final *ein Berufsberatungsgespräch (in der Rolle des Berufsberaters und des Jugendlichen) führen.*
Sie bereiten in der Rolle des Jugendlichen ein persönliches Profil sowie Fragen vor. Als Berufsberater bereiten sie Fragen zur Persönlichkeit und zu den Berufswünschen des Jugendlichen vor und schlagen einen möglichen Beruf vor. Anschließend werden die Gespräche eingeübt und von den anderen S evaluiert.

Durchführung der Tarea final:
a) Die S lesen die Anzeige auf S. 91 genau durch.

b) Sie entscheiden sich für die Rolle, die sie übernehmen wollen.

c) Anschließend bereiten sie sich anhand des erarbeiteten Materials (Information zu Berufen, persönliches Profil) auf das Gespräch vor.
Bei der Vorbereitung können die S auf folgende Übungen zurückgreifen: PP2, A6, B1, B7, C1, C6.

Alternative: Ein Teil der Klasse erstellt arbeitsteilig Profile für verschiedene Berufe. (Eine Liste aller eingeführten Berufsbezeichnungen finden Sie auf der **L-CD-ROM**, in den Klassenarbeiten zu Lektion 6, S. 20…) Ein anderer Teil bereitet die Dialoge vor. Die „Berufsberater" greifen in den Gesprächen auf die passenden Profile zurück.

d) In Partnerarbeit führen sie die Beratungsgespräche durch. Die Mitschüler machen sich Notizen und bewerten anschließend die Durchführung (e). Für die Bewertung kann wieder die **KV 3** herangezogen werden.

Unidad 7 Colombia te enamora

Thema: ein Land kennenlernen und präsentieren: Kolumbien
Lernziele: den Besuch eines Sprachkurses in Lateinamerika vorbereiten (Tarea final)

PP:	erste Einblicke in die geografischen, wirtschaftlichen und kulturellen Gegebenheiten Kolumbiens gewinnen
A:	ein Land präsentieren: Kolumbien
B:	einen Arbeitsplan erstellen und bewerten
C:	aus der Vergangenheit erzählen
Leer:	einen Sachtext verstehen

Lernbereiche	Lernziele	Lektionsteil Aufg. / Üb.
	Funktional-kommunikative Kompetenzen	
Hablar	Vorwissen über Lateinamerika reaktivieren	**SB PP1** + KV 43
	Eindrücke von einem Land bewerten	**SB PP3**
	einige Aspekte der Gesellschaft und Kultur Kolumbiens kennen lernen und auf Spanisch wiedergeben	**SB A7** + OL 538001-0013
	eine Präsentation über Kolumbien erstellen	**SB A8** + KV 46
	eine Kettengeschichte erzählen	**SB B5**
	über ungewöhnliche Beschäftigungen sprechen	**SB B7**
	einen Sachtext über die Einzigartigkeit der kolumbianischen Flora und Fauna auf Deutsch zusammenfassen	**SB B8**
	Fragen zu einem literarischen Text stellen und beantworten	**SB C1**
	ein Rezept präsentieren	**SB C5**
	ein Expertenpuzzle zu Kolumbien durchführen	**SB C6**
Escuchar	einen literarischen Text verstehen	**SB A1, B1** + KV 47, **C1** + KV 49
	einen Hörtext über Cali verstehen	**SB B4**
	Sensibilisierung für Unterschiede zwischen verschiedenen Varianten des Spanischen	**SB C5**
	weitere Hörverstehenstexte	▸ CDA 15, 17
Escribir	Eindrücke von einem Land bewerten	**SB PP3**
	Ratschläge für einen Urlaub in der eigenen Region geben	**SB A5**
	einen Dialog mit höflichen Erkundigungen erstellen	**SB A6**
	eine Präsentation über Kolumbien erstellen	**SB A8**
	einen Hörtext über Cali zusammenfassen	**SB B4**
	einen Dialog verfassen	**SB C4**
	weitere Texterstellungsaufgaben	▸ CDA 2, 7, 13, 16
Leer	einen literarischen Text verstehen	**SB A1, B1** + KV 47, **C1** + KV 49
	einen Sachtext verstehen	**SB Leer**
	weitere Lesetexte	▸ CDA 2, 5, 11, 16

Mediación	einige Aspekte der Gesellschaft und Kultur Kolumbiens kennen lernen und auf Spanisch wiedergeben	**SB A7**
	einen Sachtext über die Einzigartigkeit der kolumbianischen Flora und Fauna auf Deutsch zusammenfassen	**SB B8**
	weitere Sprachmittlungsaufgaben	▶ CDA 8, 13
Lexikalische Strukturen	ein Land beschreiben	**SB PP1, PP2** **SB A8** + KV 46, **C6** ▶ CDA 1
	Hypothesen formulieren, Vermutungen ausdrücken	**SB A4**
	Möglichkeiten ausdrücken	**SB A5, B7**
	höfliche Fragen formulieren	**SB A6**
	Ratschläge erteilen	**SB A5, B9** + KV 48
	irreale Bedingungen und Wünsche formulieren	**SB B3, B5**
	Urteile und Befehle in der Vergangenheit	**SB C3, C4**
Grammatische Strukturen	*condicional*	**SB A2, A3, A4, A6** + KV 45 ▶ CDA 3–7
	imperfecto de subjuntivo	**SB B2, C2, C3, C4** ▶ CDA 9, 16
	der irreale Bedingungssatz der Gegenwart	**SB B3, B5** ▶ CDA 10–12
	Bewusstmachung der Wichtigkeit der Betonung und des (geschriebenen) Akzents	**SB B6**
	Interkulturelle Kompetenzen	
	Vorwissen zu Lateinamerika reaktivieren	**SB PP1**
	Informationen zu Kolumbien: sich kulturelle Unterschiede zu Spanien und Deutschland bewusst machen	**SB PP2, PP3, A1, A5** + KV 45, **B1, B8, C1**
	das Bild Kolumbiens aus deutscher Sicht	**SB A7** + OL 538001-0013
	Tätigkeiten in Kolumbien und Deutschland vergleichen	**SB B7**
	Sensibilisierung für Unterschiede zwischen verschiedenen Varianten des Spanischen	**SB A1, C5** + OL 538001-0014 + KV 50 ▶ CDA 11
	Methodische Kompetenzen	
	Leseverfahren anwenden	**SB PP2**
	eine Präsentation vorbereiten und durchführen	**SB A8, Tarea final**
	einen Arbeitsplan erstellen und bewerten	**SB B9** + KV 48
	Fragen zu einem Land stellen und beantworten	**SB C7**

Ziele klären

Die S lesen die *Tarea final* und die kommunikativen Fertigkeiten auf S. 93. Sie stellen fest, dass sie die *Tarea final* mit den in der Lektion zu erarbeitenden Inhalten bearbeiten können.

Primer paso (S. 92–93)

Lernziele: Die S erhalten einen ersten Einblick in die geografischen, wirtschaftlichen und kulturellen Gegebenheiten Kolumbiens. Am Ende des Lektionsteils können sie formulieren, welche Aspekte sie gerne vertiefen würden.

1 De viaje a América Latina

Lernziel: Vorwissen zu Lateinamerika reaktivieren

Einstieg: Der L präsentiert eine Karte von Lateinamerika als Folie oder über Beamer von der **L-CD-ROM** und führt in das Thema ein: *Nuestro nuevo tema es Colombia. Como ya sabéis, Colombia se encuentra en Latinoamérica. ¿Qué países de este continente conocéis? ¿De qué países habéis oído hablar? ¿Qué sabéis de estos países?*

a) Die S beantworten die Fragen und geben weitere Kommentare. Der L markiert schon bekannte Länder / Orte, notiert Hinweise und hilft ggf. bei unbekannten spanischen Ausdrücken.

b) Um eine Übersicht über das bereits vorhandene Wissen zu erhalten, erstellen die S eine Statistik und präsentieren diese.

Hinweis: Als Vorgabe eignet sich die KV 43.

Für die Präsentation können Formulierungshilfen vorgegeben werden, s. SB S. 59.

c) Die S stellen fest, ob Kolumbien in der Liste erscheint und stellen Hypothesen zu dem Ergebnis auf.

2 ¡A toda velocidad!

Lernziel: sich erste Informationen zu Kolumbien erarbeiten

Einstieg: Um zum Thema überzuleiten, lässt der L zunächst Kolumbien auf der Karte suchen und seine geografische Position beschreiben: *¿Dónde se encuentra Colombia? ¿Con qué países limita? ¿Tiene costa?*, etc.

a) **Erarbeitung:** Die S betrachten 5 Minuten lang die Informationen zu Kolumbien und notieren anschließend in EA, die Informationen, die sie behalten haben.

Tipp: Damit die Erarbeitung ohne Unterbrechungen durch Rückfragen durchgeführt werden kann, sollte die Aufgabenstellung gut besprochen werden. Sinnvoll ist es auch, die Tabelle, die in Aufgabe a) ausgefüllt werden soll, bereits vorher im Heft notieren zu lassen.

b) In der anschließenden Sicherungsphase tauschen sich die S über die Ergebnisse aus und ergänzen ihre Tabellen.

Weiterarbeit: Um alle Informationen zu semantisieren, erstellen die S ein *mapa mental* zu den Informationen aus dem Text und der Karte. Die neuen Vokabeln werden unterstrichen. Diese Erarbeitung ist auch als arbeitsteilige Gruppenarbeit (Expertenpuzzle) möglich: Zunächst erarbeiten sich Kleingruppen jeweils ein Thema. In der zweiten Erarbeitungsphase kommen jeweils neue Gruppen zusammen, deren Mitglieder sich zuvor mit unterschiedlichen Themen beschäftigt haben, so dass jeder S Zugang zu allen Informationen hat. Eine mögliche Einteilung des *mapa mental* in Subthemen und damit auch eine Einteilung in die verschiedenen Gruppen des Expertenpuzzles könnte sein: *datos básicos, la naturaleza y el clima, ciudades / regiones importantes, fiestas y tradiciones, la economía, gente famosa.*

Hinweis: Lassen Sie die S die *Mindmap*, die hier angelegt wird, im Verlauf der Unterrichtsreihe sukzessive mit dem themenspezifischen Vokabular zu Kolumbien komplettieren.

3 ¿Vamos a Colombia?

Lernziel: Bewertung der zuvor erhaltenen Informationen

Die S benennen, welche Informationen sie interessant finden und worüber sie gerne mehr erfahren möchten. Anschließend diskutieren sie mit ihrem Sitznachbarn.

Alternative (für leistungsschwächere Gruppen):
Formulieren Sie Satzanfänge an der Tafel, bevor die S mit der Erarbeitungsphase beginnen, z. B. *Me gusta saber más de… / Me interesa mucho conocer… / Me encanta… / Sobre todo…*

Weiterarbeit: Die S präsentieren die Themen, die ihnen interessant erscheinen in einer Meldekette. Jeder Redner muss sich auf seinen Vorredner beziehen und diesem zustimmen oder widersprechen.

Hinweis: Die S haben zwar das *condicional* noch nicht kennengelernt, *gustaría* ist jedoch aus dem ersten Lernjahr bekannt und kann hier angewendet werden.

Aprender y practicar A (S. 94–96)

Lernziele: Die S erweitern ihre Kenntnisse zu Kolumbien. Sie lernen Bildung und Gebrauch des condicional. *Sie können am Ende des Lektionsteils Vorschläge für einen Aufenthalt im Land machen.*

1 A Colombia ◎ L 2 / 22 = S 47

Lernziel: einen literarischen Text verstehen

Einstieg: Der L führt in die Stunde ein: *Hoy vamos a empezar a leer un extracto de una novela de un joven escritor español. La protagonista es Marta, una chica de Madrid que va a viajar a Colombia. Hoy recibe esta carta.* Der L präsentiert einen großen Briefumschlag: Der Umschlag trägt Absender (Facultad de Biología, Calle 5 No. 62, 760035 Cali, Colombia) und Empfänger (Marta Oviedo Sendín, Calle Alcalá 176, 28014 Madrid, España). Der L erklärt: *Es una carta muy importante para Marta. ¿Qué pensáis que dice la carta?*
Die S formulieren Hypothesen über den Inhalt des Briefes und den Grund der Reise.
Der L leitet zur Beschäftigung mit dem Text über, z. B.: *Voy a abrir la carta y la voy a leer.* Der Brief wird vorgelesen und das Wort *beca* geklärt.

a) Die S hören den gesamten Lektionstext von der CD.

Weiterarbeit (Globalverständnis):
Zum Nachweis des Textverständnisses, beantworten die S Globalfragen:
¿De quién habla este fragmento°? ¿Qué personas aparecen? ¿Dónde tiene lugar la acción°? ¿Dónde está Marta al principio y al final del fragmento? ¿Cuánto tiempo dura?

Alternative (für leistungsschwächere Gruppen):
Schwächere S können bei der ersten Textbegegnung den Text auch vorliegen haben. Die Globalfragen können anschließend schriftlich beantwortet werden.

b) **Detailverständnis:** Die S beschreiben Martas Gefühle, indem sie den Text teilweise im Detail verstehen.

Wortschatzarbeit: Legen Sie mit dem in Aufgabe b) genannten Vokabular eine *Mindmap* zum Thema *emociones* an, die durch weitere bereits bekannte Vokabeln und mithilfe der Wörterbücher noch erweitert werden kann.

c) Die S beschreiben, wann sie emotionale Momente erlebt haben und wie sie sich dabei gefühlt haben. Dabei nutzen sie das in b) gesammelte Vokabular.

Zusatzinformation

Gringo, -a

Gringo bezeichnet in den lateinamerikanischen Ländern in der Regel US-Amerikaner. Häufig wird es auch auf westliche Ausländer allgemein ausgedehnt.
Die Herkunft des Begriffes ist umstritten. Einer bekannten volksetymologischen Erklärung zufolge bezog es sich ursprünglich auf die grünen Uniformen der amerikanischen Soldaten („green coats"). Den Soldaten wurden angeblich Parolen wie „Greens go home" oder in schlechtem Englisch einfach „Green go" zugerufen, woraus im Laufe der Zeit „gringo" geworden sein soll. Dem widerspricht, dass das Wort bereits gegen Ende des 18. Jahrhunderts in Spanien belegt ist, lange bevor es zu kriegerischen Auseinandersetzungen zwischen Spanien oder lateinamerikanischen Ländern und den jungen USA kam, deren Soldatenuniformen zunächst auch nicht grün waren. Auch nicht unumstritten aber glaubwürdig ist die Theorie, dass der Begriff auf „griego" zurückgeht, wie es noch heute in dem Ausdruck „hablar en griego" verwendet wird, und Ausländer bezeichnete, die kein korrektes Spanisch sprachen. Eine ausführliche Diskussion des Themas finden Sie unter dem **Online-Link 538010-0028.**

2 Me gustaría viajar mucho

Lernziel: Gebrauch und Bildung des condicional

Entdeckendes Lernen:

a) Der L verweist auf das bereits bekannte *gustaría* und initiiert die Erarbeitungsphase. Die S suchen die neuen Formen im Text und übertragen sie in ihr Heft.

b) Die S benennen, dass es sich um das Konditional / die Möglichkeitsform handelt. Sie erklären, dass im Deutschen der Konjunktiv / würde + Infinitiv verwendet wird.

Weiterarbeit: Durch den Vergleich mit der deutschen Sprache, erkennen die S die Funktion des *condicional.* In einem Merksatz formulieren sie diese Funktion auf Spanisch, z. B.: *Se utiliza el condicional para expresar° posibilidad^, amabilidad^ o deseos^.* Der L notiert den Satz an der Tafel.

c) Die S klassifizieren auf Grundlage des zuvor selbstständig Formulierten die im Text vorhandenen Sätze.

d) Regelbildung: Die S leiten, ausgehend von den zuvor notierten Formen, eine Regel für die Bildung des Konditionals ab und formulieren diese auf Spanisch. Der L notiert auch diese an der Tafel, z. B.: *Se forma el condicional con el infinitivo y -ía, -ías, -ía, -ámos, -íais, -ían.*

3 Lo que digan los dados

Lernziel: unregelmäßige Formen des condicional

In Partnerarbeit erwürfeln die S zunächst, in welcher Person sie später die Verben konjugieren sollen. Der Partner fungiert jeweils als Schiedsrichter. Bestehen Unklarheiten, ist der Grammatikanhang zu konsultieren.

Alternativen: Die S können auch eigenständig Verben auswählen, die konjugiert werden sollen (der Partner jeweils für seinen Mitspieler). Bei der Durchführung ist auch die etwas schwierigere Variante möglich, dass vor jedem Verb die Person, in der das Verb genannt werden soll, zu erwürfeln ist.

Tipp: Lassen Sie die S Punkte für jede richtige Nennung vergeben. Der Ehrgeiz wird so erhöht.

4 Vamos a imaginar

Lernziel: condicional

Die S formulieren Hypothesen über Martas Aktivitäten in Kolumbien und wenden so das Konditional an.

Anmerkung: Verweisen Sie explizit auf die Stellung des Reflexivpronomens.

Weiterarbeit: Die S formulieren frei drei weitere Sätze über mögliche Aktivitäten von Marta.

5 ¿Qué podemos hacer en Colombia?

Lernziel: über Vorlieben sprechen

Einstieg: Der L führt in das Thema ein: *Ya sabemos que Marta, la protagonista^ de la novela, está en Colombia. Ya hemos hablado sobre posibles actividades de Marta, pero todavía no sabemos lo que está haciendo. Por eso tenemos que sabe lo siguiente: ¿Qué se puede hacer exactamente en Colombia?* Der L präsentiert die beiden Fotos auf einer Folie. *Aquí hay dos imágenes de este país. Primero vamos a describir lo que vemos.*

a) Die S beschreiben die Fotos. Themenspezifisches Vokabular kann an der Tafel oder auf einer Leerfolie, die über die Fotos gelegt wird, notiert werden. Da die S noch nicht über fundierte Hintergrundinformationen verfügen, bleibt diese Phase rein deskriptiv. Im Anschluss gibt der L die entsprechenden Informationen (vgl. die Einträge im Landeskundeglossar, S. 81 – 82).

b) Die S drücken ihre Vorlieben aus, indem sie begründen, welche der Orte sie besichtigen würden.

Hinweis: Wenn die S in einer Meldekette antworten und sich jeweils auf ihren Vorredner beziehen müssen, erreichen Sie eine große Konzentration in dieser Präsentationsphase.

Alternative: Die S erarbeiten eigenständig mittels Internetrecherche Präsentationen zu den beiden Fotos. Um etwas mehr Informationen über touristische Orte des Landes zu erhalten, können Sie auch noch mehr Themen verteilen (s. **KV 44** sowie die Seite «Imágenes de Colombia» auf der **L-CD-ROM**). Erstellen Sie mehrere Kopien der Kopiervorlage, zerschneiden Sie sie in Kärtchen und verteilen Sie sie gemischt an die S. Alle S mit dem gleichen Ort bilden eine Gruppe. Im Anschluss an die Recherche präsentieren die S vor dem Plenum ihr Thema. Der übrige Kurs bewertet die Präsentation. Hierzu kann der Evaluationsbogen aus dem **Online-Link 538001-0002** wiederverwendet werden. Abschließend nennen die S begründend, welchen der touristischen Orte sie am liebsten aufsuchen würden, indem sie das *condicional* anwenden.

c) **Interkultureller Ansatz:** In Gruppenarbeit überlegen die S, welche Orte in ihrer Heimatstadt oder -region von touristischem Interesse sein könnten und begründen ihre Wahl.

Alternative: In Gruppenarbeit erstellen die S ein Werbeplakat zu ihrem Heimatort für spanischsprachige Touristen und präsentieren es im Plenum.

6 La cortesía ante todo

Lernziel: condicional als Ausdruck der Höflichkeit

Einstieg: Der L erklärt, dass das Konditional auch verwendet wird, um höflich um etwas zu bitten, und präsentiert die Beispielsituation: *Imaginaos que estoy en el aeropuerto. Necesito un taxi para ir al centro de la ciudad. Busco a un empleado del aeropuerto y le pregunto: ¿Me haría el favor de decirme dónde puedo tomar un taxi? ¿Sería usted tan amable de decirme dónde puedo tomar un taxi?* Mit den Worten *Imaginaos las siguientes situaciones y formulad las preguntas de forma amable.* leitet er zur Aufgabe über.

a) Die S formulieren die Sätze mündlich.

Alternative (für leistungsschwächere Gruppen): Der L notiert die beiden Beispielsätze an der Tafel. Die S notieren ihre Sätze im Heft, bevor sie sie mit dem Partner vergleichen. Erklären Sie Ihren S, dass sie immer *podría* + Infinitiv verwenden können, um Höflichkeit auszudrücken.

b) In Partnerarbeit wählen die S eine der Situationen aus und erstellen einen Dialog.

Tipp: Lassen Sie die S den Dialog vorspielen, der Rest der Gruppe muss hinterher benennen, um welche der Situationen es sich handelt.

Alternative (für leistungsschwächere Gruppen): Für schwächere S, die noch nicht so geübt im freien Sprechen sind, können Sie als ein sprachliches *sistema de apoyo* Redemittel für einen Dialog bereitstellen. (s. **KV 45**). Zerschneiden Sie die Redemittel der KV an den Trennlinien und lassen Sie sie von den S richtig zusammensetzen, bevor sie sie dann im Dialog anwenden.

7 La imagen de Colombia en Europa

Lernziel: sich über das Bild Kolumbiens in Deutschland informieren

Einstieg: Die S lesen laut die einzelnen Titel vor. Der L gibt an, wer G. G. Márquez und Manuel E. Patarroyo sind (s. Landeskundeglossar S. 81–82). Gibt es von Schülerseite Fragen zur FARC, verweist der L auf die Zusatzinformationen *Problemas de orden público* im SB.

Alternative: Die S arbeiten in Kleingruppen. Jede Gruppe bearbeitet einen Titel. Dazu überträgt sie den Titel zu nächst ins Spanische. Anschließend wird eine Internetrecherche durchgeführt, bei der die S zu den im Titel aufgeführten Stichwörtern recherchieren. Sie erstellen eine kleine Präsentation, um den Mitschülern die Fakten nahezubringen. In einem Kugellager-Gespräch präsentieren die S ihren Mitschülern die Hintergründe ihres Titels.

Hinweis: Den S, die über den Drogenfund eines Politikers recherchieren, sollte klargemacht werden, dass das Ziel nicht ist, den Namen des Politikers herauszufinden, sondern dass eine allgemeine Darstellung dieser gesellschaftlichen Problematik gefordert ist.

Weiterarbeit: Weiteres Material zum Thema finden Sie unter dem **Online-Link 538001-0013**.

8 Tarea: Presentamos Colombia

Lernziel: eine Präsentation über Kolumbien erstellen

a) In arbeitsteiliger Gruppenarbeit erstellen die S eine Präsentation zu einem bestimmten Thema. Dabei greifen sie auf die im Unterricht erfahrenen Informationen zurück.

Tipp: Wenn Ihre S darin geübt sind, können sie PowerPoint-Präsentationen erstellen. So üben sie gleichzeitig die Medienkompetenz der S.

Während die einzelnen Gruppen präsentieren, erhalten die übrigen S Höraufträge, damit die jeweiligen Inhalte gesichert werden (s. **KV 46**). Sollte es Fragen der Zuhörerschaft geben, können diese im Anschluss an die Präsentation von der präsentierenden Gruppe geklärt werden.

In einer kurzen Evaluation werden die Vorträge von den S bewertet. Hierzu bieten sich die Redemittel auf der selben Kopiervorlage an. Falls der Evaluationsbogen aus dem **Online-Link 538001-0002** in A 5 nicht eingesetzt wurde, kann dies hier geschehen.

b) **Interkultureller Ansatz:** Die S vergleichen die verschiedenen Aspekte mit Deutschland. Diese Aufgabe ist fakultativ.

Weiterarbeit: Um eine Sicherung der erlernten Themen zu gewährleisten und die schriftliche Textproduktion zu üben, schreiben die S im Anschluss eine Reportage zu dem Thema: *Colombia – un país con muchas caras*. Darin müssen sie alle zuvor erhaltenen Informationen anwenden.

Aprender y practicar B (S. 97–99)

Lernziele: Die S lernen weitere Aspekte des Lebens in Kolumbien kennen. Sie lernen die irrealen Bedingungssätze der Gegenwart. Am Ende des Lektionsteils können sie einen Lernplan zur Verbesserung der eigenen Sprachkompetenz aufstellen.

1 En Colombia ◎ L 2/23 = S 48

Lernziel: einen literarischen Text verstehen

Einstieg: Der L führt in die Lernsituation ein, indem er den schon bekannten ersten Teil der Geschichte nacherzählen lässt und ggf. Detailfragen stellt: *¿Qué sabemos ya de Marta? ¿Quién es? ¿Dónde está? ¿Qué quiere allí? ¿Qué ya ha pasado?*, etc.

Actividad de prelectura: Der L gibt folgenden Arbeitsauftrag: *Marta acaba de llegar a Cali, en Colombia. En el aeropuerto la está esperando Álvaro Carlos. Los dos salen del aeropuerto… Continuad la historia. Añadid^ detalles que conocéis ya de Colombia.* Die S schreiben die Geschichte weiter. Diese wird im Anschluss an das Lesen des Originals wieder herangezogen.

a) Die S lesen / hören den Text.

Alternative (für leistungsschwächere Gruppen): Zur Sicherung des Globalverständnisses bringen die S Sätze aus dem Text in die chronologisch richtige Reihenfolge. (siehe **KV 47**)

b) und **c)** Die S bearbeiten die Aufgaben zum Detailverstehen.

Weiterarbeit: Die S vergleichen ihre Version der Geschichte mit dem Original. Dabei können sie begründend eine Wertung vornehmen, z. B. *Me gusta más el original / mi versión porque… es más divertida / crea más suspense°/ es más lógica…* etc.

2 Si no comiéramos arroz…

Lernziel: Bildung des imperfecto de subjuntivo

Tipp: Da es sich v. a. um unregelmäßige Formen handelt, sammeln Sie die Formen des *indefinido* zunächst an der Tafel, bevor die S eigenständig das *imperfecto de subjuntivo* ableiten. Lassen Sie die S zuvor den Hinweiskasten auf S. 97 lesen.

3 …comeríamos papas

Lernziel: irreale Bedingungssätze der Gegenwart

a) Entdeckendes Lernen: Die S erkennen, welche Tempora bzw. Modi in irrealen Bedingungssätzen verwendet werden. Der L notiert den Beispielsatz an der Tafel und markiert die verschiedenen Verbformen in verschiedenen Farben.

Si no comiéramos arroz,	comeríamos papas.
imperfecto de subjuntivo	condicional

b) Die S bilden Sätze mit den vorgegebenen Elementen und notieren diese.

c) In Partnerarbeit formulieren die S weitere Beispielsätze. Dabei sollten beide Partner jeweils andere Möglichkeiten angeben.

4 ¿Qué hacemos en Cali? ◎ L 2/24

Lernziel: einen Hörtext über Cali verstehen

Die S üben ihr Hörverstehen, indem sie Detailfragen zum Text beantworten.

5 ¡A contar historias!

Lernziel: Anwendung der irrealen Bedingungssätze

In Gruppenarbeit erstellen die S eine "Kettengeschichte", in der sie spontan *imperfecto de subjuntivo* und *condicional* anwenden müssen.

Tipp: Sie können auch Vierer-Gruppen bilden. Die vierte Person übernimmt die Aufgabe des Sprachwächters, der ausschließlich auf korrekte Bildung und Gebrauch der Zeiten achtet. In Dreier-Gruppen achten die S gegenseitig auf Korrektheit.

6 Practicamos la pronunciación ◎ L 2/25 = S 49

Lernziel: Bewusstmachung der Wichtigkeit der Betonung und des (geschriebenen) Akzents

Die S hören die Sätze und lesen sie gleichzeitig. Sie erkennen, um welche Zeit es sich handelt und welche der angebotenen Verbformen die richtige ist.

Weiterarbeit: Lassen Sie die S erklären, warum der Akzent in diesen Beispielen wichtig ist. Fragen Sie nach weiteren Missverständnissen, die ohne die korrekte Verwendung des Akzents entstehen können, z. B. *habló / hablo, está / esta* etc. (Vgl. auch *Unidad* 6, B6, S. 87.)

7 Gente con imaginación

Lernziel: über ungewöhnliche Beschäftigungen sprechen, Möglichkeiten ausdrücken

a) Die S beschreiben die Bilder und erklären die Tätigkeiten. Hierzu kann auch die Seite «Gente con imaginación» auf der **L-CD-ROM** verwendet werden.

b) Die S tauschen sich darüber aus, ob es solche Berufe in Deutschland geben könnte und begründen ihre Meinung.

Wortschatzarbeit: Die S sammeln wichtige Begriffe, die sie für die Begründung brauchen, und schlagen ggf. auch Fachtermini im Wörterbuch nach. Der L sammelt sie an der Tafel oder auf der Folie, z. B.: *no saber leer ni escribir = el analfabetismo*, esperar (mucho tiempo, con mucha gente) = hacer cola*, trabajos de bajo* coste*/ un país desarrollado*/ un país en vías de desarrollo / el trabajo infantil** etc.

8 La biodiversidad de Colombia

Lernziel: einen Sachtext über die Einzigartigkeit der kolumbianischen Flora und Fauna auf Deutsch zusammenfassen

Vorentlastung, Wortschatzarbeit: Der L präsentiert die Abbildung SB S. 99 unten auf Folie bzw. von der **L-CD-ROM**. Die S beschreiben das Plakat, der L notiert das entsprechende Vokabular auf der Folie, z. B.: *(bio)diversidad, muchos contrastes*, muchas especies de plantas y de animales, zonas diferentes: la cordillera* de los Andes (nevado, andino), montañas altas, lagos / lagunas*, una catarata, el páramo*, la zona tropical, la selva.*

Differenzierung: Leistungsschwächere S oder Gruppen erledigen dies vor der eigentlichen Aufgabe. Bei leistungsstärkenen Gruppen, bietet sich eine ausführliche Bildbeschreibung auch als Sicherung der Mediationsaufgabe an.

9 Tarea: Preparando un viaje

Lernziel: einen Lernplan erstellen und bewerten

Differenzierungsvorschlag: In Partnerarbeit erstellen die S einen Arbeitsplan zur Verbesserung ihrer Sprachkompetenz und bewerten den Plan eines Mitschülers. Leistungsschwächere S oder Gruppen können die **KV 48** nutzen.

Aprender y practicar C (S. 100 – 101)

Lernziele: Die S lesen einen weiteren Teil des literarischen Textes und lernen dabei weitere landeskundliche Gegebenheiten Kolumbiens kennen. Sie lernen neue Funktionen des imperfecto de subjuntivo. *Am Ende des Lektionsteils überprüfen sie in einem Expertenpuzzle die erlernten Inhalte über Kolumbien.*

1 Desde Colombia ◎ L 2/26 = S 50

Lernziel: einen literarischen Text verstehen

Actividad de prelectura, Hypothesenbildung: Der L knüpft an das Vorwissen der S an und führt in die Lernsituation ein: *¿Cómo pensáis que van a seguir Marta y Álvaro Carlos? ¿Es un amor para siempre? Escribid 5 frases de cómo va a seguir esta relación después de: tres meses, medio año, un año, cinco años, 25 años. Presentad las frases en clase.*

a) Um das Hörverstehen der S zu schulen, wird ein Teil des Textes als Lückentext präsentiert (s. **KV 49**). Alternativ kann die KV auch nach der Textbearbeitung zur Wortschatzsicherung und -überprüfung eingesetzt werden.

b) und **c)** Zur Sicherung des Textverständnisses formulieren die S jeweils eine Frage zu jedem Abschnitt. Der Rest der Gruppe muss die Fragen beantworten.

Hinweis: Sollten Fragen falsch beantwortet werden, ist der Ausgangstext zu konsultieren.

2 Marta se acuerda de los campesinos

Lernziel: imperfecto de subjuntivo

a) Entdeckendes Lernen: Die S lesen den Satz in der Sprechblase und suchen den entsprechenden Satz im Text. Beide werden an der Tafel festgehalten und die Unterschiede unterstrichen. Es empfiehlt sich, verschiedene Farben für Verbformen und andere Veränderungen zu verwenden.

b) Die S wenden das *imperfecto de subjuntivo* an, indem sie die vorgegebenen Sätze in die Vergangenheit setzen.

Differenzierung: Leistungsschwächere Gruppen können dies schriftlich, leistungsstärkere Gruppen hingegen auch mündlich bearbeiten.

Weiterarbeit: Um die Transformation weiter zu üben, teilen Sie die Gruppe in zwei Hälften. Die eine Hälfte formuliert Sätze mit *subjuntivo* im Präsens, die zweite Hälfte formuliert Sätze im *imperfecto de subjuntivo*. Die jeweils andere Hälfte muss die Sätze dann entsprechend ins Präsens bzw. *imperfecto* setzen. Die S erkennen, dass für das *imperfecto de subjuntivo* dieselben Auslöser gelten wie für das *presente de subjuntivo*. Im Anschluss halten sie dies in einer Regel fest.

3 ¿Quería que vivierais juntos?

Lernziel: imperfecto de subjuntivo

Differenzierung: Leistungsstärkere Schüler können, wenn sie früher fertig sind, selbst noch Sätze hinzufügen.

Sicherung: Die Sicherung erfolgt in Partnerarbeit.

4 Una casera exigente

Lernziel: imperfecto de subjuntivo

a) Die S formulieren Sätze mit *imperfecto de subjuntivo*, indem sie die vorgegebenen Elemente verbinden.

b) In einem Dialog wird das Phänomen schriftlich gesichert.

5 Los plátanos, las bananas y los bananos ◎ L 2/27

Lernziel: Sensibilisierung für Unterschiede zwischen verschiedenen Varianten des Spanischen

a) Als Vorentlastung des Vokabulars beschreiben die S zunächst das Foto. Die neuen Begriffe aus der Überschrift werden an der Tafel notiert.

b) Nach der Präsentation des Hörtextes beantworten die S die gestellten Fragen. Im Anschluss erfolgt eine Internetrecherche zu den verschiedenen Produkten.

Die Aufgabe ist fakultativ und vor allem für leistungsstärkere S oder Gruppen geeignet.

Weiterarbeit, interkultureller Ansatz: Erklären Sie Ihren S, dass oftmals die Dinge, die es häufig in einem Land gibt, mit einem differenzierten Vokabular gekennzeichnet sind, z. B. die vielen Begriffe der Inuit, die es für Schnee gibt. Lassen Sie die S überlegen, welche Produkte im Deutschen sehr differenziert benannt werden, z. B. verschiedene Brotsorten, Fachbegriffe für unterschiedliche Waldformen etc.

Me gusta que los campesinos aquí sean tan amables y sencillos.
Le gustó que los campesinos allí fueran tan amables y sencillos.

Mit dem Arbeitsblatt des **Online-Links 538001-0014** schärfen die S ihr Bewusstsein für regional unterschiedliche Sprachvarianten und erkennen, dass es dieses Phänomen auch im Deutschen gibt. Zusätzlich kann **KV 50** eingesetzt werden und die S dafür sensibilisieren, dass auch Sprecher der gleichen Sprache gelegentlich Probleme haben können, sich zu verstehen.

6 Tarea: Puzle de expertos

Lernziel: mündliche Sicherung der Themen

a) Der L teilt die Gruppen ein und verteilt die Themen: *ciudades, turismo, fiestas, economía, biodiversidad, personajes famosos, problemas de orden público* etc. Die S erarbeiten Fragen zu den jeweiligen Themen.

Tipp: Legen Sie zuvor die Anzahl der Fragen fest, die formuliert werden sollen. Weisen Sie die S darauf hin, dass sie auch die Antworten notieren sollen. Wenn Sie die Fragen auf kleine Karteikarten notieren lassen (mit der Antwort jeweils auf der Rückseite), stehen sie z. B. für Wiederholungen zur Verfügung oder können im nächsten Kurs eingesetzt werden.

b) und **c)** In der zweiten Phase und der neuen Gruppensortierung stellt der jeweilige Experte die Fragen mündlich. Der S, der die Antwort als erster weiß, bekommt einen Punkt.

Alternative: Die S können ihre Antworten auch schriftlich formulieren, der Experte muss sie hinterher kontrollieren. So haben auch S, die etwas langsamer reagieren, eine Möglichkeit Punkte zu holen.

Tipp: Legen Sie Wert darauf, dass die Arbeitssprache Spanisch ist. Wenn es z. B. Rückfragen gibt oder einzelne Wörter nicht verstanden werden, erfolgt sowohl die Frage als auch die Antwort auf Spanisch.

Weiterarbeit: Für eine vertiefte Auseinandersetzung auch mit den Problemen Lateinamerikas, bietet sich die Seite «Problemas de Latinoamérica» auf der **L-CD-ROM** an. Die S beschreiben in Kleingruppen jeweils 1–2 der Fotos. Hierzu sollten Wörterbücher herangezogen werden, da nicht sämtliches Vokabular bekannt ist. Der neuerworbene Wortschatz wird der *Mindmap* zu Kolumbien (vgl. PP 2) unter dem Stichwort *problemas* hinzugefügt. Ggf. können die einzelnen Themen auch als Kurzreferate vergeben werden.

Leer (S. 102)

Lernziel: einen Sachtext verstehen

Einstieg: Der L präsentiert das Logo des Café de Colombia auf einer Folie und fragt, wer es schon einmal gesehen hat und was es ist: ein Werbeemblem einer kolumbianischen Kaffeemarke (*el emblema*/logo* del cafe que viene de Colombia/publicidad* para el café de Colombia*).

Die S beschreiben das Logo. Der L notiert Vokabular zur Vorentlastung des Textes, z. B. *nombre: Juan Valdez, la mula*, el sombrero*, llevar un poncho*, el bigote…*
Der L fragt, welchen Eindruck dieses Logo auf die S macht, die Ergebnisse werden ebenfalls auf der Folie gesammelt: *parece simpático, honesto*; parece ser un campesino* etc.

Zusatzinformation

El Café de Colombia

Café de Colombia ist seit 2007 eine geschützte Ursprungsbezeichnung in der EU. Die Marke und ihr offizielles Gesicht Juan Valdez existieren jedoch schon viel länger: 1927 wurde die Federación Nacional de Cafeteros gegründet, ein Zusammenschluss von heute über 500 000 Kleinbauern, die ihren Kaffee unter dem Namen Café de Colombia vermarkten. Ihr Slogan „Nuestra misión: asegurar el bienestar del caficultor colombiano" umreißt bereits den Zweck der Organisation: Es handelt sich um einen gemeinnützigen Verein ohne Parteibindung. Er ist demokratisch organisiert und fühlt sich sowohl der sozialen Gerechtigkeit und der Nachhaltigkeit als auch der Qualitätssicherung verpflichtet. Die Organisation unterhält u. a. Schulen und Gesundheitszentren und bietet den Kaffeebauern durch garantierte Abnahme der Ernte weitgehend sichere Einkommen. Weitere Informationen finden Sie unter dem **Online-Link 538010-0029**.

Mit den Worten *Ahora vamos a leer un texto que nos explica un poco más esta figura.* leitet der L zur Textlektüre über.

a) und **b)** Die S lesen den Text und beantworten die Fragen.

c) Die S benennen in wenigen Minuten, welche Persönlichkeiten sie kennen, die für ein Produkt stehen.

Weiterarbeit: Die S wählen eines der Produkte aus und verfassen einen Text über Person und Produkt, indem sie die Struktur des vorliegenden Textes als Grundlage nehmen.

Tarea final (S. 103)

Lernziel: Die S können am Ende der Tarea final *eine Sprachschule in Lateinamerika präsentieren und ihre Wahl begründen. Sie können andere Präsentationen bewerten.*

Durchführung der Tarea final:
a) In Dreiergruppen legen die S fest, in welches Land sie reisen wollen.

b) In einer Internetrecherche suchen sie eine Sprachschule in diesem Land aus und stellen sie der Gruppe vor.

c) und **d)** Die Gruppe wählt eine der vorgestellten Sprachschulen aus und begründet vor dem Plenum die Wahl. Das Plenum macht sich Notizen.

e) Die Sprachschulen werden vom Plenum bewertet.

f) Ein von den S erstellter Evaluationsbogen wird ausgefüllt und so jede Präsentation bewertet. Sie können auch auf den Evaluationsbogen aus dem **Online-Link 538001-0002** zurückgreifen.

Hinweis: Das angegebene Vokabular auf S. 103 hilft v. a. schwächeren S bei Formulierungen.

Landeskundeglossar

Kolumbien ist ein Staat im Nordwesten Südamerikas mit etwa 42 Millionen Einwohnern. Mit einer Fläche von über 1 Millionen km² ist er etwa 3 Mal so groß wie Deutschland. Der Name ist von Christoph Kolumbus abgeleitet. Die Amtssprache ist Spanisch, daneben existieren eine Reihe von Minderheitssprachen.
Kolumbien bietet eine große Vielfalt an Landschaften und klimatischen Zonen: es grenzt als einziges Land Südamerikas sowohl an den Pazifik als auch an die Karibik; es gibt artenreiche Regenwälder, v. a. im Amazonasgebiet und andines Hochgebirge. Kolumbien zählt zu den größten Wirtschaftsnationen Südamerikas; v. a. Schnittblumen, Kaffee, Bananen, Kartoffeln und der Abbau von Bodenschätzen (z. B. Kohle und Smaragde) prägen die Wirtschaft.
Im Südosten des Landes befindet sich das als Amazonía bezeichnete Gebiet um den Amazonas, den wasserreichsten Fluss der Erde, der auch durch Kolumbien fließt. Dichter Regenwald und eine hohe Biodiversität kennzeichnen diese Region, die, abgesehen von wenigen indigenen Stämmen, nahezu unbesiedelt ist.
Die Hauptstadt des Landes, Bogotá, ca. 7 Millionen Einwohner, liegt in einer fruchtbaren Hochebene der Anden und hat dank der Nähe zum Äquator ganzjährig ein gemäßigtes Klima. Bogotá zählt zu dem am schnellsten wachsenden Metropolen Südamerikas, da es vor allem viele *Campesinos* aus den Regionen in die Stadt zieht. Dies spiegelt sich v. a. in einer hohen Arbeitslosigkeit und zahlreichen Elendsvierteln wider.

Fernando **Botero** (* 19. April 1932 in Medellín) ist ein kolumbianischer Maler und auch Bildhauer und einer der bekanntesten Künstler Lateinamerikas. Kennzeichnend für seinen Stil sowohl in der Malerei als auch bei den Skulpturen sind die üppigen Proportionen der Figuren. Diese sieht Botero zwar einerseits als schön an, kritisiert mit ihnen aber andererseits auch eine degenerierte Bourgeoisie. Im öffentlichen Bewusstsein steht er für die kolumbianische Kunst, ähnlich wie García Márquez für die Literatur.

Die Stadt **Baranquilla** ist der wichtigste Hafen an der kolumbianischen Karibikküste. Ebenso, wenn nicht noch bekannter ist jedoch der dort stattfindende Karneval. Seit mehr als 100 Jahren wird dieser in den vier Tagen vor Aschermittwoch mit Umzügen und verschiedenen Festen gefeiert. 2003 wurde er sogar in die von der UNESCO geführte Liste der „Meisterwerke des mündlichen und immateriellen Erbes der Menschheit" aufgenommen. Bekannt ist die Stadt darüber hinaus als Geburtsort von Shakira und langjährigem Wohnort von Gabriel García Márquez.

Santiago de **Cali,** bereits 1536 gegründet, ist die Hauptstadt des kolumbianischen Departamento Valle del Cauca und nach Bogotá und Medellín mit etwa 2 Mio. Einwohnern die drittgrößte Stadt des Landes. Sie wird auch die „Hauptstadt der Salsa" genannt; die Einwohner bezeichnen ihre Stadt auch gern als *Sucursal del cielo*. Auch wirtschaftlich zählt die Stadt und ihr Umland zu den wichtigsten Regionen des Landes.

Cartagena de Indias, an der Karibikküste im Norden des Landes gelegen, wurde bereits 1533 gegründet und ist damit eine der ältesten Städte Lateinamerikas. Die Stadt zählt zu den schönsten Kolonialstädten Südamerikas. Das alte Stadtzentrum ist seit 1984 Weltkulturerbe. Aufgrund seiner Lage und Schönheit und auch wegen der vergleichsweise geringen Kriminalitätsrate, ist die Stadt, deren Bewohner zum größten Teil afrikanischer Abstammung sind, ein beliebtes Touristenziel.
Daneben ist die Stadt auch ein wichtiger Industrie- und Dienstleistungsstandort.

Die **FARC**, eigentlich *F.A.R.C.-E.P.* (Fuerzas Armadas Revolucionarias de Colombia – Ejército del Pueblo), sind eine linksgerichtete, sich selbst als marxistisch bezeichnende kolumbianische Guerillabewegung.
Seit 1964 gehen sie mit Waffengewalt gegen den kolumbianischen Staat vor und gelten momentan als die größte Guerrillaorganisation Lateinamerikas. Die FARC finanzieren sich v. a. aus dem Drogenhandel und Lösegeldzahlungen. Ihr international wohl bekanntestes Opfer ist Ingrid Betancourt, die 2002 als Präsidentschaftskandidatin entführt wurde und erst 2008 befreit werden konnte. Den FARC werden darüber hinaus schwere Verstöße gegen das Völkerrecht und internationale Normen vorgeworfen (Verwendung von Landminen, Ermordung von Politikern und unbeteiligten Zivilisten, Zwangsrekrutierung von Kindersoldaten). Auch ihren Gegnern in diesem bewaffneten Konflikt, dem kolumbianischen Militär und paramilitärischen Gruppen, werden Menschenrechtsverletzungen vorgeworfen.

Gabriel **García Márquez**, der kolumbianische Schriftsteller, Journalist und Literaturnobelpreisträger wurde am 6. März 1927 in Aracataca geboren. Er gilt als einer der wichtigsten Wegbereiter des Magischen Realismus. 1982 wurde er mit dem Nobelpreis für Literatur geehrt. Seine bekanntesten Werke sind *Cien años de soledad* (1967), *El amor en los tiempos del cólera* (1985), verfilmt 2007 mit Javier Bardem, *El coronel no tiene quien le escriba* (1961), *Crónica de una muerte anunciada* (1981) und sein autobiografischer Roman *Vivir para contarla* (2002).

Die Region **Llanos Orientales**, oft auch als Orinoquía bezeichnet, liegt im Osten Kolumbiens und ist nahezu unbesiedelt. Der größte Teil der Region ist eine Feuchtsavanne. Die Wirtschaft ist überwiegend von extensiver Viehzucht geprägt. In der Region gibt es aber auch Erdölvorkommen.

Die mit ca. 2,2 Millionen Einwohnern zweitgrößte Stadt Kolumbiens, **Medellín**, wird auf Grund der klimatischen Verhältnisse auch Stadt des ewigen Frühlings genannt. Galt Medellín ehemals als Hochburg der Drogenkartelle, so hat sie heute eine vergleichsweise geringe Kriminalitätsrate. Die Stadt ist der wichtigste Textilproduktionsstandort Lateinamerikas und beherbergt darüber hinaus auch wichtige Betriebe anderer Industriezweige (z. B. Nahrungsmittel, Chemie). Einer der berühmtesten Söhne der Stadt ist der Maler und Bildhauer Fernando Botero. Auch der Popsänger Juanes stammt von hier.

Der Arzt und Wissenschaftler Manuel Elkin **Patarroyo** (* 3. November 1946 in Ataco, Tolima / Kolumbien) ist Immunologe. Weltbekannt wurde er durch die Entdeckung eines synthetischen Impfstoffs gegen Malaria, für die ihm 1994 der *Premio Príncipe de Asturias de Investigación Científica y Técnica* verliehen wurde. Für sein soziales Engagement erhielt er 2011 den Preis *Principe de Viana de la solidaridad*.

Shakira (* 2. Februar 1977 in Barranquilla als Shakira Isabel Mebarak Ripoll) ist eine kolumbianische Pop-Rock-Sängerin. Ihre ersten Alben in spanischer Sprache verschafften ihr vor allem Erfolge in Spanien und Lateinamerika. Der internationale Durchbruch gelang ihr mir ihrem ersten teilweise englischsprachigen Album *Laundry Service*. Ihr international bekanntestes Werk dürfte aber die WM-Hymne von 2010 *Waka waka* sein. Sie hat mehrmals den Grammy und den Grammy Latino gewonnen. Ihre Songtexte schreibt Shakira teilweise selbst.
1997 gründete Shakira die *Fundación Pies Descalzos*, um Kindern in Kolumbien zu helfen. Für ihr soziales Engagement wurde ihr 2009 der Ehrenpreis des Kinderhilfswerkes UNICEF verliehen.

Unidad 8 Con mucho arte

Thema: Kultur in der spanischsprachigen Welt **Lernziel: einen Beitrag (Geschichte, Comic, Gedicht , Fotonovela) für ein Erinnerungsbuch schreiben (Tarea final)**	
PP:	über den Bezug zur Kunst sprechen
A:	berichten, was jemand gesagt hat, eine telefonische Kartenbestellung verstehen
B:	sich selbst einschätzen, Veränderungen ausdrücken
C:	eine Spielanleitung wiedergeben
Leer:	*Los premios Goya* – einen Sachtext über den spanischen Filmpreis verstehen

Lernbereiche	Lernziele	Lektionsteil Aufg. / Üb.
	Funktional-kommunikative Kompetenzen	
Hablar	über verschiedene Arten von Kunst sprechen	**SB PP1 ▶ CDA 2**
	den eigenen Bezug zur Kunst darstellen	**SB PP4**
	sich zu Musik äußern	**SB A1, A2**
	über Gefühle sprechen	**SB B3** ▶ CDA 12
	über Comics sprechen	**SB C1, C2, C3**
	situationsangemessene Intonation trainieren	**SB C4** + KV 54
	über einen spanischen Comic sprechen	**SB C5**
	eine Spielanleitung auf Spanisch wiedergeben	**SB C8**
Escuchar	einem Hörtext Informationen über unterschiedliche Vorstellungen von Kunst entnehmen	**SB PP2**
	einen Text über Musik verstehen	**SB A1**
	Musikbeispiele zuordnen	**SB A2**
	einen Songtext verstehen	**SB A4**
	eine automatische Telefonansage verstehen	**SB A5**
	ein Gedicht hören und verstehen	**SB B2**
	einen spanischen Comic verstehen	**SB C5**
	einem Telefonat Anweisungen entnehmen	**SB C6**
	weitere Hörverstehensübungen	▶ CDA 1
Escribir	eine Liedstrophe schreiben	**SB A6**
	sich mit einem Gedicht kreativ auseinandersetzten	**SB B2**
	einen Dialog schreiben	**SB B4**
	Vorgaben zu einem Gedicht vervollständigen	**SB B5**
	Ratschläge geben	**SB B6**
	weitere Übungen zur Texterstellung	▶ CDA 13, 17
Leer	einen Text über Musik verstehen	**SB A1**
	einen Songtext verstehen	**SB A4**
	ein Gedicht lesen und verstehen	**SB B2**
	einen spanischen Comic verstehen	**SB C5** + OL 538001-0016
	einen Sachtext über den spanische Filmpreis *Goya* verstehen	**SB Leer** + KV 55
	weitere Übungen zum Leseverstehen	▶ CDA 10, 16

Mediación	eine telefonische Kartenbestellung auf Deutsch zusammenfassen	**SB A5**
	eine Spielanleitung auf Spanisch wiedergeben	**SB C8**
	weitere Übung zur Sprachmittlung	▶ CDA 13
Lexikalische Strukturen	über Kunst sprechen	**SB PP1, PP2**
	Wortschatz zum Wortfeld „Musik"	**SB A1, A2** ▶ CDA 15
	Personen und einen Ort beschreiben	**SB B4, C1** + KV 52, 53 ▶ CDA 11
	Veränderung ausdrücken	**SB B5** ▶ CDA 14
Grammatische Strukturen	die indirekte Rede ohne Zeitverschiebung	**SB A3** ▶ CDA 4, 5
	die indirekte Rede mit Zeitverschiebung	**SB A4** + OL 538001-0015 ▶ CDA 6, 7, 9
	Wiedergabe des Imperativs in der indirekten Rede / die indirekte Rede mit *subjuntivo*	**SB C6, C7, C8** ▶ CDA 8
Interkulturelle Kompetenzen		
	die *Música Latina* und ihre Bedeutung	**SB A1**
	Unterschiede zwischen verschiedenen Sprachen bei der Wiedergabe von Geräuschen in Worten	**SB C3**
Methodische Kompetenzen		
	mit einem Wörterbuch arbeiten	**SB A4**
	situationsangemessene Intonation erkennen und üben	**SB C4** + KV 54 ▶ CDA 12

Ziele klären
Die S lesen die *Tarea final* und die kommunikativen Fertigkeiten auf Seite 105. Sie erkennen, dass sie die in der Lektion vermittelten Fertigkeiten benötigen, um ein *libro del curso* mit eigenen Beiträgen füllen zu können.

Primer paso (S. 104–105)

Lernziele: Die S lernen verschiedene Kunstrichtungen kennen. Sie entnehmen einem Hörtext Informationen über die Einstellung verschiedener Personen zu Kunst und sprechen über den eigenen Bezug dazu.

1 El arte

Lernziel: über verschiedene Arten von Kunst sprechen

a) Einstieg: Der L projiziert die Seite «El arte» der **L-CD-ROM** als Folie oder über den Beamer. Er nennt die Begriffe aus dem Kasten S. 104 und fordert die S auf, soweit möglich diese den Abbildungen zuzuordnen. Dabei werden die neuen Begriffe *la escultura, la pintura, la literatura* geklärt.

Es empfiehlt sich, das Wortfeld Kunst zu erweitern und Bezeichnungen für Künstler zu wiederholen oder einzuführen: *el pintor / la pintora; el escritor* / la escritora*, el escultor / la escultora; el arquitecto / la arquitecta; el / la cantante; el cantautor* / la cantautora*; el compositor* / la compositora*; el músico* / la música; el director / la directora de orquesta*; el director / la directora de cine; el actor* / la actriz*; el cocinero / la cocinera jefe; el diseñador* / la diseñadora* de moda; el creador / la creadora de moda / de alta costura*; el / la futbolista*.*
Außerdem kann der L die S auffordern, diejenigen Abbildungen herauszusuchen, die für sie „echte" Kunstwerke darstellen, und ihre Meinung auch zu begründen. Es kann ggf. diskutiert werden, welche Gattungen unter Kunst fallen, bei welchen es mehr um handwerkliche (Mode, Küche) oder sportliche Fähigkeiten (Fußball) geht.
Der L weist auf die unterschiedlichen Bedeutungen des Wortes *arte* hin: *Las Bellas Artes* (groß geschrieben); in diese Gruppe fallen Malerei, Plastik, Architektur und Musik. Daneben wird der Begriff *el arte* auch im Sinne von Fähigkeit, Technik, besondere Geschicklichkeit verwendet. *El séptimo arte: el cine*, Hier sollte auch ein Hinweis das unterschiedliche Genus bei *el arte* (m. sg.) und *las artes*- (f. pl.) erfolgen.

b) Anschließend beschreiben die Schüler die Abbildungen.

2 ¿Qué es para ti? ◎ + L 2/30

Lernziel: einem Hörtext Informationen über unterschiedliche Vorstellungen von Kunst entnehmen

a) Die S hören den Text. Dabei machen sie sich Notizen über die unterschiedlichen Auffassungen zum Thema Kunst, die geäußert werden.
Zur Fixierung des sprachlichen Materials empfiehlt sich folgendes Tafelbild:

	Oyente 1	Oyente 2	Oyente 3
Lo que dicen sobre el arte			

b) Die Frage wird im Plenum diskutiert. Dabei wenden die S das neue Vokabular an.

c) Die Aufgabe wird in Stillarbeit gelöst. Anschließend werden die Ergebnisse im Plenum verglichen.

3 En el libro

Lernziel: weitere Kunst-Abbildungen suchen

Die S suchen aus dem SB weitere Beispiele für die erwähnten Kunstrichtungen heraus. Dafür haben sie zwei Minuten Zeit.

Tipp: Bringen Sie eine Stoppuhr mit!

Alternative: Das Spiel *¡Rápido!*: Die S sammeln in einer vorgegebenen Zeit Wortschatz zu einem Wortfeld. Dafür benötigen Sie eine Stoppuhr, die S Papier und Stift. Die Arbeitsanweisung lautet: *En dos minutos, escribid los colores que conocéis. En otros dos minutos escribid las partes del cuerpo.* Zur Ergebnissicherung fordern Sie einen S auf, seine Liste vorzulesen. Die anderen S vergleichen und haken die Begriffe auf ihrer Liste ab bzw. ergänzen weitere Wörter.

4 Soy un artista

Lernziel: den eigenen Bezug zur Kunst darstellen

Erarbeitung: In Partnerarbeit beantworten die S die Frage. Fordern Sie anschließend einzelne S auf, den Nachbarn vorzustellen: *Si Julian fuera artista, sería probablemente actor porque le gusta ir al cine o al teatro. A Julia le encanta la moda. Así, si ella fuera artista, sería a lo mejor diseñadora de moda o modelo.*
Falls notwendig, werden die Irrealen Bedingungssätze der Gegenwart (neu eingeführt in Unidad 7) kurz wiederholt. Dazu kann in der Grammatik S. 169, § 45 angesehen werden.

Aprender y practicar A (S. 106–108)

Lernziele: Die S erhalten Informationen zur aktuellen spanischen und lateinamerikanischen Musik. Sie lernen Wortschatz zum Thema „Musik". Mithilfe der indirekten Rede berichten sie, was jemand gesagt hat. Am Ende des Teilkapitels können sie sich über ihren Musikgeschmack äußern und schreiben eine Liedstrophe.

1 El éxito de la música latina ◎ L 2/31 = S 53

Lernziel: einen Hör-/Lesetext über Musik verstehen

a) Lernen durch Lehren: Da der Text viele unbekannte Vokabeln enthält, empfiehlt es sich, ihn aufzuteilen und von S in Gruppenarbeit vorbereiten zu lassen. Die S ziehen dazu das Vokabelverzeichnis heran und stellen die wichtigsten Inhalte ihres Abschnitts an der Tafel oder am Tageslichtprojektor dar. Sie erhalten ferner die Aufgabe, die wichtigsten neuen Vokabeln bzw. alternativ die zum Wortfeld Musik gehörigen Vokabeln selbst zu erklären und ebenfalls der Klasse darzustellen. Während die Gruppen vortragen, machen die S sich Notizen. Gegebenenfalls erhalten die Gruppen die Zusatzaufgabe, 1–2 Kontrollfragen an die Klasse vorzubereiten.

Tipp: Bringen Sie ausreichend Folien und (wasserlösliche) Folienstifte mit.

b) In Stillarbeit ordnen die S den einzelnen Textabschnitten Überschriften zu.

c) und **d)**: Im Plenum diskutieren die S über weitere bekannte lateinamerikanische oder spanische Musiker sowie über international bekannte deutsche Musiker.

2 La música latina ◎ L 2/32–34

Lernziel: Musikbeispiele zuordnen; über Musikstile und musikalische Vorlieben sprechen

a) In Stillarbeit lesen die S die Beschreibungen der Stilrichtungen durch. Anschließend erfragen sie unbekannte Wörter. Sie hören die Musikbeispiele und ordnen sie den Beschreibungen zu.

b) Anschließend äußern sie ihre Meinung zu den Musikbeispielen.

Weiterarbeit: Die S können aufgefordert werden, ihre Lieblingsband in einem Kurzreferat vorzustellen. Achten Sie dabei darauf, dass die S persönlich Stellung beziehen und begründen, warum es sich dabei um ihre Lieblingsband handelt, damit es sich nicht nur um eine aus unterschiedlichen Quellen zusammengeschriebene Darstellung handelt, z. B. durch eine Leitfrage wie *¿Por qué te gusta la música de.../la canción presentada?*

3 Me han dicho que...

Lernziel: berichten, was jemand gesagt hat; die indirekte Rede ohne Tempusverschiebung

a) Die S betrachten die Zeichnungen und äußern sich zur Frage, was in der Bildgeschichte passiert ist. Es kann die Frage aufgeworfen werden, was dazu führt, dass sich Informationen verändern. *¿Cuándo ha cambiado el mensaje por primera vez? ¿Qué ha pasado? ¿Por qué ha cambiado el mensaje?...* Sicher werden sich die S an das Spiel *Stille Post* erinnern, das Sie ggf. an dieser Stelle durch einen S auf Spanisch erklären lassen können.

b) Die S lesen den *¡Ojo!*-Kasten und formulieren die Informationen, die die jeweiligen Personen erhalten haben.

c) Die S üben die indirekte Rede wie beschrieben ein. Am Schluss werden einige Beispiele an der Tafel gesammelt. Die Übung ist sehr zeitaufwändig und ist daher fakultativ; sie kann bei Zeitmangel entfallen.

Tipp: Heben Sie die Veränderungen der Bezüge (Pronomina) hervor. Machen Sie den S klar, dass die indirekte Rede im Spanischen immer entweder durch *si* oder *que* eingeleitet werden muss:

Ana dice: «Quiero comprarme el nuevo CD de Juanes».	Ana dice que quiere comprarse el nuevo CD de Juanes.
Yo le pregunto: «¿Por qué quieres comprarlo? ¿Es bueno?»	Yo le pregunto por qué quiere comprarlo y si es bueno.

Anschließend machen sich die S anhand der Grammatik S. 170 die alternative Verwendung von *lo que* und *qué* in Fragesätzen anhand des folgenden Tafelbildes klar:

La chica no sabe	«¿Qué puedo hacer?» qué puede hacer. lo que puede hacer.	(direkte Rede) (mit Akzent: Fragepronomen) (ohne Akzent: Relativpronomen)

4 La paga ◎ L 2/35

Lernziele: einen Songtext verstehen; die indirekte Rede mit Tempusverschiebung; das pretérito imperfecto de subjuntivo *in der indirekten Rede; mit einem Wörterbuch arbeiten*

a) Einstieg: Die S hören das Lied und verfolgen den Text im SB. Bei lernstärkeren Gruppen wird der Song bei geschlossenen Büchern angehört. Bereits nach dem ersten Hören bei geschlossenen Büchern können an der Tafel alle Wörter gesammelt werden, die die S verstanden haben.

Alternative: Texterschließung mithilfe eines Wörterbuchs
Die S erschließen den Text mithilfe eines zweisprachigen Wörterbuchs. Weisen Sie die S auf den *Estrategia*-Kasten „Mit einem Wörterbuch arbeiten" hin. Fragen Sie, wie *pagar con* und *acabar con* übersetzt werden (*pagar a alguien con:* jemanden abspeisen mit, *acabar con:* etwas zunichte machen, zerstören).

Tipp: Zum Nachschlagen kann auch ein Online-Wörterbuch verwendet werden.

b) Die S fassen den Inhalt des Liedes zusammen. Sie versuchen, den Titel zu erklären. Zur Beschreibung des Themas sowie der Musik kann **KV1** eingesetzt werden.

c) und **d): Entdeckendes Lernen:** Die S entdecken anhand des Beispiels aus dem Text, dass sich durch das einleitende Verb eine Tempusverschiebung in der indirekten Rede ergibt.

Ergebnissicherung an der Tafel (siehe unten).

e) Gemeinsam wird der *¡Ojo!*-Kasten gelesen. Anhand der Lösung des Beispielsatzes (Satz 1) erkennen die S, dass sie auch auf die Veränderung der Pronomina achten müssen. Anschließend setzen die S die Liedzitate in Stillarbeit oder als Hausaufgabe in die indirekte Rede. Fordern Sie die S auf, möglichst unterschiedliche Verben aus dem *Así podéis*-Kasten zu verwenden.

Weiterarbeit: Im CDA sowie im **OL 538001-0014** finden Sie weiteres Übungsmaterial zur indirekten Rede.

	Hoy me dices…		Ayer me dijiste…
☺ Te quiero.	que tú me quieres. presente	→	que tú me querías. imperfecto
☺ Volveré	que tú volverás. futuro	→	que tú volverías. condicional

5 Las entradas ◎ L 2/36

Lernziel: eine automatische Telefonansage verstehen und auf Deutsch zusammenfassen

Die S hören den Text zweimal und fassen die wichtigsten Informationen auf Deutsch zusammen.

6 Tarea: Nuestra canción ◎ L 2/37

Lernziel: eine Liedstrophe schreiben

In dieser Übung setzen sich die S kreativ mit dem Thema Musik auseinander. Sie legen fest, von welchem Thema das Lied handeln soll, hören die Melodie an und machen sich mit dem Rhythmus vertraut. Teilen Sie danach die Klasse in Gruppen ein. Jede Gruppe schreibt eine Strophe. Am Schluss werden die Texte vorgelesen und ggf. zur Melodie auf der CD gesungen.

Weiterarbeit: Wenn die S Spaß am Schreiben von Musiktexten haben, können Sie *La paga* auf eine andere Situation (z. B. auf die eigene Schulsituation oder ein sportliches Ereignis) umdichten lassen. Dadurch können sich lustige Texte ergeben, insbesondere wenn die S bereit sind, ihre Werke vorzutragen.

Aprender y practicar B (S. 109–110)

Lernziele: Die S lernen ein Gedicht kennen und setzen sich kreativ mit der geschilderten Situation mündlich und schriftlich auseinander. Am Ende des Teilkapitels wissen sie, wie man Veränderungen ausdrückt.

1 La paciencia

Lernziel: sich selbst einschätzen

a) In dieser Übung wird das Thema Geduld / warten (können) thematisiert. Schreiben Sie die Frage aus dem SB *¿Tenéis mucha o poca paciencia?* an die Tafel und beginnen Sie ein kurzes Unterrichtsgespräch: Was ist Geduld? Wann fällt mir das Warten leicht / schwer? Bereiten Sie die S darauf vor, einen Test zu machen. Die S lesen die Aufgabenstellung und führen den Test in Stillarbeit durch.

Tipp: Lassen Sie die Auflösung abdecken oder verwenden Sie die **KV 51** und lassen Sie erst am Schluss die Lösung im Buch lesen.

b) Anschließend lesen die S die Ergebnisse und besprechen sie mit dem Nachbarn. Einen weiteren Aspekt des Themas Geduld können Sie beleuchten, indem sie die S fragen, wer die Ergebnisse schon vorher durchgelesen hat.

Alternative: Die S stellen sich gegenseitig die Fragen mündlich und notieren die Ergebnisse.

Weiterarbeit: Fordern Sie die S auf, sich zwei weitere Situationen und Reaktionsweisen wie in a) auszudenken.

2 Un recuerdo de entonces ◎ L 2/38 = S 54

Lernziel: ein Gedicht hören / lesen und verstehen; sich kreativ damit auseinandersetzen

Einstieg: Schreiben Sie einige wichtige Vokabeln an die Tafel, klären Sie ggf. die Bedeutung und lassen Sie die S Vermutungen darüber anstellen, um was es in dem Gedicht geht: z. B. *un imbécil – mirar el reloj – por fin – improbable – desesperadamente – el odio – la tristeza*

a) Nachdem die S Vermutungen angestellt haben, wird das Gedicht von der CD angehört.
b) Anschließend beantworten die S schriftlich die Frage nach dem Thema. Einige Lösungen werden vorgestellt und diskutiert.

c) Die S berichten über ihre Erfahrungen mit Wartezeiten und ihre Reaktionen.

d) Die S äußern Vermutungen darüber, warum die Frau wohl nicht gekommen ist. Diskutieren Sie mit auch den S über folgende Fragen: *¿Por qué no ha llamado el chico a su novia? ¿Por qué no ha llamado la chica?*

Weiterarbeit: Perspektivwechsel: Fordern Sie die S auf, aus der Sicht der Frau zwei bis drei Gründe aufzuschreiben, warum sie nicht gekommen ist. Anschließend werden die Vermutungen verglichen.

3 Del amor al odio...

Lernziel: über Gefühle sprechen

a) Geben Sie den Impuls in die Klasse: *El amor y el odio son sentimientos muy diferentes. En el poema aparecen juntos, en la misma frase. ¿Cómo puede ser?* Die S finden Situationen, in denen mehrere (widersprüchliche) Gefühle gleichzeitig empfinden können. Verweisen Sie auf den deutschen Begriff „Hassliebe" und lassen sie ihn erklären.

b) In Partnerarbeit vervollständigen die S das Sprichwort.

4 El poema en acción

Lernziel: einen Dialog schreiben; eine Person und einen Ort beschreiben

a) Die S schreiben in Gruppenarbeit einen Dialog. Geben Sie vor, wie oft jeder sprechen soll. Dabei nutzen die S ihre in Aufgabe 2d) gefundenen Ideen.

Alternative: Diese Aufgabe kann auch als Schreibgespräch gelöst werden, bei dem jeder S abwechselnd die eine und die andere Rolle einnimmt.
Dazu setzen sich die S im Kreis. Jeder hat ein Blatt, einen Stift sowie eine Schreibunterlage (Heft o. ä.). Danach geben Sie den Rahmen vor: *Son las dos de la noche. El hombre está en casa, esperando a su novia. Por fin ella llega a casa: El hombre ve a su novia y le dice:...* Nun schreibt jeder S den ersten Satz, den der Mann zu der Frau sagt und gibt das Blatt nach rechts an seinen Nachbarn weiter. Gleichzeitig erhält er den ersten Satz seines links von ihm sitzenden Mitschülers. Jeder S antwortet nun auf die vor ihm liegende Äußerung. Das Blatt geht an den Schreiber des ersten Satzes, also nach links, zurück.

Lassen Sie das Blatt ca. 5 Mal hin- und herpendeln. Anschließend werden die Dialoge vorgelesen. Welcher Dialog ist der wahrscheinlichste? Kommen die Partner zu einer Lösung, und wenn ja, zu welcher?

Tipp: Achten Sie darauf, dass während des Schreibvorgangs nicht gesprochen wird.

b) Der L gibt den Impuls in die Klasse: das Gedicht soll filmisch umgesetzt werden. Die Aufgabe wird in Gruppenarbeit bearbeitet. Zur Ergebnissicherung werden die Ideen in einer Tabelle an der Tafel gesammelt.

	Grupo 1	Grupo 2	Grupo 3
El hombre			
La mujer			
¿Dónde se desarrolla la acción?			

Vorschlag: Szenisches Lernen
Zwei S stellen sich zur Verfügung. Sie sind der „Sprecher" und der „stumme Schauspieler", der den wartenden Mann verkörpert.
Der Sprecher liest nun den Text möglichst ausdrucksvoll vor, während der „stumme Schauspieler" die jeweils vorgelesene Sequenz gestisch und mimisch nach seinen Vorstellungen umsetzt. Dabei können Requisiten (eine Uhr, ein Blumenstrauß für die Frau ...) eingesetzt sowie die Umgebung und sonstige Umstände (Wetter, Tageszeit) festgelegt werden. Dadurch ergibt sich eine erste Interpretation des Gedichts.

Alternative: Die S erarbeiten den Dialog zu zweit wie oben beschrieben als Hausaufgabe an einem anderen Ort (zu Hause, im Park, in einer - fiktiven - Kneipe, vor dem Kino ... und filmen die Interpretation dabei mit dem Handy. Anschließend kann eine Auswahl der Filme in der Klasse vorgeführt werden.

Zum Feedback sowohl für das Szenische Lernen als auch für die Aufnahme kann wieder die **KV3** eingesetzt werden.

5 Una carta de amor desesperada...

Lernziel: Verben, die eine Veränderung ausdrücken: ponerse, hacerse, volverse *(dt.: werden)*

a) Erarbeitung: Die S lesen den Brief in Stillarbeit und fassen den Inhalt kurz zusammen. Sie äußern Vermutungen über den Schreiber und die Adressatin.

b) Entdeckendes Lernen: Die S stellen fest, dass sich alle drei Wendungen mit „werden" übersetzen lassen. Erklären Sie den S anhand des Grammatikkastens und anhand der Beispiele aus dem Grammatikanhang (§ 50, S.171) den Unterschied zwischen *hacerse, ponerse, volverse* und *convertirse*. Da die Unterschiede oft sehr subtil sind, empfiehlt es sich, die Beispiele als feststehende Ausdrücke in das Vokabelheft eintragen und lernen zu lassen.

c) Die S vervollständigen das Gedicht mit Ausdrücken aus der Grammatik.

6 Tarea: No te preocupes

Lernziel: kreatives Schreiben: Ratschläge geben

Wiederholen Sie (für schwächere Gruppen) noch einmal, wie man eine E-Mail beginnt (*Hola:*, danach weiter mit Großbuchstaben) und beendet (*¡Saludos!, ¡Hasta luego!, Un abrazo (de)* ...). Gehen Sie mit den Schülern falls nötig noch einmal die Punkte durch, die unbedingt in der E-Mail enthalten sein sollten und sammeln Sie Wendungen, mit denen die eigene Meinung ausgedrückt werden kann (vgl. z. B. der *Así podéis*-Kasten im SB auf S. 70). Weisen Sie auf die Verwendung des *subjuntivo* hin.

Aprender y practicar C (S. 111-113)

Lernziele: Die S lernen die Besonderheiten von Comics kennen. Sie erfahren, wie Geräusche in Worten wiedergegeben werden können und erkennen die Bedeutung des Tonfalls des Sprechers. Am Ende des Teilkapitels können sie eine Spielanleitung auf Spanisch wiedergeben.

1 El mundo del cómic

Lernziel: über Comics sprechen; Comicfiguren beschreiben

a) Die S betrachten die drei bekannten Comicfiguren und nennen Gemeinsamkeiten.

b) Die S werden aufgefordert, ihre Lieblingsfiguren zu nennen und ihre Wahl zu begründen.

c) Die S schreiben einen kurzen Text über ihren „Superhelden" und vergleichen ihre Texte danach in Partnerarbeit. An der Tafel werden die gefundenen Charakteristika gesammelt.

Alternative: Die Übung kann auch mit der Placemat-Methode erarbeitet werden. (s. Vorwort, S. 9.)
Für die Erarbeitung können Sie die **KV 52** heranziehen und auf DIN A 3 vergrößern. Die entstandenen Beschreibungen können danach vorgelesen werden.

Tipp: Wiederholen Sie bei Bedarf Vokabular zur Personenbeschreibung oder lassen Sie anhand der **KV 53** eine *Mindmap* erstellen.

Zusatzinformation

Mortadelo y Filemón

Der in Deutschland bekannteste spanische Comic ist die Reihe über die beiden Geheimagenten *Mortadelo y Filemón* von Francisco Ibáñez (in Deutschland unter dem Titel *Clever & Smart* erschienen). Die Serie, die ab 1958 erschien, ist eine Parodie auf die Abenteuer von Sherlock Holmes und Doktor Watson und nimmt vor allem die US-amerikanischen Agentenserien auf die Schippe.

2 El lenguaje de los cómics

Lernziel: die Sprache der Comics: Sprechblasen

Die S ordnen die Sprechblasen den Bedeutungen zu.

3 ¿Cómo suena un beso?

Lernziel: Wiedergabe von Geräuschen in Worten

a) und **b)** Die S bearbeiten die Aufgaben und finden die deutschen Entsprechungen. Die Aufgabe eignet sich als Hausaufgabe: die S suchen die deutschen Entsprechungen aus eigenen Comics heraus.

Zusatzinformation

Lautmalerei: Entsprechungen in Deutsch / Englisch / Französisch:

Laut für ...	español	Deutsch	English	français
1. *Kindergeschrei*	bua, bua	bääh	waah waah, augh	bouhouhouhou
2. *Lachen*	ja, ja, ja	hahaha	ha-ha / roar	ha ha ha / hi hi hi
3. *Hundegebell*	guau	wau wau	woof, bow-wow, arf, ruff	whaf
4. *Schuss*	bang	päng	bang!	pan pan
5. *Schlafgeräusch*	zzzzz	chrrrr	zzzzzz	zzzz / rrrooo
6. *Telefonklingeln*	ring, ring	rrrrrr, klingeling	rrrring!	drring
7. *Kuss*	muac	knutsch, schmatz	muah / smack!	mwah! / smac / bisou
8. *Leise sein!*	shhh	pst!	shhhh	chut

4 Practicamos la pronunciación ◎ L 2/39 = S 55

Lernziel: Betonung und Tonfall des Sprechers; situationsangemessene Intonation trainieren

a) Einstieg: Schreiben Sie einen Satz an die Tafel und malen Sie Smilies für *tristeza, alegría, sorpresa* daneben. Klären Sie, welche Stimmungen ausgedrückt werden. Fordern Sie nun einzelne S auf, diesen Satz in der jeweiligen Stimmung zu lesen. Lesen Sie mit den S den *Estrategia*-Kasten und spielen Sie dann die Hörbeispiele. Die S notieren sich stichwortartig die Stimmungen, die ausgedrückt werden.

b) Die S üben nun anhand der Beispielsätze.

Festigung: Spiel: ¡Dilo con emoción!
Zum Einstieg sammeln Sie die Stimmungen von Personen an der Tafel und führen weitere ein. *(estresado, de mal humor, aburrido, con ironía, satisfecho, impaciente, nervioso…).*
Kopieren Sie die Karten von **KV 54** zweimal, bilden Sie zwei Kartenstapel und mischen Sie diese. Zusätzlich benötigen Sie beliebige Sätze aus der Lektion, die die S entweder selbst herausschreiben oder die Sie auf Karten vorbereiten (1 Satz pro S). Fordern Sie die S auf, „ihren" Satz auswendig zu lernen. Die Gruppe wird in zwei Teams aufgeteilt, die möglichst weit voneinander entfernt stehen. Auf ein Signal hin geht je ein S zu dem Kartenstapel, nimmt eine Karte und spricht den Satz in der Stimmung. Aufgabe des Teams ist es, die Stimmung zu erraten. Dann geht der nächste S zum Stapel. Gewinner ist das Team, das die Stimmungen am schnellsten rät.

5 Águila Roja, el nuevo héroe

Lernziel: einen spanischen Cómic verstehen

a) Die S betrachten die Bilder und lesen die Sprechblasen. Sie erarbeiten sich mit Hilfe des Vokabelverzeichnisses den Wortschatz. Lassen Sie die einzelnen Zeichnungen beschreiben.

b) Die S beantworten die Frage nach der Handlungszeit und begründen sie durch die Abbildungen.

c) Die S überlegen in Partnerarbeit, was der Handlung der abgedruckten Seite vorausgegangen sein könnte. Die Lösungen werden verglichen und an der Tafel gesammelt.

Informationen zum Inhalt des Comic finden Sie unter dem **Online-Link 538001-0016**.

6 El club Águila Roja ◎ L 2/40

Lernziel: Wiedergabe des Imperativs in der indirekten Rede / die indirekte Rede mit subjuntivo

Einstieg: Lassen Sie die S über Communities im Internet berichten. Stellen Sie Fragen wie z. B.: Wie funktioniert ein soziales Netzwerk? Sind die S in Foren / Fanclubs? Wie kommunizieren sie? Schreiben Sie dabei den nötigen Wortschatz an die Tafel (*la entrada*, la red social*…*)

a) Spielen Sie die CD ab. Die S notieren die Anweisungen von Evo an Silvio.

b) Entdeckendes Lernen: Die S lesen die Einträge und stellen fest, dass der Imperativ in der indirekten Rede mit dem *subjuntivo* wiedergegeben wird. Sie erkennen, dass – wie in den anderen Fällen der indirekten Rede, die aus 8A bekannt sind – das Tempus des einleitenden Verbs bestimmt, ob das *presente* oder das *imperfecto de subjuntivo* zu verwenden ist.
Erstellen Sie folgendes Tafelbild (siehe nächste Seite oben). Anschließend formulieren die S eine Regel auf Spanisch, z. B.: *El imperativo en el estilo indirecto se forma con que + subjuntivo. Utilizamos el presente de subjuntivo cuando el verbo que introduce el estilo indirecto está en presente (o pretérito perfecto); utilizamos el imperfecto de subjuntivo cuando el introductor está en pasado (pretérito indefinido, imperfecto, pluscuamperfecto).*

El imperativo en el estilo indirecto	
Evo le dice a Silvio:	«Venid antes de las ocho. Sed puntuales».
Evo me dice / ha dicho	que vengamos antes de las ocho y que seamos puntuales.
Evo me dijo	que viniéramos antes de las ocho y que fuéramos puntuales.

An der Tafel wird die Regel in folgender Übersicht festgehalten:

Estilo directo:	Estilo indirecto:	
Venid antes de las ocho.	Verbo introductor: PRESENTE Dice que...	→ presente de subjuntivo vengamos antes de las ocho.
Sed puntuales.	Verbo introductor: PASADO Dijo que...	→ imperfecto de subjuntivo fuéramos puntuales.

7 ¿Cómo hacer un cómic?

Lernziel: Wiedergabe des Imperativs in der indirekten Rede

Die S üben mithilfe der Beispielsätze die Imperative in der indirekten Rede.

8 Tarea: Vamos a jugar

Lernziel: eine Spielanleitung auf Spanisch wiedergeben

Die S lesen den deutschen Text und suchen die Schlüsselwörter. Erörtern Sie ggf. noch einmal die wichtigsten Punkte für eine Mediation: Adressatenorientierung (Welche Information ist für den Empfänger wichtig?), Kürzen auf wesentliche Punkte, keine Übersetzung; am Ende nochmaliges Durchlesen von Ausgangstext und Lösung: Ist die spanische Version logisch und vollständig? Kann der Empfänger das Spiel anhand dieser Version durchführen? etc.
Die S fassen die wichtigsten Regeln des Spiels auf Spanisch zusammen und verwenden dabei die indirekte Rede, insbesondere die indirekten Anweisungen.

Tipp: Wenn Sie den S keine weiteren Anweisungen geben, werden sie sicher statt des indirekten Imperativs Wendungen wie *Primero tienes que…, hay que…* verwenden. Wenn Sie gezielt die neu erlernte Grammatik üben möchten, lassen Sie wie in Übung 7 die 10 wichtigsten Regeln als Imperative aufschreiben und als Hausaufgabe in die indirekte Rede setzen (mit Einleitungssatz *Las instrucciones dicen que…*).

Weiterarbeit: Nehmen Sie die Begeisterung der S für Spiele jeder Art auf und fordern Sie sie auf, ein Spiel (Computerspiel, Kartenspiel, Brettspiel), das sie gut kennen und mögen, vorzustellen. Mögliche Kriterien: *Tipo de juego – reglas y estrategias – por qué me gusta.*

Leer (S. 114)

Lernziel: einen Sachtext über den spanische Filmpreis Goya verstehen und die wichtigsten Informationen auf Spanisch zusammenfassen

Einstieg: Der L führt in das Thema ein und fordert die S auf, sich die Fotos anzusehen und zu beschreiben. Fragen Sie die S, an was sie die Fotos erinnern (Oscar-Verleihungen in Los Angeles, Filmfestspiele Cannes, Berlinale, etc.) und fordern Sie sie auf, ihr Vorwissen einzubringen. Fragen Sie, ob die S die Künstler auf den Fotos kennen.
Dabei kann der Text lexikalisch vorentlastet werden. Folgende Wörter können an der Tafel gesammelt werden: *el premio, entregar, obtener un premio, una estatuilla, la mejor película, dirección, el mejor actor / la mejor actriz, el ganador / la ganadora del premio, una película premiada, el espectáculo de la Gala, el glamouroso paso de actores y actrices, la alfombra roja.*

a) Die S lesen den Text und notieren sich zu jedem Abschnitt in Stichpunkten die Schlüsselwörter und die wichtigsten Informationen.

Alternative: Die S benutzen die KV 55.

b) Die S fassen die wichtigsten Informationen auf Spanisch zusammen.

c) Die Frage nach deutschen Filmpreisen kann als Hausaufgabe erledigt werden (Internetrecherche und Minireferat in der nächsten Stunde). Wenn der oben vorgeschlagene Einstieg gewählt wurde, ist sie möglicherweise auch schon beantwortet.

d) und **e)**: Erschließung aus dem Kontext / mit dem Wörterbuch: Die S versuchen, den Ausdruck sinngemäß zu ersetzen und die deutsche Entsprechung zu finden.

Tarea Final (S. 115)

*Lernziel: Die S können am Ende der Tarea final ein Erinnerungsbuch (*libro del curso*) mit eigenen Beiträgen präsentieren.*

Durchführung der Tarea final:
a) Führen Sie kurz in die Aufgabenstellung ein. Dann lesen die S die Aufgabenstellung durch. Zur Verständnissicherung können Sie einzelne (leistungsstärkere) S auffordern, diese Unterrichtsphase auf Spanisch zu moderieren und die Aufgabe zu erklären, wobei als Transfer verlangt werden kann, die Arbeitsanweisung mit den indirekten Imperativen zu formulieren: *La instrucción en el libro dice que formemos grupos y que…*
Besprechen Sie, welche Punkte außer den im Buch genannten noch berücksichtigt werden müssen (z. B. Korrektur lesen, Wahl eines gemeinsamen Formats…). Danach bilden die S Gruppen und entscheiden sich für einen Aufgabentyp. Jede Gruppe teilt die Aufgaben auf und bespricht die Arbeitsschritte.

b) und **c)** Präsentation der Ergebnisse und Feedbackrunde: Die Gruppen präsentieren ihre Ergebnisse als Wandzeitung. Sie beschreiben den anderen Gruppen den Arbeitsprozess (Wie wurden die Ideen gefunden? Welche Schwierigkeiten und Lösungen gab es? Was halten sie für besonders gelungen?
Die S bewerten die Präsentationen. Dabei sollten positive Kriterien im Vordergrund stehen: *¿Quién tiene el resultado más creativo / interesante / emocional / humorístico / sorprendente…?* Dazu können der Feedbackbogen sowie die Redemittel auf der **KV 56** herangezogen werden.

Alternative: Redaktionssitzung: Führen Sie die Feedbackrunde als Redaktionssitzung für das *libro del curso* durch. Jede Gruppe stellt ihren Beitrag vor und spricht über den Arbeitsprozess. Die anderen „Redakteure" können nachfragen und geben Feedback. Im Anschluss wird gemeinsam diskutiert, welche Verbesserungen noch nötig sind, und in welcher Reihenfolge die Beiträge im Buch erscheinen sollen.

Landeskundeglossar

Águila Roja ist der Titel einer in Spanien überaus erfolgreichen Fernsehserie (mehr als 5 Millionen Zuschauer), der bislang teuersten, die das spanische Fernsehen TVE produzierte. Bisher sind drei Staffeln gelaufen, eine vierte ist für Ende 2011 / Anfang 2012 geplant. Die Serie hat in Spanien eine große Fangemeinde auch im Internet. Im Frühjahr 2011 erschien ein Kinofilm und etwa zeitgleich der im Buch abgebildete Comic.
Die Fernsehserie spielt im 17. Jahrhundert in Spanien. Gonzalo de Montalvo, genannt „Águila Roja", versucht, den Mord an seiner Frau aufzuklären und um ihren Tod zu rächen. Dabei hilft ihm Sátur, sein treuer Diener. In der zweiten Staffel hilft Águila Roja, eine Verschwörung gegen den König aufzudecken. Dabei stößt er auf dunkle Geheimnisse in seiner Vergangenheit.
Der Film zur Serie (Titel: *Águila Roja – la película*) kam am 20. April 2011 in die spanischen Kinos und war sofort ein Riesenerfolg. Er greift die Handlung der Fernsehserie auf und spricht aufgrund seiner modernen Sprache vor allem Jugendliche an.
Der Comic erschien zeitgleich mit dem Kinofilm bei den Ediciones Glénat. Es ist angeblich eine bislang unveröffentlichte Episode aus dem Leben von Águila Roja und schildert ein Abenteuer von Gonzalo und Sátur in China. Weitere Informationen finden Sie unter dem **Online-Link 538010-0030**.

Der Regisseur und Drehbuchautor Alejandro **Amenábar** wurde 1972 in Santiago de Chile geboren, lebt aber seit seiner Kindheit in Spanien, weil seine Eltern – ein Chilene und eine Spanierin – vor der Diktatur Pinochets flüchteten. Bereits sein erster Kurzfilm *La cabeza* und sein erster Spielfilm *Tesis* wurden mit zahlreichen Preisen bedacht. International bekannt wurde er 1997 mit *Abre los ojos* und vor allem mit *Mar adentro*, mit dem er einen Oscar gewann. Amenábar schreibt auch die Musik zu den meisten seiner Filme selbst.

Der spanische Schauspieler Javier **Bardem** wurde 1969 auf Gran Canaria geboren und stammt aus einer Schauspielerdynastie. Als Schauspieler arbeitete mit allen bekannten spanischen Regisseuren zusammen. Durch seine Hauptrolle in *Before Night Falls* (2000) erlangte er internationalen Ruf, als er als erster spanischer Schauspieler für den Oscar nominiert wurde. Javier Bardem hat zahlreiche Auszeichnungen gewonnen.
Einige seiner neueren Filme: *Mar adentro* (2004); *No Country for Old Men* (2007); *Vicky Cristina Barcelona* (2008); *Eat Pray Love; Biutiful* (beide 2010).
Javier Bardem ist mit seit 2011 mit Penélope Cruz verheiratet, die beiden haben einen Sohn.

Der puertoricanische Latin-Pop-Sänger, Tänzer und Schauspieler **Chayanne** (eigentlich Elmer Figueroa Arce) wurde 1968 in Río Piedras, einem Vorort von San Juan, geboren. Im Jahre 1986 begann er unter dem Namen Chayanne, der auf eine Fernsehserie aus den 60er Jahren zurückgeht, eine Solokarriere. Er hat 21 Soloalben veröffentlicht und weltweit mehr als 20 Millionen Alben verkauft. Darüber hinaus spielte er in verschiedenen Fernsehserien mit.
In den USA wurde er durch seine Gastauftritte in der Serie *Ally McBeal* und durch Werbespots für ein Pepsi Cola bekannt. Seinen Hollywood-Durchbruch hatte Chayanne in der Rolle eines kubanischen Tänzers in *Dance with me* (1998).

Penélope **Cruz Sánchez** ist eine spanische Schauspielerin, die im Jahre 1974 in Madrid geboren wurde. Als Kind erhielt sie eine Ausbildung in klassischem Ballet. 1992 wurde sie durch ihre Rolle im oscarprämierten Film *Belle Epoque* international bekannt. In den 90er Jahren wirkte sie in Hollywood-Filmen (*Blow*, mit Johnny Depp, *Vanilla Sky*, mit Tom Cruise) mit, kehrte jedoch 2006 nach Spanien zurück. Zusammen mit Pedro Almodóvar drehte sie u. a. *Todo sobre mi madre* (1999), *Volver* (2005), *Los abrazos rotos* (2009). Seit 2010 ist sie mit dem Schauspieler Javier Bardem verheiratet, mit dem sie einen Sohn hat.

Weitere bekannte Filme mit Penélope Cruz: *Bandidas* (2006); *Vicky Cristina Barcelona* (2008); *Sex and the City 2* (2010); *Pirates of the Caribbean – Fremde Gezeiten* (2011).

Daddy Yankee (eigentlich Ramón Ayala, geboren 1977 in Puerto Rico) ist einer der der namhaftesten Vertreter des Latino Rap und Reggaetón, einer Musikrichtung, die er mit geprägt hat. Sein größter Erfolg ist *La Gasolina* aus dem Album *Barrio Fino* (2004). Weltweit veröffentlichte er über 70 Alben auf Spanisch und Englisch. Daddy Yankee besitzt außerdem eine eigene Plattenfirma und seine eigene Kollektion bei dem Sportartikelhersteller Reebok.

Gloria **Estefan** wurde 1957 als Gloria María Milagrosa Fajardo in Havanna, Kuba geboren. Bald nach ihrer Geburt wanderten ihre Eltern nach Miami / USA aus. Ab 1976 trat sie zusammen mit ihrem Mann mit der Gruppe *Miami Sound Machine* auf und machte lateinamerikanische Musik in den USA bekannt. Ihre Stilrichtung gilt als Mischung aus englischsprachiger Popmusik und lateinamerikanischen Musikstilen. Sie sang 1996 die Olympia-Hymne *Reach*. Gloria Estefan spielte in verschiedenen TV-Serien mit. Daneben fördert sie junge Musiktalente in Lateinamerika.

Der Maler und Grafiker Francisco de **Goya y Lucientes** (1746 – 1828) gilt als einer der bedeutendsten Darsteller menschlicher Psyche und war daher Vorläufer und Wegbereiter der modernen Malerei. Er arbeitet zunächst in der königlichen Teppichmanufaktur in Madrid, wurde 1786 zum Hofmaler Karls V ernannt und porträtierte die königliche Familie (*La familia de Carlos IV*, 1800). Nach einem Schlaganfall verliert Goya sein Gehör. Es entstehen zunehmend düstere Werke (*Los Caprichos, las Pinturas Negras*), der Maler beschäftigt sich vermehrt mit menschlichen Abgründen, der Bosheit, Kriegsgräueln und Ungerechtigkeiten. (*Los desastres de la guerra*; *El tres de mayo de 1808 en Madrid*, entstanden ca. 1808 – 1814). Goya flieht 1824 vor der Inquisition nach Frankreich, wo er 1828 in Bordeaux stirbt.

Der Sänger und Komponist Juan Luis **Guerra**, geboren 1957 in Santo Domingo (Dominikanische Republik), gilt als der wichtigste Merengue-Vertreter unserer Zeit. Seine Lieder mischen Elemente lateinamerikanischer Musikstile (Merengue, Salsa, Bolero) mit modernen Rock- und Poprhythmen. Einer seiner bekanntesten Titel ist *Ojalá que llueva café* (1988).

Der spanische Sänger und Komponist Julio **Iglesias**, geboren 1943 in Madrid, wollte zunächst Profi-Fußballer werden. Als ein Autounfall diese Karriere zunichte machte, widmete er sich dem Schreiben von Songs. Seinen Durchbruch hatte er 1970 beim *Grand Prix de la Chanson*, bei dem er den dritten Platz belegte. Julio Iglesias wird oft mit Frank Sinatra verglichen und gilt als einer der erfolgreichsten Einzelinterpreten. Er singt in 14 Sprachen und hat ein weltweites Fanpublikum.

Jennifer **López** ist eine US-amerikanische Sängerin, Schauspielerin und Modedesignerin und wurde als Kind puertoricanischer Einwanderer 1969 in der Bronx, New York, geboren. Ihren Namen J.Lo erhielt sie nach Veröffentlichung des Albums *J. Lo* 2001. Neben zahlreichen Plattenveröffentlichungen ist Jennifer López auch erfolgreich im Filmgeschäft tätig, so u. a. in *Wedding Planner – verliebt, verlobt, verplant* (2001), *Darf ich bitten?* (2004, mit Richard Gere), *Das Schwieger-Monster* (2005, mit Jane Fonda) und *Plan B für die Liebe* (2010). Jennifer López hat eine eigene Modelinie *JLO*. Schlagzeilen machte sie durch ihre zahlreichen Ehen, zuletzt mit dem Latino-Sänger Marc Anthony.

Maná ist eine mexikanische Rock-Pop-Gruppe, die Ende der 1970er Jahre in Guadalajara (Jalisco) gegründet wurde. Die Mitglieder heißen Fernando Olvera (Gesang), Alex González (Schlagzeug), Sergio Vallín (Gitarre) und Juan Calleros (Bass). Die Gruppe singt in spanischer Sprache und verbindet Rock und melodische Popmusik mit Elementen von Reggae, Ska und Mariachi. Im Jahre 1997 komponierte Fernando Olvera für Carlos Santana das Lied *Corazón Espinado*. Diese Zusammenarbeit brachte Maná den internationalen Durchbruch. Die Gruppe brachte 17 Alben heraus und erhielt zahlreiche Auszeichnungen.

Ricky **Martin** (Enrique José Martín Morales) wurde 1971 in Puerto Rico geboren. Mit mehr als 55 Millionen verkauften Alben weltweit und zahlreichen Grammy Awards ist er einer der Superstars der Latin-Pop-Musik. Weltweit bekannt wurde Ricky Martin durch seine Songs *La Copa de la Vida* (Hymne der Fußball-Weltmeisterschaft 1998), *Livin' La Vida Loca* (1999) und *Jaleo* (2003). 2007 erhielt er auf dem *Hollywood Walk of Fame* einen Stern. Ricky Martin kämpft mit seiner Ricky-Martin-Foundation gegen sexuellen Missbrauch von Kindern. Er ist UNICEF-Botschafter und wurde in den USA für sein humanitäres Engagement geehrt.

Carmen **Maura** ist spanische Schauspielerin und wurde 1945 in Madrid geboren. Bekannt wurde sie vor allem durch ihre Zusammenarbeit mit dem Regisseur Pedro Almodóvar, mit dem sie zahlreiche Filme drehte. Einige ihrer Filme: *Mujeres al borde de un ataque de nervios* (*Frauen am Rande des Nervenzusammenbruchs*), 1988, *¡Ay, Carmela!* (*Ay Carmela! – Lied der Freiheit*) 1991; *Volver* (*Zurückkehren*), 2006.

Jordi **Mollà Perales**, geboren 1968, ist ein spanischer Schauspieler und Regisseur mit iranisch-arabischen Wurzeln. Er studierte in Barcelona und hatte eine zunächst Engagements am dortigen Theater. Seit seiner Hauptrolle in *Jamón Jamón* (1992) ist er vorrangig für den Film tätig. So spielte er in *Blow* (2001), *Bad Boys II* (2003), *Elizabeth – Das goldene Königreich* (2007) und *Che – Guerilla* (2008). Daneben ist Jordi Mollà auch als Regisseur tätig.

Die 1975 in Barcelona geborene spanische Schauspielerin Nora **Navas** ist in Spanien ist vor allem durch das Fernsehen bekannt. 2011 erhielt sie für ihre Rolle als Florència in dem mehrfach ausgezeichneten Film *Pa negre* von Augustí Villaronga einen Goya in der Kategorie „Beste weibliche Hauptdarstellerin".

Reggaetón ist eine relativ junge Musikrichtung, die sich aus Reggae und Hip Hop entwickelt hat, jedoch auch Einflüsse anderer Latino-Stile wie Salsa aufweist. Reggaetón zeichnet sich durch provokante Texte auf Spanisch aus und richtet sich hauptsächlich an Jugendliche. Er wurde zunächst in Panamá und Puerto Rico bekannt, verbreitete sich dann auch in anderen lateinamerikanischen Ländern. In jüngster Zeit findet dieser Stil auch in den USA vor allem in Großstädten mit hohem Latino-Anteil wie New York oder Miami viele Anhänger.

Paulina **Rubio,** geboren 1971 in Mexiko-Stadt, ist eine mexikanische Sängerin und Schauspielerin. Ihre Musikrichtung, der Latin Pop, ist in Spanien, Lateinamerika und in den USA in der spanischsprechenden Bevölkerung sehr populär. Daneben arbeitet Paulina Rubio als Model für Designer wie Dolce & Gabbana, Prada, Louis Vuitton oder Alexander McQueen und besitzt eine eigene Kosmetikserie. Die Künstlerin engagiert sich im Kampf gegen AIDS.

Salsa ist der wohl bekannteste lateinamerikanisch Musikstil. Er hat kubanische Wurzeln und verbindet europäische und afrikanische Musikelemente. Heute gibt es in vielen Ländern bekannte Salsa-Künstler und -Bands, so z. B. in Kolumbien, Puerto Rico, Kuba, Venezuela. Inzwischen hat Salsa auch die USA und Europa erobert.

Eloy **Sánchez Rosillo**, geboren 1948 in Murcia, ist einer der bekanntesten spanischen Lyriker der Gegenwart. Er veröffentlichte zahlreiche Gedichtbände und erhielt u. a. die renommierten Auszeichnungen *Premio Adonais* und *Premio Nacional de la Crítica*. Er arbeitet als Professor für spanische Literatur an der Universität Murcia.

Der spanische Schriftsteller José **Sanchis Sinisterra** wurde 1940 in Valencia geboren. Er wuchs in der Zeit des Bürgerkriegs und der Diktatur Francos auf. Sein Theaterstück *¡Ay Carmela!* über den spanischen Bürgerkrieg (1987 uraufgeführt) wurde 1990 von Carlos Saura mit Carmen Maura und Andrés Parares in den Hauptrollen verfilmt.

Santana (Carlos Augusto Alves Santana) kam 1947 in Autlán / Mexiko zur Welt. Die Grundlagen der Musik lernte Carlos Santana von seinem Vater, einem Mariachi-Geiger. Bereits als Kind spielte er für Touristen Geige und Gitarre, wandte sich dann aber dem Rock 'n' Roll zu. Heute gilt er als einer der virtuosesten Gitarristen der Welt. Seit dem berühmten Woodstock-Festival 1969 und durch Hits wie *Samba Pa Ti, Oye Como Va* oder *Black Magic Woman* ist Santana Legende. Er prägte den Latin Rock, der lateinamerikanische, afrikanische und moderne Einflüsse integriert. Carlos Santana wurde vielfach ausgezeichnet; 1997 erhielt er einen Stern auf dem *Hollywood Walk of Fame*.

Carlos **Saura** wurde 1932 in Huesca / Aragón geboren. Er zählt zu den wichtigsten Regisseuren Europas. Saura studierte zunächst Ingenieurswissenschaften und wurde Fotograf. Sein Werk ist stark von Luis Buñuel beeinflusst. Während der Franco-Diktatur wurde Saura vor allem außerhalb Spaniens berühmt. Bekannt ist er vor allem durch seine Tanzfilme (*Carmen* 1983, *Tango* 1998). Für *¡Ay, Carmela!* (1990, deutsch: *Ay Carmela! – Lied der Freiheit*) erhielt er im Jahre 1991 den spanischen Filmpreis Goya.

Repaso 3

Anforderungen: elementare Kenntnisse / Grundkenntnisse der spanischen Sprache (Niveau A 2 / B1)
Lernziel: Der S kann Texte zu vertrauten Themen aus Schule und Freizeit verstehen und sich zu diesen Themen sowohl mündlich als auch schriftlich zusammenhängend äußern sowie über persönliche Erlebnisse und Erfahrungen berichten.

Lernbereiche	Lernziele	Lektionsteil Aufg./Üb.
	Funktional-kommunikative Kompetenzen	
Hablar	über ein Gemälde sprechen	**SB Repaso 4.1**
	sich über Musik unterhalten	**SB Repaso 4.2**
Escuchar	Dialogen selektiv Informationen entnehmen	**SB Repaso 3.1**
	die Hauptaussagen eines Dialogs verstehen	**SB Repaso 3.2**
Escribir	über die eigenen beruflichen Zukunftspläne schreiben	**SB Repaso 2**
Leer	kurze inhaltlich zusammenhängende Texte verstehen und ihnen selektiv Informationen entnehmen	**SB Repaso 1**

Die Aufgaben des Repaso 3 (S.116–119)

Die Aufgaben des *Repaso* 3 sind, ebenso wie die der DELE-Prüfung, in vier Fertigkeiten unterteilt:

	Fertigkeiten	Aufgaben	Zeitdauer
1.	comprensión de lectura	1 tarea	10–15 Min.
2.	expresión e interacción escritas	1 tarea	20 Min.
3.	comprensión auditiva	2 tareas	15 Min.
4.	expresión e interacción orales	2 tareas	5 Min.

Die Lernziele entsprechen denen der Anforderungen der DELE-Prüfung.

1 Comprensión de lectura

Lernziel: kurze inhaltlich zusammenhängende Texte verstehen und ihnen selektiv Informationen entnehmen

Tarea:
Die S lesen drei kurze Texte. Bei dem ersten handelt es sich um eine Frage in einem Diskussionsforum, bei den anderen um Antworten auf die Frage, wobei sich der dritte Text sowohl auf die Frage als auch die erste Antwort bezieht. Anschließend müssen die S bei sechs Aussagen zum Gesamttext eine von drei Versionen (a, b oder c) als die richtige erkennen und markieren.

Tipps:
- Stellen Sie Ihren S den Lesetext wiederum zusätzlich als Kopie zur Verfügung, damit sie sich die Schlüsselwörter (wie in der realen Prüfungssituation) während des Lesens markieren können.
- Geben Sie den S sonst jedoch keine weiteren Hilfestellungen.
- Der Aufgabentyp ist den S schon aus den ersten beiden *Repasos* bekannt, so dass Sie auch nicht mehr explizit darauf hinweisen müssen, dass die Antwortmöglichkeiten vor dem Lesen des Textes gelesen werden sollten. In schwächeren Lerngruppen können Sie die S natürlich noch einmal daran erinnern.

2 Expresión e interacción escritas

Lernziel: über die eigenen beruflichen Zukunftspläne schreiben

Tarea:
Die S verfassen eine E-Mail, in der sie darlegen, wie sie sich ihre eigene berufliche Zukunft vorstellen. Dabei berücksichtigen sie die vorgegebenen Aspekte (z. B. den bevorzugten Arbeitsort).

Tipps:
- Zwar sind die S (natürlich nicht nur durch die Schreibaufgabe des zweiten *Repaso*) schon darin geübt, E-Mails zu verfassen, doch sollten Sie sie trotzdem darauf hinweisen, Textsorte und Adressaten nicht außer Acht zu lassen. Schließlich würden ihnen in einer realen Prüfung wertvolle Formpunkte abgezogen, wenn sie sich einzig auf den Inhalt konzentrieren und beispielsweise die Grußformeln vergessen.
- Empfehlen Sie Ihren S, sich vor dem Schreiben zu jedem der fünf thematischen Unterpunkte jeweils mindestens eine Idee in Form eines Stichwortes zu notieren, um sicher zu gehen, dass sie die Aufgabe vollständig bearbeiten.
- Geben Sie Ihren S zu verstehen, dass es zwar wichtig ist, über die eigenen Zukunftspläne schreiben zu können, sie jedoch in der Prüfungssituation auch ein

Stück weit von der Wahrheit abweichen dürfen, wenn sie andere Vorstellungen sprachlich sicherer ausdrücken können.
- Erinnern Sie Ihre S daran, dass sie sich beim Schreiben bemühen sollten, möglichst viele Konnektoren zu verwenden und dass sie ihren Text am Ende unbedingt Korrektur lesen sollten.

3 Comprensión auditiva ◎ L2/44–49 und L2/50

Lernziel: Dialogen selektiv Informationen entnehmen

Tarea 1:
Die S hören sechs kurze Dialoge, in denen die eine Person drei verschiedene Antworten auf eine Frage der anderen Person gibt, von denen allerdings nur eine inhaltlich passt. Diese Aufgabe, die typisch für die B1-Prüfung ist, ist sehr anspruchsvoll, da die Fragen, zu denen die drei Antworten vorgegeben sind, nicht mit abgedruckt sondern nur zu hören sind. Die S hören die kurzen Dialoge jeweils zweimal nacheinander und kreuzen dann die passende Antwort an.

Tipps:
- Weisen Sie Ihre S darauf hin, dass es sich um einen für sie neuen Aufgabentyp handelt und sie daher die Arbeitsanweisungen ganz genau lesen müssen, um die Aufgabe erfolgreich bewältigen zu können.
- Gleiches gilt für die Antwort-Alternativen, die den S bereits vor dem Hören bekannt sein müssen, damit sie den Hörtexten selektiv die entsprechenden Informationen entnehmen können.
- Informieren Sie Ihre S darüber, dass sie die einzelnen Dialoge jeweils zweimal nacheinander hören werden.

Tarea 2:
Auch die zweite Hörverstehensaufgabe ist anspruchsvoller als diejenigen in den ersten beiden *Repasos*, da es sich nicht wie gewohnt um einen Dialog zwischen zwei Personen handelt, sondern etwa in der Mitte des Dialogs ein dritter dazukommt. Auch diese *verdadero-falso*-Alternative ist eine typische Aufgabenform der Prüfungen des Niveau B1.

Tipps:
- Empfehlen Sie Ihren S, auf die Stimmen der Sprecher zu achten und immer genau zu überlegen, wer gerade mit wem spricht.
- Weisen Sie Ihre S darauf hin, dass der Hörtext zweimal vorgespielt wird.
- Unterbrechen Sie das Vorspielen des Hörtextes nicht und lassen Sie zwischen dem ersten und zweiten Abspielen keine Pause, um die Prüfungssituation nachzustellen.

4 Expresión e interacción orales

Lernziele: über ein Gemälde sprechen, sich über Musik unterhalten

Tarea 1:
Sprechanlass ist diesmal kein Foto, sondern ein Gemälde. Die S sollen es zunächst beschreiben und interpretieren sowie darüber spekulieren, von welchem Maler es stammen könnte. Anschließend sprechen sie über Kunst und Künstler im Allgemeinen, wozu ihnen einige Aspekte vorgegeben sind.

Hinweis: Bei dem Gemälde handelt es sich um Picassos *Paisaje mediterráneo* von 1952.

Tarea 2:
Die S unterhalten sich mit ihrem Gesprächspartner 2–3 Minuten über das Thema Musik und wählen dabei einen regionalen Schwerpunkt (z. B. *la música latina*). Als kleine Hilfestellung werden wiederum ein paar Fragen angeboten, an denen sich die S orientieren können, aber nicht müssen.

Tipps:
- Beide Aufgabenformate sind den S bereits aus *Repaso* 1 und 2 bekannt.
- Geben Sie Ihren S wiederum eine Vorbereitungszeit von insgesamt ca. 10 Minuten, damit sie sich ein paar Notizen anfertigen können.

Die Lösungen zu *Repaso* 3 sind auf S. 225 im SB zu finden.

Hablar sobre canciones

Así podéis…

describir una canción.

La canción es / me parece	muy buena = genial mediocre *(mittelmäßig)* muy aburrida = un rollo
La canción	me gusta mucho / me encanta. no me gusta nada.
La música es / me parece	alegre ⇔ triste melancólica / sentimental monótona cursi *(kitschig)*
El ritmo es	lento ⇔ rápido animado *(lebhaft)* regular ⇔ irregular complicado ⇔ sencillo agresivo
Las voces son	agudas *(hoch)* ⇔ graves *(tief)* fuertes *(kräftig)* roncas *(rau, heiser)* sonoras *(wohlklingend)* / melodiosas

En la canción oigo *(höre ich)* estos instrumentos:

☐ un saxofón

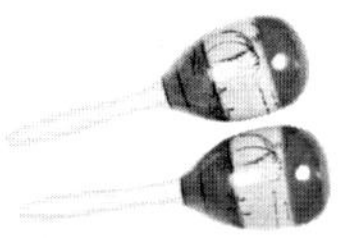
☐ (las) maracas

☐ una trompeta

☐ (los) teclados

☐ un piano

☐ una guitarra eléctrica

☐ una guitarra

☐ un violín

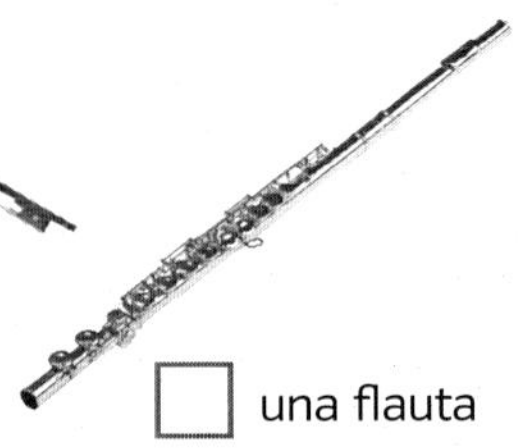
☐ una flauta

☐ un tambor

☐ una batería

☐ un acordeón

☐ un clarinete

Así podéis…

hablar del contenido *(Inhalt)*.

Creo que Pienso que	el texto la canción	habla de trata de	un hombre una mujer una pareja de enamorados *(Liebespaar)* la vida ⇔ la muerte los problemas que tiene…

El tema de la canción es	el amor, las penas de amor *(Liebeskummer)* la esperanza *(Hoffnung)* ⇔ la desesperanza / la (des)ilusión el futuro ⇔ el pasado la soledad *(Einsamkeit)*
El / La cantante *(Sänger / Sängerin)* / el yo lírico *(lyrisches Ich)*	canta *(singt)* sobre… describe… sueña con… no puede olvidar *(vergessen)*… está triste ⇔ contento, -a porque… compara *(vergleicht)* a alguien con… critica algo / a alguien

¡Adelante! Nivel intermedio
Lehrerbuch
ISBN 978-3-12- 538010-3

Evaluación de un trabajo escrito

Para corregir un texto tuyo o uno de tus compañeros, fíjate sobre todo en los siguientes aspectos:

	🙂🙂	🙂	😐	🙁	🙁🙁
Contenido *(Inhalt)*					
El texto respeta el tema.					
Trata *(behandelt)* todos los aspectos del tema / de la tarea.					
El contenido es interesante; hay ideas creativas.					
El texto tiene una estructura lógica.					
Expresión y estilo					
Utiliza un estilo y un nivel de lengua adecuados.					
Respeta las características del tipo de textos, p. ej. saludo y despedida en un e-mail, uso de la 3ª persona en un resumen.					
Utiliza el vocabulario temático.					
Utiliza un vocabulario variado, no repite *(wiederholt)* siempre las mismas palabras.					
Varía la construcción de las frases.					
Utiliza conectores (primero, después, pero, ni… ni) para estructurar el texto.					
Lengua					
forma correcta de los artículos y adjetivos					
uso de *ser / estar / hay*					
conjugación correcta de los verbos irregulares					
uso correcto de los tiempos del pasado					
uso correcto del subjuntivo					
uso correcto de los pronombres					
por / para					
ortografía (por ejemplo: acentos, consonantes dobles, c / z)					

Valoración:	🙂🙂	🙂	😐	🙁	🙁🙁
	muy bien	bien	regular	mal	(no)

¡Adelante! Nivel intermedio
Lehrerbuch
ISBN 978-3-12- 538010-3

Evaluación de un juego de roles

Evaluad *(bewertet)* la presentación de vuestros compañeros. (5 = muy bien, 1 = bastante mal)

						Puntos
pronunciación y entonación	1	2	3	4	5	
fluidez del diálogo	1	2	3	4	5	
vocabulario adecuado y variado	1	2	3	4	5	
interacción en el grupo	1	2	3	4	5	
creatividad e imaginación	1	2	3	4	5	
otros aspectos (decid cuáles)	1	2	3	4	5	
					en total:	

Así podéis…

evaluar un juego de roles.

Decir si os ha gustado o no

- Vuestra representación
  - me ha gustado mucho / bastante.
  - no me ha gustado demasiado/mucho.
  - ha sido genial / (muy) interesante / perfecta / divertida *(lustig)* / …
  - ha sido un poco larga / un poco aburrida.
- Me ha gustado más / prefiero la representación de… porque…

Hablar de la interpretación

- …, tú has hecho muy bien el papel de…
- Los gestos de… (no) han sido expresivos *(ausdrucksstark)* / claros.
- La mímica de… ha sido…
- En tus gestos / tu mímica he visto…
- Habéis actuado todos muy bien.
- He visto que estás (decepcionado, -a / contento, -a / cansado, -a / …)

Criticar la pronunciación y entonación

- No os he entendido muy bien. / Casi no te he entendido.
- No tienes que hablar tan rápido.
- (No) has pronunciado… muy bien.
- Tienes que hablar más alto.

¡Adelante! Nivel intermedio
Lehrerbuch
ISBN 978-3-12- 538010-3

Evaluación de una discusión

La moderadora / el moderador ________________	☺☺	☺	😐	☹	☹☹
ha saludado *(begrüßen)* al público.					
ha presentado el tema.					
ha saludado a los invitados.					
ha organizado el turno de palabra.					
ha dirigido el debate.					
ha resumido los argumentos durante el debate.					
ha despedido *(verabschieden)* a los invitados.					
se ha despedido del público.					
El participante ________________					
ha presentado su opinión.					
ha respetado el turno de palabra.					
ha escuchado con atención.					
ha reaccionado a los otros.					
ha comentado los argumentos.					
ha sido convincente *(überzeugend)* con su argumentación.					
El lenguaje de ________________					
ha sido claro.					
ha sido coherente *(zusammenhängend)*.					
ha utilizado vocabulario correcto.					

Valoración:

☺☺	☺	😐	☹	☹☹
muy bien	bien	regular	mal	(no)

¡Adelante! Nivel intermedio
Lehrerbuch
ISBN 978-3-12- 538010-3

A1, pág. 14: ¿Quiénes eran los incas?

La vida de los incas

Escuchad el texto del CD y contestad las preguntas.

1. Número de habitantes del imperio inca: ☐ 8 millones ☐ 12 millones ☐ 15 millones
2. Capital: ☐ Lima ☐ Cusco ☐ Callao
3. Idioma: ☐ quechua ☐ aymara ☐ guaraní
4. El dios más importante: ☐ Noche ☐ Sol ☐ Día
5. Número de personas que hablan hoy la lengua de los incas: ☐ 8 millones ☐ 10 millones ☐ 12 millones
6. ¿Qué construcción inca no conocían los españoles?

   ☐ los puentes colgantes[1] ☐ las terrazas ☐ los templos
7. ¿Qué es el cuy?

   ☐ una comida típica de Perú ☐ una bebida típica ☐ un baile típico
8. ¿De qué instrumento musical se habla en el texto?

    ☐ un piano 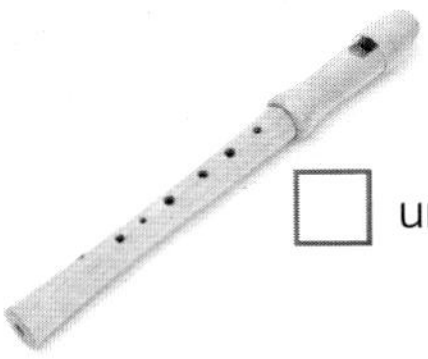 ☐ una flauta  ☐ un tambor
9. El sistema de nudos[2] de los incas es:

   ☐ solo decoración ☐ un sistema de comunicación ☐ un diario
10. ¿A cuántos kilómetros está Quito de Cusco?

    ☐ a 1000 km ☐ a 2000 km ☐ a 3000 km
11. ¿Cómo se llevaba la información importante en aquel tiempo?

    ☐ con animales ☐ en canciones ☐ a pie
12. ¿Qué animal es importante en la mitología de los incas?

    ☐ el cuy

    ☐ el león

    ☐ el puma

[1] **un puente colgante** eine Hängebrücke – [2] **un nudo** ein Knoten

¡Adelante! Nivel intermedio
Lehrerbuch
ISBN 978-3-12- 538010-3

A2, pág. 15: ¿Os acordáis del imperfecto?

¿Qué hacían los incas?

Formad frases. Para ayudaros: si es necesario, podéis utilizar las palabras varias veces.

En el siglo XVI Hace 600 años En aquel tiempo	el Imperio inca los incas los monumentos la capital los jóvenes el emperador inca	ocupar comer cultivar hablar comunicarse por hacer soportar construir no conocer llamar «Inti» ser tener la forma de correr necesitar seis días	quechua puentes colgantes la rueda muy rápido cuy para 2.000 km flautas con huesos humanos gran parte de Latinoamérica al Sol un sistema de nudos el «Hijo del Sol» la papa los terremotos un puma Cuzco

¡Adelante! Nivel intermedio
Lehrerbuch
ISBN 978-3-12- 538010-3

A3, pág. 15: Los jóvenes eran así

Los incas

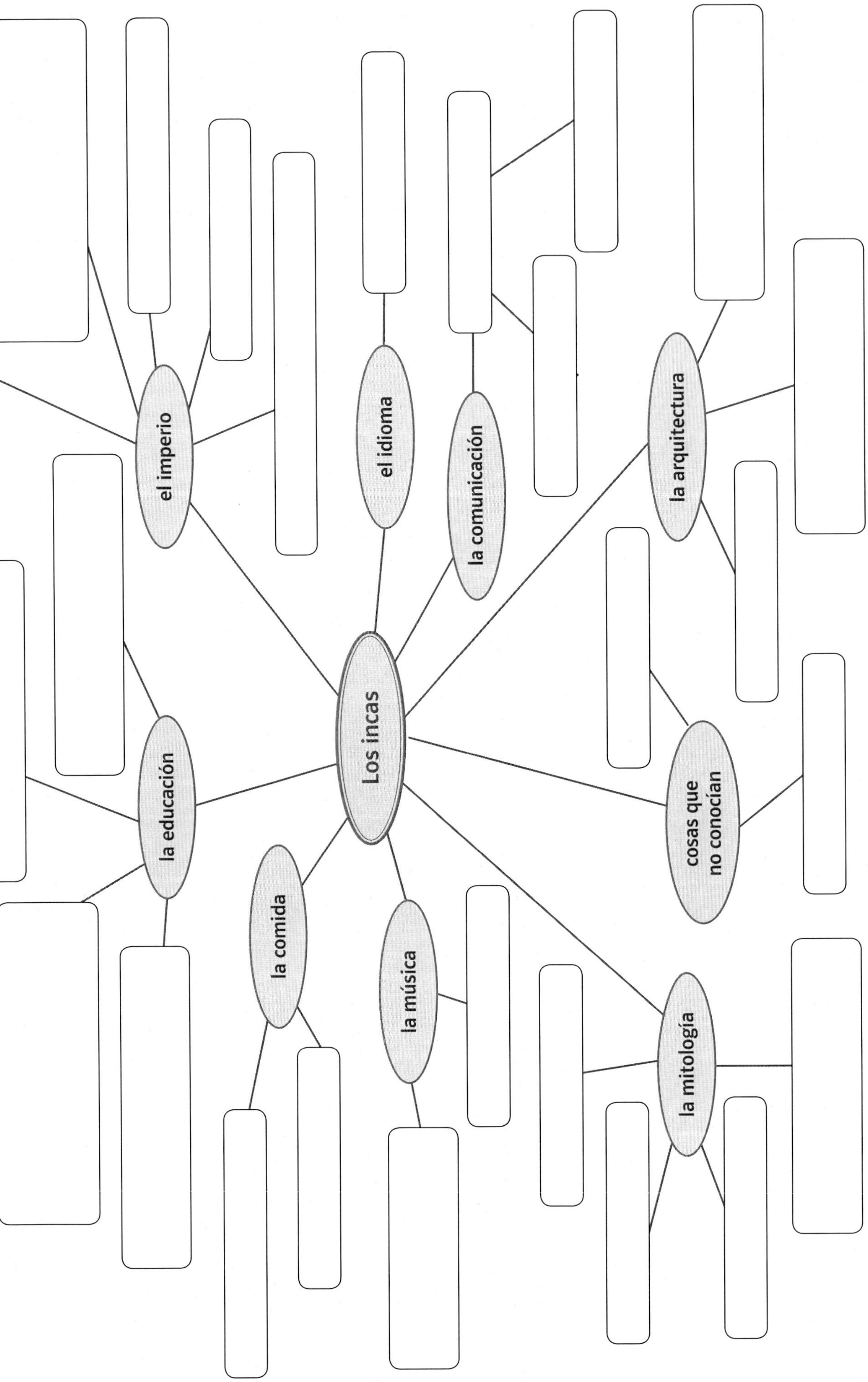

¡Adelante! Nivel intermedio
Lehrerbuch
ISBN 978-3-12- 538010-3

B 3, pág. 18: Una perspectiva diferente

Hablar sobre los incas

Rellenad las columnas.

Español	Inglés	Alemán	Fremdwort
relacionar			
el imperio			
ocupar			(Substantiv)
la parte			(Adjektiv)
actual	(!)		
la mitología			
el emperador			–
construir			
soportar	(!)		–
estable			–
igual			–
cultivar	to cultivate		(übertrag. Sinn)
la flauta			–
humano, -a			
el mensaje			–
el / la noble			(übertrag. Sinn)
la experiencia			–
la educación			–
el guerrero			–
morir	(Adjektiv)		–
el conquistador			–
atacar			

¡Adelante! Nivel intermedio
Lehrerbuch
ISBN 978-3-12- 538010-3

Leer, pág. 22: La papa conquista el mundo

¿De dónde vienen las papas?

	10	20	30	40	50	60
A	¿De dónde viene la papa?	¿En qué país se llamaba la papa «manzana del demonio»?	¿Por qué se le cortaba la nariz *(Nase)* a una persona en Prusia?	La renta per cápita de Perú, ¿cuántas veces es más baja que la de Alemania?	¿Qué porcentaje de las papas peruanas se cultivan en los Andes?	
B	¿En qué forma comemos la papa? (2 ejemplos)	¿Quién era Luis XVI?		¿Qué exporta Perú sobre todo?	¿A cuántos metros de altura se cultivan las papas en los Andes?	¿Qué enfermedad *(Krankheit)* «causaba» la papa?
C	¿En qué libro religioso no se habla de la papa?	¿Qué nacionalidad tenía Augusto Parmentier?	¿Cuántos kilos de papas come cada persona en el mundo al año?	¿Qué porcentaje de agricultores peruanos cultivan papas?		Traduce esta frase: «El rey planta papas en los jardines de su palacio».
D	¿De qué color son los ojos (= las raíces) de la papa?		¿En qué siglo habló Augusto Parmentier con Luis XVI de la papa?	¿Cuántas variedades de papa existen en Perú?	¿Cuál es la actividad económica más tradicional en Perú?	Traduce esta frase: «La papa crece bajo la tierra».

¡Adelante! Nivel intermedio
Lehrerbuch
ISBN 978-3-12- 538010-3

A1, pág. 26: ¡Qué vida!

Una vida sana

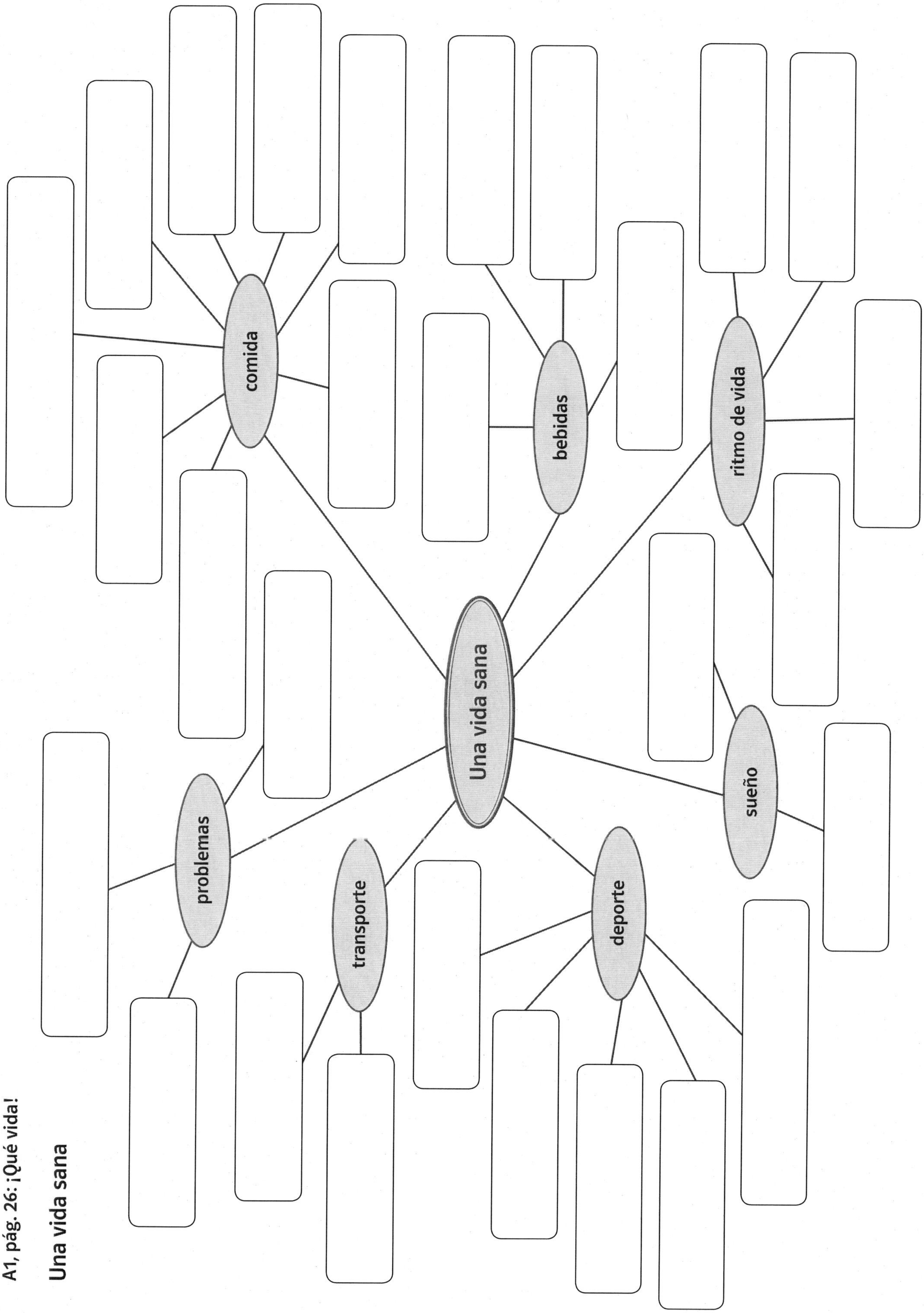

¡Adelante! Nivel intermedio
Lehrerbuch
ISBN 978-3-12- 538010-3

A2, pág. 26: Mi nueva vida

Guía de Lectura

	correcto	incorrecto	No se dice
1. Virginia hat in einem Blog etwas über gesunde Lebensführung gelesen.	☐	☐	☐
2. Ihr Nachtschlaf war länger als sonst.	☐	☐	☐
3. Für die Morgentoilette hat sie sich viel Zeit genommen.	☐	☐	☐
4. Auf das Frühstück hat sie verzichtet.	☐	☐	☐
5. Vor der Arbeit ist sie durch ihr Stadtviertel gejoggt.	☐	☐	☐
6. Zur Arbeit hat sie den Bus genommen.	☐	☐	☐
7. Ihre Tätigkeit am Vormittag bestand im eiligen Beantworten zahlreicher E-Mails.	☐	☐	☐
8. Das Mittagessen hat sie allein eingenommen.	☐	☐	☐
9. Sie hatte Ärger mit ihrem Chef wegen ihrer morgendlichen Verspätung.	☐	☐	☐
10. Ihr Bauch knurrte, weil sie hungrig war.	☐	☐	☐
11. Ihre Kollegen kritisierten sie wegen ihres Arbeitstempos.	☐	☐	☐
12. Fahrradfahren in der Stadt macht ihr Spaß.	☐	☐	☐
13. Ihre Kollegin Lola wurde 40.	☐	☐	☐
14. Virginia hat während Lolas Geburtstagsfeier auf ein Stück Torte verzichtet.	☐	☐	☐
15. Virginia hat ihr Fahrrad verkauft.	☐	☐	☐
16. Sie hat den gesamten Abend vor dem Fernseher verbracht.	☐	☐	☐
17. Virginia ist kein Fan einer gesunden Lebensführung.	☐	☐	☐

¡Adelante! Nivel intermedio
Lehrerbuch
ISBN 978-3-12- 538010-3

A2, pág. 26: Mi nueva vida

¿Qué palabra es?

Completa las siguientes definiciones con las palabras de las casillas en la forma correcta.

ajo | antes de | arreglarse | barriga | hábito | merienda | ruido | seguidor | soportar | superar | tarta | tráfico | tranquilidad | vago

1. Una persona que lee regularmente lo que otra persona escribe en su blog en Internet: ____________________.
2. Una persona hace siempre las mismas cosas por la mañana. Estas cosas son sus ____________________.
3. Por la mañana los jóvenes están mucho tiempo en el baño porque ____________________.
4. Es algo «blanco» que se come con ensalada o con carne. Se come mucho en España y en Turquía.
   A los alemanes no les gusta tanto. Es el ____________________.
5. Es lo contrario de «después de»: ____________________.
6. Cuando alguien trabaja sin estrés, trabaja con mucha ____________________.
7. Este chico está muchas veces en situaciones difíciles, pero siempre las ____________________.
8. Juan no me gusta nada. Es un chico que no puedo ____________________.
9. No me gusta ir en bici cuando hay mucho ____________________ en la calle.
10. Es una pequeña comida por la tarde. Se llama ____________________.
11. Hoy es el cumpleaños de una compañera. Por eso todos disfrutan de su ____________________.
12. Una persona que trabaja muy poco es ____________________.
13. Cuando una persona come mucho, tiene la ____________________ muy llena.
14. Cuando hay muchos coches en la calle, el ____________________ que hacen es horrible.

¡Adelante! Nivel intermedio
Lehrerbuch
ISBN 978-3-12- 538010-3

A5, pág. 27: La mañana de Virginia

¿Ya has hecho esto?

Pregunta a tu compañero si ya ha hecho estas cosas y apunta sus respuestas.

Ejemplo: ver películas en español —¿Has visto películas en español alguna vez?
—Sí, he visto … películas en español / No, no he visto nunca …

	una vez	algunas veces	muchas veces	nunca
Dormir en el tren	☐	☐	☐	☐
Ir en moto a la escuela	☐	☐	☐	☐
Bailar toda la noche en discotecas	☐	☐	☐	☐
Escuchar programas de radio en español	☐	☐	☐	☐
Comprar CDs de Shakira	☐	☐	☐	☐
Tener problemas con el profe de español	☐	☐	☐	☐
Leer libros en español	☐	☐	☐	☐
Hablar con latinoamericanos	☐	☐	☐	☐
Sacar malas notas en español	☐	☐	☐	☐
Preparar una tortilla	☐	☐	☐	☐
Hacer unas prácticas en las vacaciones	☐	☐	☐	☐
Escribir una carta oficial en español	☐	☐	☐	☐
Comer patatas bravas	☐	☐	☐	☐

¿Ya has hecho esto?

Pregunta a tu compañero si ya ha hecho estas cosas y apunta sus respuestas.

Ejemplo: ver películas en español —¿Has visto películas en español alguna vez?
—Sí, he visto … películas en español / No, no he visto nunca …

	una vez	algunas veces	muchas veces	nunca
Viajar en autobús sin billete	☐	☐	☐	☐
Ir a España	☐	☐	☐	☐
Estar en un restaurante argentino	☐	☐	☐	☐
Freír cebollas	☐	☐	☐	☐
Comer una tortilla española	☐	☐	☐	☐
Trabajar demasiado para la escuela	☐	☐	☐	☐
Planchar tu ropa	☐	☐	☐	☐
Tutear a tus profes	☐	☐	☐	☐
Llegar tarde a clase	☐	☐	☐	☐
Visitar un museo de nuestra ciudad	☐	☐	☐	☐
Ir a un concierto	☐	☐	☐	☐
Hacer deporte	☐	☐	☐	☐
Poner la mesa para tu madre	☐	☐	☐	☐

¡Adelante! Nivel intermedio
Lehrerbuch
ISBN 978-3-12- 538010-3

C6, pág. 33: Tarea: ¡Me encanta León!

Repaso gramatical

Jugad en parejas. Cortad las tarjetas *(Karten)* y ponedlas cara hacia abajo en la mesa. Un alumno empieza, toma una tarjeta, lee la pregunta y controla la respuesta del otro. Si la respuesta es correcta, le da la tarjeta al otro, si no, la descarta *(ablegen)*. Después el segundo alumno toma una tarjeta etc. Gana quien tiene más tarjetas al final del juego.

Pon en pretérito perfecto: hago / hacemos *he hecho* *hemos hecho*	**Pon en pretérito perfecto: ponéis / pones** *habéis puesto* *has puesto*	**Pon en pretérito perfecto: Se arregla.** *Se ha arreglado.*	**Traduce: Vor dem Heimgehen** *Antes de volver a casa*
Traduce (cuidado con el tiempo del verbo): Heute ist ein super Tag gewesen. *Hoy ha sido un día fantástico.*	**Traduce (cuidado con el tiempo del verbo): Gestern habe ich Pizza gegessen.** *Ayer comí pizza.*	**Traduce (cuidado con el tiempo del verbo): Ist Juan schon angekommen?** *¿Ha llegado ya Juan?*	**Traduce (cuidado con el tiempo del verbo): Früher frühstückte ich immer um 8 h.** *Antes siempre desayunaba a las 8.*
Traduce: noch nicht in diesem Jahr *todavía no* (noch nicht) *este año* (in diesem Jahr)	**Traduce: schon in dieser Woche** *ya* (schon) *esta semana* (in dieser Woche)	**Traduce: Vor dem Sportmachen** *Antes de hacer deporte*	**Di la forma negativa: El jefe siempre encuentra la solución.** *El jefe nunca encuentra / no encuentra nunca la solución.*
Traduce: Ich mache nie Sport. *No hago nunca deporte / nunca hago deporte.*	**Responde de forma negativa: ¿Ya tienes un plan?** *No, no tengo ninguno / ningún plan.*	**Responde de forma negativa: ¿Habéis escrito una carta a Lena?** *No, no hemos escrito ninguna carta a Lena.*	**Traduce: Heute habe ich mich vor dem Frühstücken geduscht.** *Hoy me he duchado antes de desayunar.*
Traduce: Ich spreche weder Französisch noch Russisch *(ruso)*. *No hablo ni francés ni ruso.*	**Responde de forma negativa: ¿Habéis estado ya en Francia?** *No, no hemos estado nunca en Francia.*	**Traduce: Ich lerne seit einem Jahr Spanisch.** *Llevo un año estudiando español.*	**Traduce: Wie lange lernst du schon Deutsch?** *¿Cuánto tiempo llevas estudiando alemán?*
Traduce: Er sucht seit drei Monaten seine Frau. *Lleva tres meses buscando a su mujer.*	**Traduce: Seit wann lebst du schon hier?** *¿Desde cuándo llevas viviendo aquí?*	**Traduce: Ich frühstücke nach dem Duschen.** *Desayuno después de ducharme.*	**Traduce: Llevo ya una hora esperando.** Ich warte schon eine Stunde.
¿Es correcta la frase? Ayer no he dormido bien. *Es falsa; la forma correcta del verbo es «dormí».*	**¿Es correcta la frase? ¿Cuándo has vuelto a casa el sábado pasado?** *Es falsa; la forma correcta del verbo es «volviste».*	**¿Es correcta la frase? Nos duchamos nunca antes de ir a la escuela.** *Es falsa. Correcto es: No nos duchamos nunca… o Nunca nos duchamos…*	**¿Es correcta la frase? ¿Por qué no has hecho el trabajo hasta ahora?** *La frase es correcta.*

¡Adelante! Nivel intermedio
Lehrerbuch
ISBN 978-3-12- 538010-3

C6, pág. 33: ¡Me encanta León!

Cuéntanos cómo eres

Habla con un compañero y rellena la siguiente ficha con sus datos.
Después mezclad *(mischt)* todas las fichas. Toma una y presenta la información a otro compañero, pero sin decir de quién estás hablando. El segundo compañero tiene que decir a quién has presentado.

Nombre:	
Número de hermanos / hermanas:	
Lugar y fecha de nacimiento:	
Vive en:	
Lenguas que habla:	
La asignatura que más le gusta:	
Redes sociales que utiliza:	
Deportes que practica:	
Otras actividades de tiempo libre:	
Nombre de su novio / novia:	
Número de años que lleva saliendo con él / ella:	
Su película favorita:	
Su actor / actriz favorito/a:	
Su grupo musical favorito:	
Revista(s) / periódico(s) que lee:	
El número de su móvil:	

¡Adelante! Nivel intermedio
Lehrerbuch
ISBN 978-3-12- 538010-3

C6, pág. 33: ¡Me encanta León!

Cosas de la unidad

Jugad en pequeños grupos. Necesitáis una ficha para cada uno y un dado. Tirad el dado para saber quién wempieza. El que empieza, tira de nuevo el dado y avanza *(rückt vor)* según el número tirado. Si hace correctamente la tarea, se queda allí. Si no, retrocede *(geht zurück)* a la casilla de donde ha salido.

Salida →

1 ¿Qué es Destino León?	2 ¿Cómo es una vida que no es sana? (5 ideas)	3 ¿Cuándo hace ruido tu barriga?	4 Di 5 palabras relacionadas con la comida.	5 Retrocede cuatro casillas. ←
				6 Transforma en pretérito perfecto: *No hago nada.*
11 ¿Quién es Lena?	10 El jefe de Lena no es comunicativo. Explica por qué.	9 Avanza tres casillas. ←	8 ¿Qué has hecho antes de salir de casa?	7 Traduce: *noch nicht*
12 Habla de un error que te ha pasado alguna vez.				
13 Define la palabra (una persona) <u>abierta</u>.	14 Conjuga *comer* en pretérito perfecto.	15 Traduce: *abends*	16 Negación: *He recibido <u>un</u> correo electrónico.*	17 Traduce: *Sie ist schon 3 Monate hier.*
				18 Habla durante un minuto de Virginia.
23 Define: *monitora de tiempo libre.*	22 Retrocede ocho casillas. →	21 Define: *las prácticas.*	20 Traduce: *das Ferienlager*	19 ¿Por qué habla Lena tres idiomas?
24 Negación: *He estado en Teruel y en León.*				
25 Habla durante un minuto de tus estancias *(Aufenthalte)* en otros países.	26 Lena tiene buen corazón. ¿Por qué?	27 Retrocede a la casilla 23. ←	28 Conjuga *ducharse* en pretérito perfecto.	29 Contesta de forma negativa: *¿Has hecho una tarta?*
				30 Retrocede a la casilla 25. ←
				Llegada

¡Adelante! Nivel intermedio
Lehrerbuch
ISBN 978-3-12- 538010-3

Leer, pág. 34: ¡Vaya país!

Palabras importantes del texto

la chuleta	*das Kotelett*
la medianoche	*Mitternacht*
el horario laboral	*die Arbeitszeiten*
la carretera	*die Landstraße*
el atasco de tráfico	*der Verkehrsstau*
la hora punta de la TV	*die Spitzensendezeit*
estar muerto de hambre	*sehr hungrig sein*
el ritmo de vida	*der Lebensrhythmus*
sincronizarse con los horarios europeos	*sich zeitlich an Europa ausrichten, angleichen*
estar hasta arriba de comida	*zu viel gegessen haben*

¡Adelante! Nivel intermedio
Lehrerbuch
ISBN 978-3-12- 538010-3

A1, pág. 42: Estoy encantado de vivir en Barcelona

En Barcelona

A

Estás en Barcelona con tu novio español. Habláis de lo que vais a hacer por la tarde. Tú quieres ir al Parque Güell. Tu novio prefiere el Barrio del Born. Habla con él. Utiliza algunos de los argumentos de la lista.

Tus argumentos:

- buen tiempo y sol
- un lugar romántico
- ideal para los enamorados: soñar con el futuro
- lugares muy bonitos con figuras de Gaudí
- estar cansada de los turistas
- el centro = no estar muy limpio
- querer pasear tranquilamente
- descansar
- leer un libro / una revista
- mirar la ciudad desde el mirador: un panorama *(Aussicht)* fantástico

Así puedes

- **decir lo que te gusta.**
  A mí me gusta(n) *(+ inf. / sust.)*
  Me encanta(n) *(+ inf. / sust.)*
  Yo quiero *(+ inf. / sust.)*
  Yo prefiero *(+ inf. / sust.)*
  Estoy ilusionado, -a con
- **proponer algo.**
  ¿Por qué no vamos…?
  Mi idea es…
  ¿No te apetece…?
  ¿Qué te parece *(+ inf. / sust.)*?
- **reaccionar a una propuesta.**
  Bueno, vale.
  Vale, de acuerdo.
  Esa es una muy buena idea.
  No. No me gusta la idea porque…
  No, no tengo ganas de…
  ¿Por qué no quieres ir…?

B

Estás en Barcelona con tu novia española. Habláis de lo que vais a hacer por la tarde. Tu novia quiere visitar el Parque Güell. Tú prefieres el Barrio del Born. Habla con ella. Utiliza algunos de los argumentos de la lista:

Tus argumentos:

- no estar muy cerca de aquí; tener que ir en metro
- ¿Qué hacer allí? – el parque / ser un poco aburrido
- en el Barrio Born: muchos lugares para salir
- tomar algo en una plaza / comer pan con tomate en un bar
- encontrar a gente joven
- escuchar música en la calle
- ir de compras
- visitar el Museo Picasso o el Museo textil
- un barrio muy limpio, también con un parque (el Parque de la Ciutadella) para descansar

Así puedes

- **decir lo que te gusta.**
  A mí me gusta(n) *(+ inf. / sust.)*
  Me encanta(n) *(+ inf. / sust.)*
  Yo quiero *(+ inf. / sust.)*
  Yo prefiero *(+ inf. / sust.)*
  Estoy ilusionado, -a con
- **proponer algo.**
  ¿Por qué no vamos…?
  Mi idea es…
  ¿No te apetece…?
  ¿Qué te parece *(+ inf. / sust.)*?
- **reaccionar a una propuesta.**
  Bueno, vale.
  Vale, de acuerdo.
  Esa es una muy buena idea.
  No. No me gusta la idea porque…
  No, no tengo ganas de…
  ¿Por qué no quieres ir…?

¡Adelante! Nivel intermedio
Lehrerbuch
ISBN 978-3-12-538010-3

A1, pág. 42: Estoy encantado de vivir en Barcelona

Visita de Barcelona

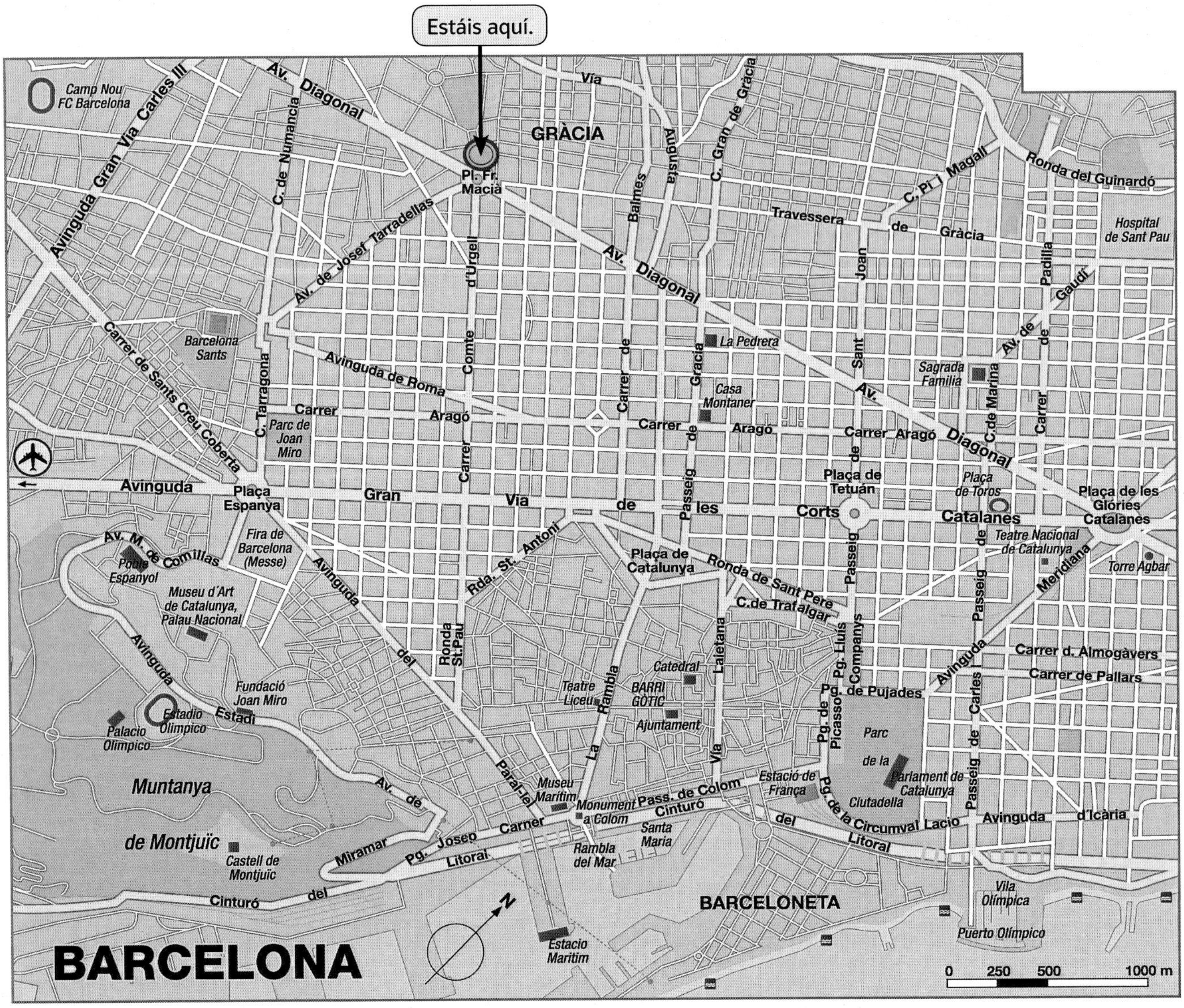

¡Adelante! Nivel intermedio
Lehrerbuch
ISBN 978-3-12- 538010-3

A2, pág. 43: Ser o estar... Esa es la cuestión

Conversación entre amigos

Trabajad en parejas. Doblad *(Faltet)* el papel en la línea que está marcada con una flecha (↓). Completad las frases con la forma correcta de *ser* o *estar*. Empieza el alumno A y el alumno B controla la respuesta. Después el alumno B completa la siguiente frase y el alumno A controla, etc. Para ayudaros: Hablan dos chicos, Manuel y Víctor.

A	B
Hola, Manuel, ¿cómo ■ (tú) hoy?	Hola, Manuel, ¿cómo **estás** hoy?
(Yo) **estoy** bien, gracias.	(Yo) ■ bien, gracias.
¿Has ■ alguna vez en Barcelona?	¿Has **estado** alguna vez en Barcelona?
Sí, hace dos años. Barcelona **es** una ciudad fantástica.	Sí, hace dos años. Barcelona ■ una ciudad fantástica.
¿■ una ciudad limpia?	¿**Es** una ciudad limpia?
Bueno, hay muchos barrios que no **están** limpios.	Bueno, hay muchos barrios que no ■ limpios.
¿Cómo ■ la gente ?	¿Cómo **es** la gente?
Los barceloneses **son** súper simpáticos.	Los barceloneses ■ súper simpáticos.
Creo que (tú) ■ enamorado de esta ciudad.	Creo que **estás** enamorado de esta ciudad.
¿Enamorado? No, pero **estoy** ilusionado con la idea de volver este verano.	¿Enamorado? No, pero ■ ilusionado con la idea de volver este verano.
¿Cuál ■ la lengua oficial que se habla en Barcelona?	¿Cuál **es** la lengua oficial que se habla en Barcelona?
Se habla catalán y español. El catalán **es** bastante diferente del español.	Se habla catalán y español. El catalán ■ bastante diferente del español.
Ah, bueno. Oye, (yo) ■ algo cansado. Me voy a casa.	Ah, bueno. Oye, **estoy** algo cansado. Me voy a casa.
Vale. Tu novia, ¿cómo **está**?	Vale. Tu novia, ¿cómo ■?
Bastante bien, gracias. Y tú, ¿■ siempre con Marta?	Bastante bien, gracias. Y tú, ¿**estás** siempre con Marta?
No. Ya no salgo con ella. Actualmente **estoy** solo.	No. Ya no salgo con ella. Actualmente (yo) ■ solo.
¿Solo? ¿(Tú) no ■ un poco triste?	¿Solo? ¿No **estás** un poco triste?
Triste no. Pero **estoy** un poco aburrido.	Triste no. Pero (yo) ■ un poco aburrido.
¿Por qué no invitas a Julia? ■ una chica muy simpática.	¿Por qué no invitas a Julia? **Es** una chica muy simpática.
Esto **es** una idea muy buena. Gracias y hasta luego.	Esto ■ una idea muy buena. Gracias y hasta luego.
Hasta mañana.	

¡Adelante! Nivel intermedio
Lehrerbuch
ISBN 978-3-12- 538010-3

A7, pág. 44: Muchacha en la ventana

Describir una foto

Describid la foto a un compañero o una compañera. Este / esta hace un boceto *(Skizze)* en un papel. Después comparad el boceto y la foto. ¿Qué diferencias hay? Discutid por qué las hay.

Describir una foto

Describid la foto a un compañero o una compañera. Este / esta hace un boceto *(Skizze)* en un papel. Después comparad el boceto y la foto. ¿Qué diferencias hay? Discutid por qué las hay.

Vocabulario útil: ein Prospekt **un folleto** – ein Klavier **un piano**

¡Adelante! Nivel intermedio
Lehrerbuch
ISBN 978-3-12- 538010-3

C2, pág. 48: Un libro sobre Gaudí

Un libro sobre Gaudí

Escuchad el texto y marcad la opción correcta.

1. Cuando Gaudí empezó a trabajar en la Sagrada Familia, tenía…

☐ 21 años. ☐ 31 años. ☐ 41 años.

2. Nunca había trabajado con otros arquitectos.

☐ correcto ☐ incorrecto

3. Antes de empezar el trabajo en la Sagrada Familia, ya había trabajado en proyectos importantes.

☐ correcto ☐ incorrecto

4. ¿Para cuáles de estas familias había trabajado Gaudí?

☐ Güell ☐ Pardó ☐ Batlló ☐ Lladró ☐ Milá

5. Gaudí dejó todos sus otros proyectos para la Sagrada Familia en…

☐ 1912. ☐ 1913. ☐ 1915.

6. En este proyecto Gaudí trabajó…

☐ solo. ☐ con unos amigos. ☐ con sus colaboradores.

7. Gaudí había diseñado muchos esbozos[1] de la Catedral porque quería…

☐ algo especial. ☐ algo fantástico. ☐ algo perfecto.

8. ¿Cómo quería Gaudí su obra? *(son tres adjetivos)*

☐ exclusiva ☐ viva ☐ especial ☐ diferente ☐ perfecta ☐ graciosa

9. Adjetivos que usaron sus críticos para hablar de Gaudí o sus obras. *(son dos)*

☐ complicado ☐ fantasioso ☐ clásico ☐ loco ☐ creativo ☐ idiota

10. Con las casas que había construido muchos años antes, Gaudí había ganado…

☐ un premio. ☐ una medalla. ☐ el respeto de mucha gente.

11. Toda la gente entendió su proyecto.

☐ correcto ☐ incorrecto

12. En el texto, Gaudí dice que es mejor no terminar nunca la catedral.

☐ correcto ☐ incorrecto

[1] **un esbozo** eine Skizze

¡Adelante! Nivel intermedio
Lehrerbuch
ISBN 978-3-12- 538010-3

C2, pág. 48: Un libro sobre Gaudí

Dominó de palabras

una profesión	*ein Architekt*	un arquitecto	*die Zukunft*
el futuro	*etwas vor sich haben*	tener algo por delante	*etwas akzeptieren*
aceptar algo	*ein Projekt*	un proyecto	*etwas erschaffen*
crear algo	*ein Mäzen*	un mecena	*etwas anerkennen*
reconocer algo	*werden zu*	convertirse en	*die Besessenheit, die fixe Idee*
la obsesión	*zusammen mit*	junto con	*ein Mitarbeiter, eine Mitarbeiterin*
un colaborador, una colaboradora	*etwas zeichnen, etwas entwerfen*	diseñar algo	*eine Skizze*
un esbozo	*etwas erreichen*	conseguir algo	*die Kunst*
el arte	*die Architektur*	la arquitectura	*lebendig*
vivo, -a	*der Stil*	el estilo	*utopisch*
fantasioso, -a	*ein Gebäude*	un edificio	*der Respekt*
el respeto	*sich konzentrieren*	concentrarse	*ein Beruf*

¡Adelante! Nivel intermedio
Lehrerbuch
ISBN 978-3-12-538010-3

C2, pág. 48: Salvador Dalí

Más información sobre Dalí

Leed el siguiente texto y resumid en alemán la información más importante sobre el Teatro Museo para vuestro compañero. Escribid luego una postal *(Postkarte)* a un amigo latinoamericano en la que habláis de lo que sabéis ahora sobre Dalí y su mujer.

El Teatro-Museo Dalí

El Teatro-Museo Dalí es uno de los museos más visitados de España, junto con el museo del Prado de Madrid. Existe desde 1974. Se construyó sobre los restos del antiguo teatro de la ciudad catalana de Figueras (en catalán Figueres). Dalí nació allí. Si te interesa ver el progreso de las actividades artísticas de Salvador Dalí (1904–1989) tienes que visitar este museo. Durante más de diez años, Dalí trabajó en el diseño de este museo único. Creó muchas obras especialmente para exponerlas[1] allí. Muy conocidas son la Sala Mae West o la Sala Palacio del Viento y también el Cadillac lluvioso.
Dalí quería mostrar al visitante un mundo diferente: el nuevo mundo del surrealismo. El museo tiene una cúpula que es también un símbolo para Figueres. En total, hay unas 1 500 obras que se pueden ver en el Teatro-Museo Dalí. Desde 2001 hay una sala donde el Museo presenta las joyas[2] que diseñó Dalí. Y en el centro del Museo está la cripta[3] con la tumba del artista.

[1] **exponer** ausstellen – [2] **las joyas** der Schmuck – [3] **una cripta** sala, p. ej. debajo de una catedral, donde muchas veces hay tumbas *(Gräber)* de personas importantes

Leed el siguiente texto y resumid en alemán la información más importante sobre la mujer de Dalí para vuestro compañero. Escribid luego una postal *(Postkarte)* a un amigo latinoamericano en la que habláis de lo que sabéis ahora sobre Dalí y su mujer.

La mujer[1] de Dalí: Gala

Gala, que en realidad se llama Elena Ivanovna Diakonova, nació en Rusia en 1894 en una familia de cuatro niños. Cuando Gala era todavía muy joven, su padre murió y su madre se casó[2] con otro hombre. Gala recibió una educación muy buena y después de sus estudios trabajó como profesora. Dio clases en casa. Por una tuberculosis pasó algún tiempo en Suiza y en 1917 se casó con el poeta francés Paul Eluard. Tuvieron una hija que se llamaba Cécile. En 1929 Gala conoció a Salvador Dalí durante sus vacaciones en Cadaqués, el pueblo donde vivía el pintor. Los dos se enamoraron enseguida. Se casaron en 1934. En 1968 Dalí le compró a su mujer un castillo en el pueblo de Púbol donde Gala vivió sin el pintor. ¡Dalí solo podía ir a verla cuando su mujer le permitía la visita! Gala murió en 1982 a los 88 años. Su tumba[3] está en una de las criptas[4] del castillo. Después de la muerte de su mujer Dalí decidió vivir en el castillo para estar cerca de ella. Allí realizó sus últimas[5] obras. Hoy el castillo es un museo, pero menos visitado que el Museo-Teatro de Figueres.

[1] **la mujer** die Ehefrau – [2] **casarse con alguien** jdn. heiraten – [3] **una tumba** ein Grab – [4] **una cripta** sala, p. ej. debajo de una catedral, donde muchas veces hay tumbas de personas importantes – [5] **último, -a** letzte, r

¡Adelante! Nivel intermedio
Lehrerbuch
ISBN 978-3-12- 538010-3

A1, pág. 54: ¿Trabajos de verdad?

Las maquilas

Escuchad las explicaciones de vuestros compañeros y añadid la traducción alemana.

exportar	
una mujer	
el crecimiento	
el precio	
el dólar	
revisar algo	
el pulmón	
el polvo	
la tela	
uno / una	
estar enfermo, -a	
la presión	
el supervisor	

Así podéis…

definir una palabra.

- Hacer un dibujo *(Zeichnung)*
- Mostrar con un gesto
- Dar un ejemplo
- Dar la palabra inglesa: En inglés se dice…

Usar definiciones como:

- Es una persona que…
- Es una cosa que…
- Es lo que pasa cuando…
- Usamos esta cosa para… / cuando…
- Esta cosa es buena cuando…
- Un sinónimo de esta palabra es…
- Es lo contrario de… / Lo contrario de esta palabra es…
- Es el verbo / sustantivo / adjetivo de…

¡Adelante! Nivel intermedio
Lehrerbuch
ISBN 978-3-12- 538010-3

A1, pág. 54: ¿Trabajos de verdad?

El trabajo en las maquilas

Elegid la opción correcta, según la información en el segundo texto de la página 54 del libro del alumno.

1. Las maquilas producen para…

   ☐ el mercado nacional. ☐ el mercado internacional.

2. El cliente extranjero más importante de Centroamérica es…

   ☐ América del Sur. ☐ América del Norte.

3. La mayoría de la gente que trabaja en las maquilas son…

   ☐ hombres jóvenes. ☐ mujeres jóvenes.

4. Para la economía de Centroamérica las maquilas han sido…

   ☐ buenas. ☐ malas.

5. Para muchos trabajadores de Centroamérica las maquilas han sido…

   ☐ buenas. ☐ malas.

6. En la maquila Yolanda gana unos…

   ☐ 140 dólares al mes. ☐ 140 dólares al año. ☐ 180 dólares al mes.

7. Yolanda…

   ☐ está contenta ☐ no está contenta

   con su trabajo.

8. Yolanda y Carla…

   ☐ son compañeras de trabajo. ☐ no trabajan juntas.

9. Carla…

   ☐ quiere quedarse en la empresa. ☐ quiere dejar la empresa.

10. Para Carla…

    ☐ va a ser fácil ☐ va a ser difícil

    encontrar otro trabajo.

¡Adelante! Nivel intermedio
Lehrerbuch
ISBN 978-3-12- 538010-3

A1, pág. 54: ¿Trabajos de verdad?

¿De dónde eres? Entrevista con un inmigrante ilegal

Estás de visita en el barrio madrileño de Lavapiés y hablas con un joven africano que reparte revistas en la calle.

Lo saludas.

Tú quieres saber:

- de dónde es.
- desde cuándo está en España.
- por qué vino a España.
- si ya hablaba español antes de venir a España.
- si vive ilegalmente en el país.
- si ha trabajado antes en otras regiones.
- si tiene problemas con los españoles.
- si está contento con su situación.

Le das las gracias y te despides *(du verabschiedest dich)*.

Eres un joven africano y repartes revistas en el barrio madrileño de Lavapiés. Un estudiante alemán te hace algunas preguntas.

Contesta al saludo.

Tu biografía:

- nacer en Guinea
- llevar 2 años en España
- buscar trabajo
- aprender español en España
- vivir legalmente en el país
- trabajar antes en un invernadero
- coger fresas y pimientos
- no tener problemas con la gente, pero no ganar mucho
- no estar contento; pero no querer volver a Guinea

Sie sind gerade zu einem Spanischkurs in Madrid und kommen ins Gespräch mit einem Südamerikaner, der in Lavapiés DVDs auf der Straße verkauft.

Sie grüßen und fragen ihn

- nach seiner Herkunft
- wie er nach Spanien kam
- wie lange er schon in Madrid lebt
- ob er eine Wohnung hat und ob er allein dort lebt
- ob er von dem, was er verdient, leben kann
- ob er Probleme mit der Polizei hat
- ob er eines Tages zurück in sein Land will

Bedanken Sie sich für das Gespräch verabschieden Sie sich.

Sie stammen aus Nicaragua, verkaufen DVDs auf der Straße in Lavapiés und kommen mit einem jungen Deutschen ins Gespräch.

Erwidern Sie seinen Gruß und beantworten Sie seine Fragen mit folgenden Daten:

Sie stammen aus Nicaragua.
Sie kamen mit dem Flugzeug nach Spanien, als Tourist.
Sie leben seit 3 Jahren in Madrid.
Vorher lebten Sie 2 Jahre in Andalusien.
Sie wohnen mit 5 anderen Südamerikanern in einer Wohnung.
Sie haben keine Arbeit, sondern verkaufen Filme.
Sie verdienen wenig, weil die Touristen nichts kaufen.
Sie haben dauernd Probleme mit der Polizei, die Ihnen die Filme wegnimmt.
Sie wollen nicht nach Nicaragua zurückkehren.
Die Lage dort ist schlecht.

Sie sind gerade zu einem Spanischkurs in Madrid und kommen ins Gespräch mit einem Guineer, der in Lavapiés DVDs auf der Straße verkauft.

Sie grüßen und fragen ihn

- nach seiner Herkunft
- wie er nach Spanien kam
- warum er nach Madrid kam
- ob er eine Wohnung hat und ob er allein dort lebt
- nach seiner Arbeit und ob er von dem, was er verdient, leben kann
- ob er Probleme mit der Polizei hat
- ob er eines Tages zurück in sein Land will

Bedanken Sie sich für das Gespräch und verabschieden Sie sich.

Sie sind Djibril aus Guinea, verkaufen DVDs auf der Straße in Lavapiés und kommen mit einem jungen Deutschen ins Gespräch.

Antworten Sie auf den Gruß.

Beantworten Sie die Fragen mit Hilfe der Informationen, die Sie aus dem Text «¿Trabajos de verdad?» (SB S. 54) über Djibril haben. Überfliegen Sie hierfür den Text noch einmal und schließen Sie dann das Buch.

Verabschieden Sie sich am Ende.

¡Adelante! Nivel intermedio
Lehrerbuch
ISBN 978-3-12- 538010-3

B1, pág. 58: Luces y sombras de la economía española

La economía española

Completad el siguiente texto con las palabras adecuadas, según la información del texto de la página 58 del libro del alumno. Para ayudaros: todas las palabras que no están son palabras que acabáis de aprender.

España es un país muy importante. Tiene ____________ ____________ con muchos países. La mayoría de sus exportaciones va a países de la Unión Europea, y el 65 % de sus ____________ viene de allí.

La economía de España es actualmente la ____________ del mundo. Los productos de su agricultura (por ejemplo, ____________ o tomates) han ____________ los supermercados de Europa. Pero no solo el sector ____________ es importante, también lo es el sector ____________.

España es un ____________ importante de coches. También es importante su industria ____________, que produce, por ejemplo, medicamentos.

Además, el país tiene grandes ____________ y empresas de ____________.

Y todo el mundo conoce la ____________ española. Muchas de esas empresas son ____________ *global players.*

De especial importancia en el sector ____________ es el turismo. A España vienen cada año millones de ____________ porque el país es un destino barato. Por eso esa forma de turismo se llama ____________. Otra ____________ de la economía española son los trabajos duros por ejemplo en la agricultura que, además, se pagan muy mal. Muchos de los que hacen estos trabajos son ____________ que trabajan por muy poco dinero porque no pueden pedir ayuda y conseguir un salario[1] justo.

La economía española ha ____________ mucho entre 2000 y 2007, pero no se sabe seguro si lo puede hacer en el futuro ____________ en estos años.

[1] **el salario** das Gehalt

¡Adelante! Nivel intermedio
Lehrerbuch
ISBN 978-3-12- 538010-3

Leer, pág. 62: El tren de las moscas

Las patronas

Decid si las siguientes afirmaciones *(Behauptungen)* son correctas o falsas. Escribid el número de la línea del texto donde está la información y corregid las afirmaciones falsas.

1. México es una etapa en el camino de los emigrantes que buscan una vida mejor. ☐ correcto ☐ falso

___

2. La mayoría de los ilegales son de El Salvador, Honduras y Nicaragua. ☐ correcto ☐ falso

___

3. Su medio de transporte es sobre todo el autobús. ☐ correcto ☐ falso

___

4. Hay accidentes durante el viaje de los ilegales. ☐ correcto ☐ falso

___

5. La policía no hace nada contra los ilegales. ☐ correcto ☐ falso

___

6. En el texto se dice que los ilegales hacen un ruido como las moscas. ☐ correcto ☐ falso

___

___

7. Un 17 % de los ilegales llega al país de sus sueños. ☐ correcto ☐ falso

___

8. Las *patronas* tienen este nombre porque son jefas de pequeñas tiendas. ☐ correcto ☐ falso

___

___

9. La ayuda que dan las patronas es solo para los ilegales que viajan a pie. ☐ correcto ☐ falso

___

10. Las patronas respetan a todos los ilegales. ☐ correcto ☐ falso

___

11. El problema de los ilegales ya existía cuando Rosa era pequeña. ☐ correcto ☐ falso

___

12. El mensaje del documental es optimista. ☐ correcto ☐ falso

___

¡Adelante! Nivel intermedio
Lehrerbuch
ISBN 978-3-12- 538010-3

Leer, pág. 62: El tren de las moscas

Triomino

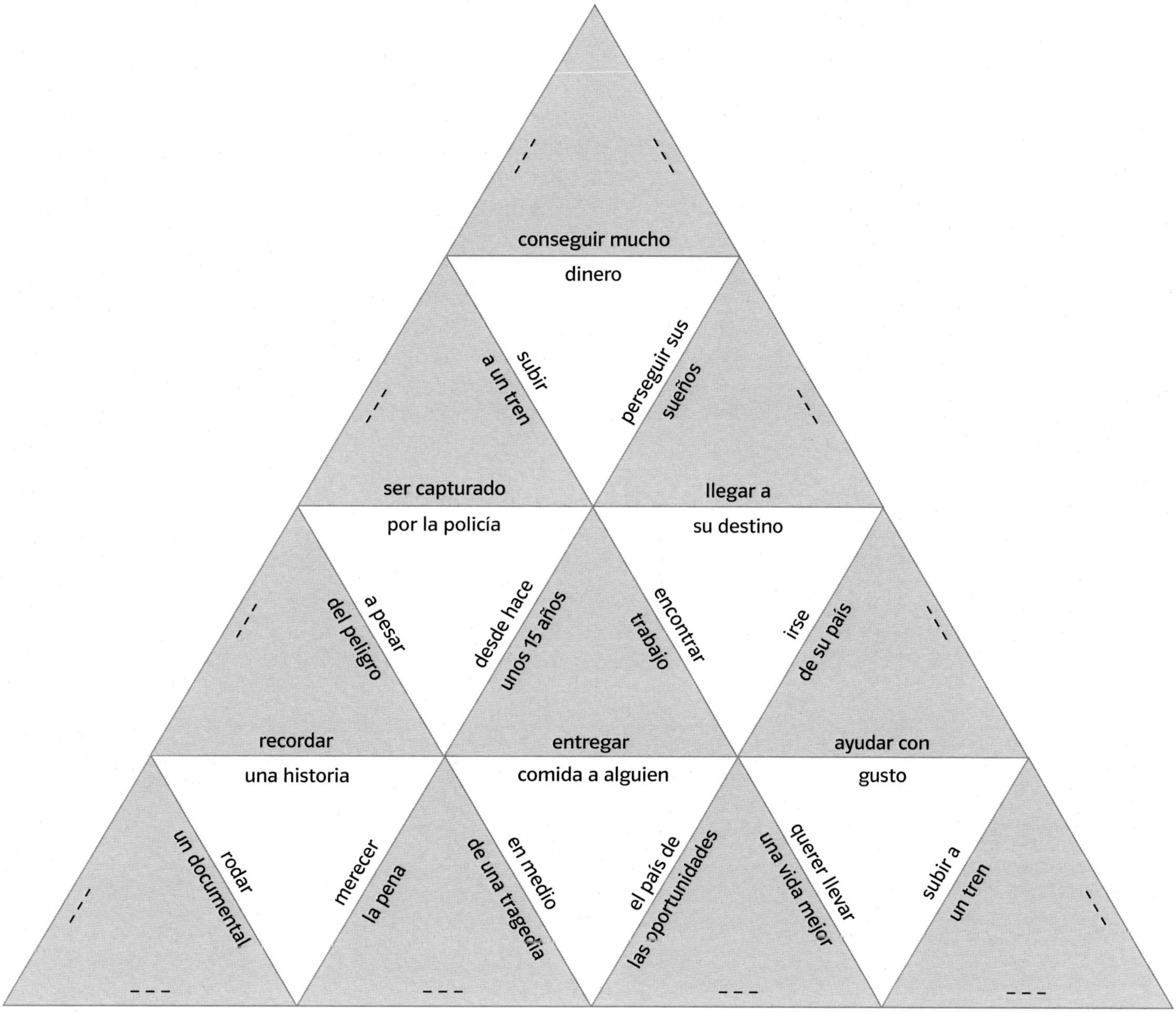

¡Adelante! Nivel intermedio
Lehrerbuch
ISBN 978-3-12- 538010-3

PP4, pág. 65: Preferencias

Carlos y Laura están en la playa

Carlos: La playa de Marbella es más bonita, pero menos blanca que la playa de Málaga.
Laura: No estoy de acuerdo contigo. Para mí, la playa de Marbella es blanquísima.
Carlos: Bah, tú no sabes nada.
Laura: Yo he visto tantas playas como tú, mi amor. Y la playa más blanca es la de Marbella, créeme.
Carlos: Pero la playa de Marbella no es tan bonita como la de Santander.
Laura: Oye, tú sabes perfectamente que la playa de Santander es la playa más bonita de toda España.
Carlos: Pero en Santander hay menos bares que en Málaga. Así que la playa de Málaga es mejor que la de Santander.
Laura: ¡Qué va! Hay más bares en Málaga que en Santander, pero en Santander existe el mejor bar del mundo. Se llama «El faro». Mi hermano mayor trabaja allí.
Carlos: Vale. Tienes razón. Es el mejor bar del mundo. Tienen unos cócteles muy ricos. Pero la playa…
Laura: ¿¡Ya empezamos…?!

a) Buscad en el texto de arriba las formas del comparativo y del superlativo.

b) Formulad una regla.

El comparativo se forma con ____________________

____

____

____

El superlativo se forma con ____________________

____

Formas irregulares son ____________________

____

c) Formulad tres frases con el comparativo y tres frases con el superlativo.

____

____

____

____

____

____

Klett

¡Adelante! Nivel intermedio
Lehrerbuch
ISBN 978-3-12- 538010-3

A4, pág. 68: El turismo en España

¿Qué te gusta hacer en las vacaciones?

a) Preguntad a los otros alumnos de vuestro instituto, a vuestra familia y vuestros amigos. Apuntad los resultados. (Haced una línea en la casilla correspondiente para cada respuesta.)

	yo	el instituto	mi familia	mis amigos
participar en actividades culturales				
hacer actividades de diversión				
practicar actividades deportivas				
realizar actividades gastronómicas				
visitar espectáculos deportivos				
ir a un balneario				
visitar parques temáticos				
realizar visitas familiares				
visitar casinos				
no realizar actividades				
(otros)				
(otros)				

b) Haced un gráfico de vuestros resultados y presentadlo en clase.

¡Adelante! Nivel intermedio
Lehrerbuch
ISBN 978-3-12- 538010-3

A6, pág. 68: Nos vamos de viaje

Nos vamos de viaje

En grupos tenéis que planear el viaje del curso. Buscad en Internet y elegid actividades diferentes para el viaje. Es importante que indiquéis siempre el precio.

Al final toda la clase va a votar qué viaje les gusta más.

Destino: ____________________

Fecha: ____________________

¿Cómo llegar? ____________________ **Precio:** __________

Alojamiento: ____________________ **Precio:** __________

Actividades posibles:

- **culturales:** ____________________ **Precio:** __________
  ____________________ __________
  ____________________ __________
- **de diversión:** ____________________ **Precio:** __________
  ____________________ __________
  ____________________ __________
- **deportivos:** ____________________ **Precio:** __________
  ____________________ __________
  ____________________ __________
- **(otros):** ____________________ **Precio:** __________
  ____________________ __________
  ____________________ __________

Excursiones: ____________________ **Precio:** __________
____________________ __________
____________________ __________

Precio en total: __________

¡Adelante! Nivel intermedio
Lehrerbuch
ISBN 978-3-12- 538010-3

C2, pág. 72: Un favor

Un favor

a) Unid las palabras para formar expresiones. Si no las entendéis, buscad las palabras en un diccionario.

leer algo	A	1	bien
deber	B	2	un favor
salir	C	3	la lavadora
tener	D	4	a la enfermería
sentirse	E	5	el número de móvil
dar	F	6	con atención
poner	G	7	mal
devolver	H	8	las llaves
dejar	I	9	saludos a alguien
llevar a alguien	J	10	miedo

b) Formad frases con estas expresiones.

1. ______
2. ______
3. ______
4. ______
5. ______
6. ______
7. ______
8. ______
9. ______
10. ______

¡Adelante! Nivel intermedio
Lehrerbuch
ISBN 978-3-12- 538010-3

C4, pág. 73: Unos consejos

Los consejos de los padres

Vais de excursión con vuestro curso. ¿Qué consejos os dan vuestros padres? Formad frases con imperativos afirmativos y negativos.

perder el dinero	traer regalos *(Geschenke)*
salir de fiesta cada noche	interesarse por la cultura
dormir mucho	escribir una carta a la abuela
hacer fotos de lugares interesantes	llamar por teléfono cada día
ser amable con los profesores	hacer bromas *(Streiche)* con los compañeros
utilizar crema solar	beber mucho alcohol
comer comida rápida cada día	tomar demasiado el sol

¡Adelante! Nivel intermedio
Lehrerbuch
ISBN 978-3-12- 538010-3

Leer, pág. 74: El cine y el turismo

España, un destino de cine – ¿Correcto o falso?

Leed el texto de la página 75 del libro del alumno. Marcad con una cruz (*X*) si las frases son correctas o falsas.
Para las frases correctas indicad la línea donde se encuentra esa información y corregid las frases falsas.

	correcto	falso
1. Hoy en día mucha gente se saca una foto delante de un monumento famoso por el cine.		
2. La trilogía *El Señor de los Anillos* se rodó en España.		
3. *Lawrence de Arabia*, *Doctor Zhivago* y *El nombre de la rosa* se rodaron en España.		
4. James Bond se rodó muchas veces en España.		
5. En Barcelona nunca se rodaron películas.		
6. En la Plaza de España de Sevilla hay muchos turistas que piensan en una película.		
7. La capital del cine español es Almería.		
8. La Casa del Cine es un museo de fotografía.		
9. Una parte del museo se ocupa de John Lennon.		
10. John Lennon nunca estuvo en Almería.		

¡Adelante! Nivel intermedio
Lehrerbuch
ISBN 978-3-12- 538010-3

PP 1, pág. 80: El mundo del trabajo

El juego de la memoria

Mirad atentamente la transparencia *(Folie)* que os muestra el profesor. Después apuntad las palabras que recordáis. ¿Quién tiene más memoria?

PROFESIONAL	FUTURO	INGENIERA	DECIDIRSE
BANCO	VOCACIÓN	SALARIO	PRÁCTICAS
MAYORÍA	AÑOS	CUESTIONARIOS	FISIOTERAPEUTA
HORARIO	INTERNACIONAL	FARMACÉUTICO	AMBIENTE
PRIVADA	VIAJES	DEPORTIVO	VIDA

¡Adelante! Nivel intermedio
Lehrerbuch
ISBN 978-3-12- 538010-3

PP 1, pág. 80: El mundo del trabajo

¿Qué sabéis ya sobre estas profesiones?

Trabajad en parejas y completad la tabla con vuestras ideas sobre estas profesiones.
No es necesario completar toda la tabla. Podéis utilizar un diccionario.

profesiones	asesor, -a de banco	farmacéutico, -a	profesor, -a	ingeniero, -a en una empresa multinacional
lugar				
objetivo				
actividades				
lo positivo				
problemas				
formación / estudios				

¡Adelante! Nivel intermedio
Lehrerbuch
ISBN 978-3-12- 538010-3

A2, pág. 83: Los usos del subjuntivo

El uso del subjuntivo

Übt mit dieser Scheibe und den Karten mit Aussagesätzen folgendermaßen:

1. Legt fest, wer beginnt.
2. Derjenige nimmt eine Karte vom Stapel mit den Aussagesätzen und einen Stift.
   Den Stift legt er in die Mitte der Scheibe und dreht ihn. Er wählt einen der Ausdrücke aus dem Feld, auf den die Spitze des Stiftes zeigt und bildet mit diesem Satzanfang und dem Aussagesatz einen neuen Satz. Wenn nötig, darf der Aussagesatz angepasst werden, damit ein sinnvoller Satz entsteht.
3. Die anderen kontrollieren, ob der Satz richtig ist. Für jeden richtigen Satz gibt es einen Punkt.
4. Wenn der erste Spieler einen Satz gebildet hat, geht es reihum weiter, bis keine Aussagekarten mehr übrig sind.

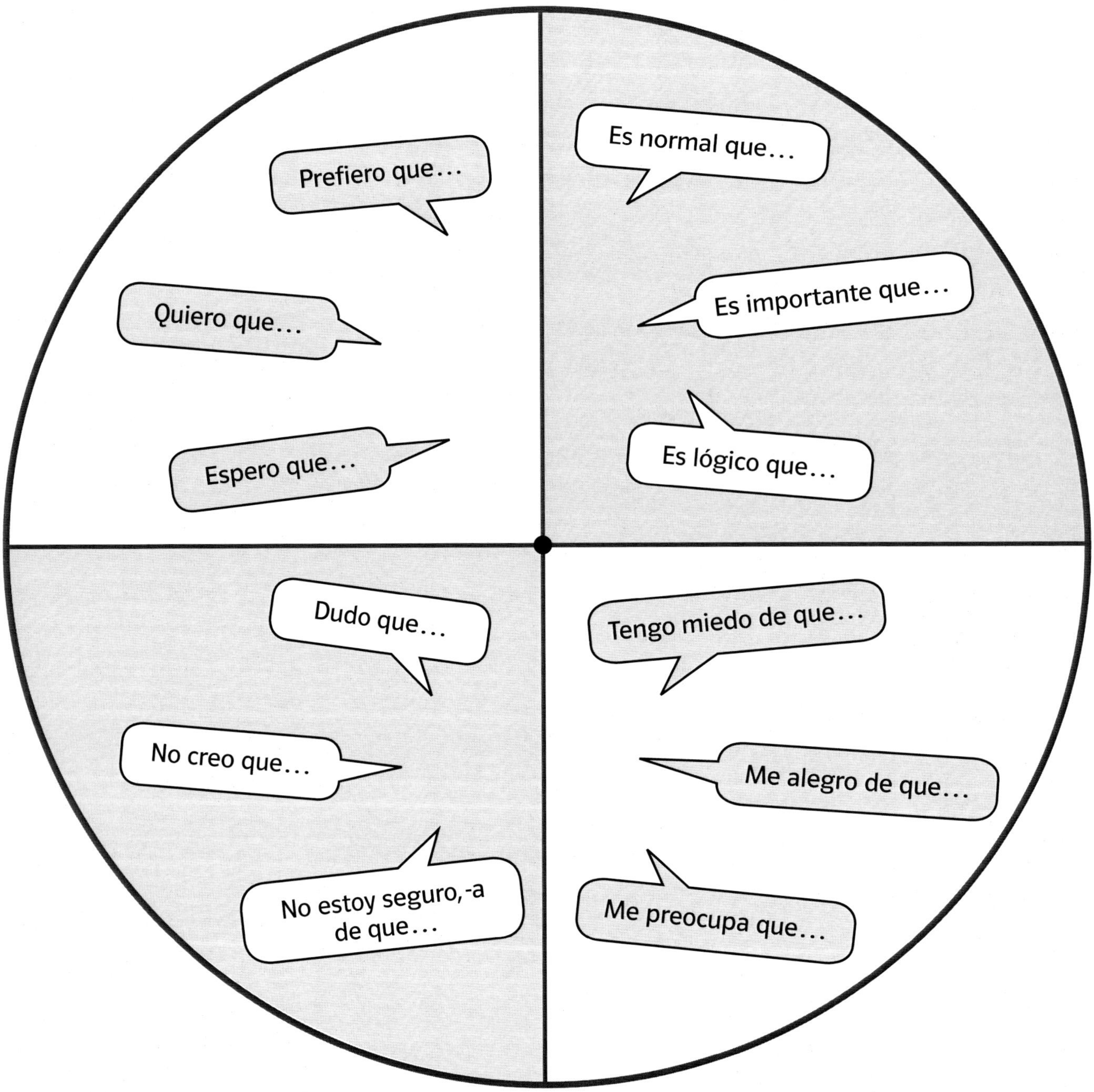

¡Adelante! Nivel intermedio
Lehrerbuch
ISBN 978-3-12- 538010-3

A2, pág. 83: Los usos del subjuntivo

El uso del subjuntivo

Schreibt in jede der Sprechblasen einen Ausdruck, mit dem ein Satz im *subjuntivo* eingeleitet wird, z. B. Verben des Wünschens, des Empfindens, des Zweifels oder der verneinten Meinung sowie des Urteilens oder einen unpersönlichen Ausdruck. Ihr könnt dazu im SB auf den Seiten 161 – 164 nachschlagen.

Übt dann mit dieser Scheibe und den Karten mit Aussagesätzen folgendermaßen:

1. Legt fest, wer beginnt.
2. Derjenige nimmt eine Karte vom Stapel mit den Aussagesätzen und einen Stift.
   Den Stift legt er in die Mitte der Scheibe und dreht ihn. Er wählt einen der Ausdrücke aus dem Feld, auf den die Spitze des Stiftes zeigt und bildet mit diesem Satzanfang und dem Aussagesatz einen neuen Satz. Wenn nötig, darf der Aussagesatz angepasst werden, damit ein sinnvoller Satz entsteht.
3. Die anderen kontrollieren, ob der Satz richtig ist. Für jeden richtigen Satz gibt es einen Punkt.
4. Wenn der erste Spieler einen Satz gebildet hat, geht es reihum weiter, bis keine Aussagekarten mehr übrig sind.

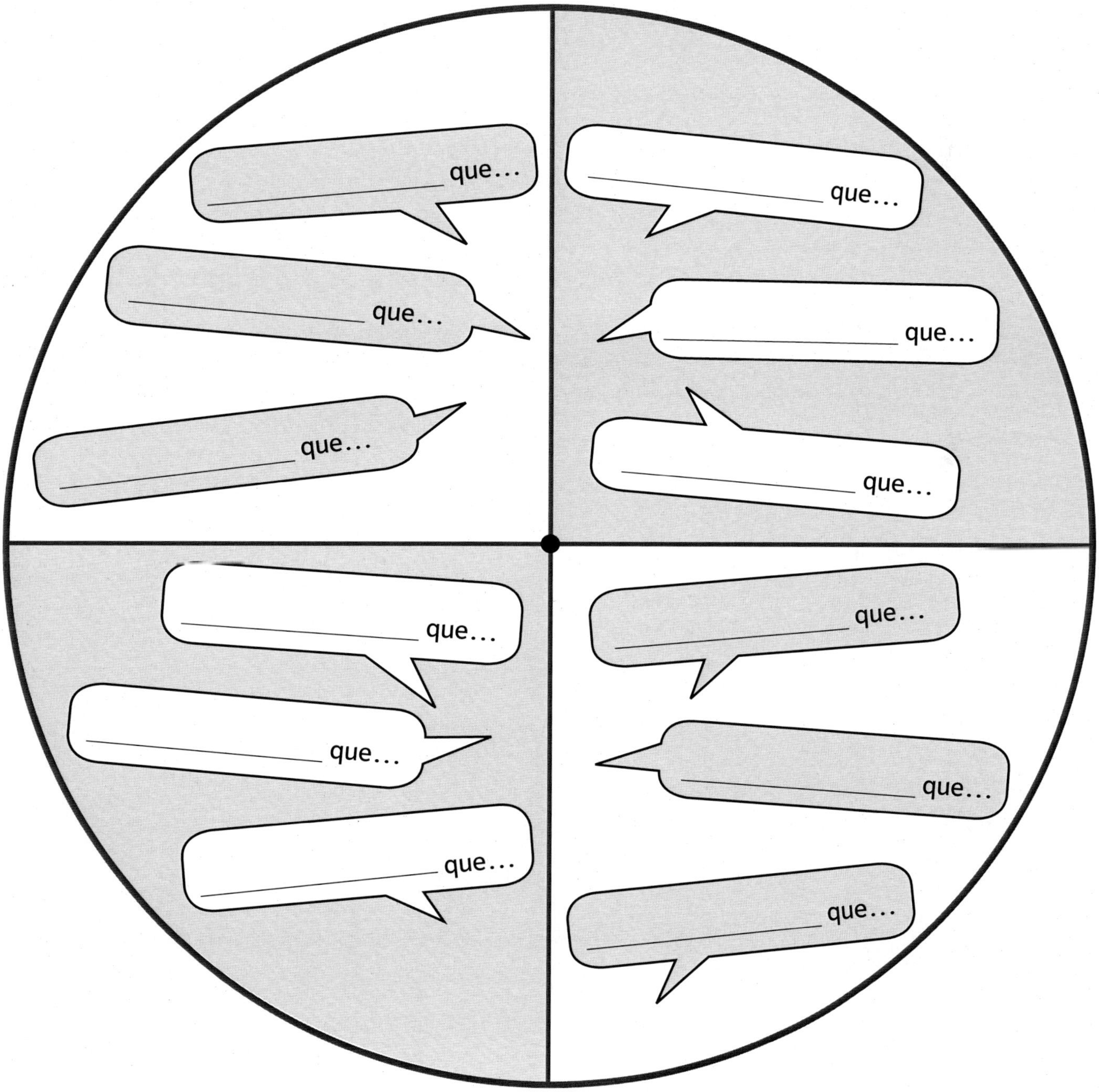

¡Adelante! Nivel intermedio
Lehrerbuch
ISBN 978-3-12- 538010-3

B4, pág. 87: Los alemanes y su bici

Comprender mejor un texto

Die W-Fragen

Die W-Fragen helfen Ihnen, zu überprüfen, ob Sie die wesentlichen Aspekte eines Textes verstanden haben. Sie heißen W-Fragen, weil die Fragewörter auf Deutsch alle mit W beginnen.

Antes de resumir el texto en español, rellenad esta tabla.

pregunta	información en alemán	en español
¿Quién(es)? ¿Con quién(es)?		
¿Qué?		
¿Dónde? / ¿Adónde? / ¿De dónde?		
¿Cuándo?		
¿Cómo?		
¿Por qué? ¿Para qué?		

¡Adelante! Nivel intermedio
Lehrerbuch
ISBN 978-3-12- 538010-3

C1, pág. 88: Profesiones con futuro

Profesiones con futuro

Rellenad el texto con las palabras de las casillas. Después comprobad vuestra solución con el cedé.

el bachillerato | cada vez más años | crear un negocio | el futuro laboral | los recursos humanos | la decisión | la energía alternativa | idiomas extranjeros | sector de la salud | la ecología | el mercado laboral | telecomunicaciones | la experiencia | organización | un título universitario

Cada vez más estudiantes que terminan ______________________ o la formación profesional deciden empezar una carrera para estar mejor preparados. Opinan que es importante tener ______________________ para encontrar un buen trabajo. Los informes más actuales muestran que en España el 24 % de la oferta de trabajo es para las personas que tienen una carrera. Aunque ______________________ es importante, muchas veces en las empresas buscan gente que tenga algo más que una buena formación. Por ejemplo, habilidades personales como ______________________ y flexibilidad. También buscan gente que hable ______________________.

El salario, la responsibilidad, el desarrollo profesional y, en general, ______________________ de una persona dependen de ______________________ que tome por una carrera u otra.

La vocación también ayuda a decidir, igual que saber qué carreras pide ______________________.

En primer lugar, el mercado laboral español necesita en este momento carreras técnicas, como la Ingeniería. Muchas de las nuevas ingenierías tienen que ver con informática, ______________________ y tecnología.

En segundo lugar, la gente vive ______________________ y hay una mayor demanda de las profesiones del ______________________: enfermeros, terapeutas y cirujanos. En este sector no solo se buscan personas con estudios universitarios sino gente que cuide a los mayores. Un tercer sector con muchas salidas profesionales es la Administración de Empresas. Esta carrera prepara al estudiante para que pueda ______________________ o gestionar empresas que ya existen. Otras profesiones con futuro en este sector son el Marketing y ______________________. Un cuarto sector, en desarollo todavía, es el de ______________________. Ahora se necesitan «carreras verdes», entre ellas las relacionadas con ______________________, que empiezan ya a sustituir a las profesiones tradicionales.

¡Adelante! Nivel intermedio
Lehrerbuch
ISBN 978-3-12- 538010-3

PP1, pág. 93: De viaje a América Latina

Los países más conocidos y atractivos de Latinoamérica

Apuntad en clase cuáles de estos países conocéis y qué pensáis sobre ellos.

	Sé bastantes cosas sobre él.	Me parece atractivo.	Me gustaría saber más.	Me gustaría visitarlo.
Argentina				
Bolivia				
Chile				
Colombia				
Costa Rica				
Cuba				
Ecuador				
El Salvador				
Guatemala				
Honduras				
México				
Nicaragua				
Panamá				
Paraguay				
Perú				
República Dominicana				
Uruguay				
Venezuela				
(otros)				
(otros)				
(otros)				

¡Adelante! Nivel intermedio
Lehrerbuch
ISBN 978-3-12- 538010-3

A5, pág. 95: ¿Qué podemos hacer en Colombia?

¿Qué podemos hacer en Colombia?

Repartid estas tarjetas *(Karten)* en clase. Después formad parejas o grupos de los que tienen la misma tarjeta. Cada pareja o grupo busca en Internet información sobre su lugar y la presenta a los otros. Después evaluad las presentaciones y decidid qué lugares os gustaría visitar.

Parque Nacional Natural El Tuparro	Medellín
Bogotá	Popayán
Región amazónica	Cartagena de Indias
Laguna de Guatavita	Cali
Carnaval de Barranquilla	San Agustín
Villa de Leyva	Sierra Nevada de Cocuy
Parque Nacional Natural Tayrona	Zipaquirá (la ciudad de la sal)

¡Adelante! Nivel intermedio
Lehrerbuch
ISBN 978-3-12- 538010-3

A6, pág. 96: La cortesía ante todo

Expresiones para un diálogo

a) Buscad para cada expresión el significado en alemán.

b) Escoged una de las situaciones (p. 96, 6a del libro del alumno) y representad un diálogo. Formulad al menos otras tres preguntas. El vocabulario de la lista de abajo os puede ayudar.

Claro que sí.	1	A	In Ordnung. / OK.
Mira.	2	B	Mal sehen …
Vale.	3	C	Tja … / Na ja … / Nun gut …
¡Qué interesante!	4	D	Es ist nämlich so, dass …
¡Qué bien!	5	E	Keine Ahnung.
A ver…	6	F	Guck mal. / Schau. / Sieh mal.
Bueno…	7	G	Immer mit der Ruhe.
Es que…	8	H	Bitte.
¡Qué lástima / pena!	9	I	Wie schön!
De nada.	10	J	Natürlich.
Gracias.	11	K	Stimmt's?
Por favor.	12	L	Wie interessant!
Perfecto.	13	M	Danke.
Ni idea.	14	N	Also …
¡Tranquilo!	15	O	Gern geschehen.
Perdón.	16	P	Super. / Perfekt.
¿Verdad?	17	Q	Wie schade!
Pues…	18	R	Entschuldigung.

¡Adelante! Nivel intermedio
Lehrerbuch
ISBN 978-3-12- 538010-3

A8, pág. 96: Tarea: Presentamos Colombia

Colombia

Escuchad las presentaciones de vuestros compañeros y haced apuntes sobre los diferentes temas.
Si no habéis entendido bien algo, preguntadle al grupo después de la presentación.

geografía	población y personajes	productos y fiestas

Así podéis...

hablar sobre una presentación.

Dar vuestra impresión positiva del contenido ***(Inhalt)***

- Tu presentación | me ha gustado mucho / bastante.
  ha sido genial / (muy) interesante / perfecta / divertida / ...
  ha sido muy bien estructurada.
- La información ha sido muy amplia *(ausführlich)*.
- Has presentado mucha información interesante / muchos detalles.
- Me ha parecido muy interesante lo que has dicho (sobre...).
- Tus argumentos me han parecido muy convincentes *(überzeugend)*.

Criticar de forma amable

- Tu presentación | no me ha gustado mucho / demasiado.
  ha sido un poco larga / aburrida.
- Habría sido mejor | presentar menos detalles.
  estructurar tu presentación (según...).
  resumir al final las ideas importantes.
- Tus argumentos no me han convencido *(überzeugt)*.
- Propongo que hagas...

Pedir más información

- ¿Podrías explicar | otra vez...?
  más detalladamente...?
- Me gustaría saber más sobre...

Hablar sobre la forma de presentar / hablar

- (No) siempre te he entendido bien. / Casi no te he entendido. / ¿Podrías hablar un poco más alto *(lauter)*?
- No tienes que hablar tan rápido.
- Solo has mirado tus apuntes. Tendrías que mirar más al público durante la presentación.
- No has mirado mucho tus apuntes. Eso me ha gustado. / Me ha gustado que no hayas mirado mucho tus apuntes.

¡Adelante! Nivel intermedio
Lehrerbuch
ISBN 978-3-12- 538010-3

B1, pág. 97: En Colombia

Marta en Colombia

Para controlar si habéis entendido bien el texto, ordenad las siguientes frases.

n°	frase
	Álvaro Carlos y Marta van a una discoteca en Juanchito.
	Exactamente en este momento Marta quiere estar en Colombia.
	En Colombia se dice «carro» en vez de «coche».
	Hay guardias con armas que están en las tiendas.
	A Marta Cali le parece una ciudad normal.
	Marta se alegra de la luz clara y la naturaleza verde.
	Mucha gente mira a Marta porque es rubia.
	En Colombia es peligroso esperar en los semáforos de noche.
	La compañera de piso le explica a Marta qué se come en Colombia.
	Álvaro Carlos le muestra a Marta cómo se baila la salsa.
	En Cali no solo viven blancos.
	La gente en Colombia siempre come arroz o papas.
	Marta baila solo con Álvaro Carlos.
	Marta ve muchos cultivos de caña de azúcar.
	La gente piensa que Marta y Álvaro Carlos están enamorados.
	Los coches no respetan las reglas del código de circulación *(Verkehrsregeln)*.

¡Adelante! Nivel intermedio
Lehrerbuch
ISBN 978-3-12- 538010-3

B1, pág. 97: En Colombia

Algunos colombianismos

a) Rellenad los huecos de la tabla con la ayuda de un diccionario monolingüe, p.ej. www.rae.es, y un diccionario bilingüe. ¡Ojo! A veces hay dos significados.

colombianismos	palabra española	significado en alemán
el carro		
bacano, -a		
camellar		
dar papaya		
el / la machucante	novio, amante	
tres golpes		die drei Mahlzeiten
el parce / el parcero		Freund, Bekannter
¿quiubo?	saludo; sinónimo de ¿Cómo estás?	
rumbear		ausgehen, tanzen
la vaina	la cosa; en Colombia casi todo es una vaina; ¡qué vaina!	
el perico		
la zanahoria		Mensch mit gesundem Lebenswandel, Möhre

b) Formad parejas. Imaginaos que una persona es español, la otra un colombiano / una colombiana que está de vacaciones en España. Cread una situación con un malentendido a causa de un colombianismo.

¡Adelante! Nivel intermedio
Lehrerbuch
ISBN 978-3-12- 538010-3

B9, pág. 99: Tarea: Preparando un viaje

Plan para mejorar mi español

Temas muy importantes:

actividades	¿Cuánto tiempo necesitas?
tiempo en total	

Así podéis...

hablar del plan y dar consejos.

- Para mejorar mi español, yo haría...
- Pienso que estaría bien / que no estaría mal hacer...
- También podrías...
- Te propondría hacer...
- No olvides hacer...

Actividades posibles

aprender el vocabulario... del tema...
tener un diario de aprendizaje *(Lerntagebuch)* para descubrir cuáles son mis problemas más importantes
aprender 5 palabras cada día
leer en español
escuchar canciones en español
ver un vídeo (en Internet) en español
aprender la gramática de... / sobre...
hacer actividades de gramática de... / sobre...
hacer otra vez algunos ejercicios del año pasado
escribir un texto sobre el tema...
hablar libremente sobre el tema...

¡Adelante! Nivel intermedio
Lehrerbuch
ISBN 978-3-12- 538010-3

C1, pág. 100: Desde Colombia

Desde Colombia

La novela del joven escritor termina con el regreso de Marta a España. Escuchad el texto y rellenad los huecos *(Lücken)*. Si no estáis seguros cómo se escriben algunas palabras, consultad un diccionario.

Desde la ventana del avión Marta mira las casas cada vez más pequeñas de la ____________________ de Cali. Poco después ve montañas y, lejos, unos picos nevados en los Andes. Marta piensa en los tres ____________________ que acaba de pasar en Colombia. Vuelve a España con las mismas dos maletas con las que llegó, pero con muchos ____________________. En sus maletas lleva también unas ____________________ que cogió durante su semana en la ____________________. Aunque no es posible llevar plantas a otro país, en la facultad la ayudaron con los ________________. Allí querían que ella siguiera su trabajo en Colombia, pero Marta tiene que terminar primero su carrera en la ____________________. Lo que sabe ya con seguridad es que va a volver a Colombia. Después de una hora Marta ya no mira por la ventana y, casi dormida, recuerda el día en que fue con Álvaro Carlos a un cafetal cerca de Medellín. Le gustó que los ____________________ allí fueran tan amables y sencillos. Le gustó ir por la ____________________ estrecha donde se veían camiones *y jeeps* llenos de café y ____________________.

Mientras por la ventana el ____________________ y el ____________________ parecen tener igual color, Marta recuerda el día en el que visitó un ____________________: «Mi reina, te regalo este banano», le dijo una señora en el mercado. Marta no sabía cómo darle las ____________________. Pensó en darle dinero pues la señora parecía muy pobre, pero tuvo miedo de que se ofendiera. Con ese recuerdo se durmió.

¡Adelante! Nivel intermedio
Lehrerbuch
ISBN 978-3-12- 538010-3

B1, pág. 109: La paciencia

¿Tenéis mucha o poca paciencia?

1. Por fin tienes tu nuevo móvil.
   - ☐ a) Primero leo las instrucciones.
   - ☐ b) Lo enciendo y empiezo a usarlo.
2. Tu profesor no termina nunca sus clases puntualmente.
   - ☐ a) Hablo con mis compañeros y decidimos comprarle un reloj.
   - ☐ b) Me levanto y me voy como protesta.
3. Nunca esperarías a un amigo…
   - ☐ a) más de media hora.
   - ☐ b) más de cinco minutos.
4. Llegas a casa y tienes mucha hambre.
   - ☐ a) Llamo por teléfono y pido una pizza.
   - ☐ b) Abro el frigorífico y como lo que hay.
5. Quieres ir al concierto de tu grupo favorito. Para comprar las entradas, tienes que esperar más de tres horas.
   - ☐ a) No pasa nada. Espero.
   - ☐ b) Me voy y compro su nuevo cedé.
6. Te regalan un libro de sudokus.
   - ☐ a) Genial, puedo hacerlos horas y horas.
   - ☐ b) Se lo regalo a mi abuelo. Estas cosas no son para mí.
7. ______________________________
   - ☐ a) ______________________________
   - ☐ b) ______________________________
8. ______________________________
   - ☐ a) ______________________________
   - ☐ b) ______________________________

¡Adelante! Nivel intermedio
Lehrerbuch
ISBN 978-3-12- 538010-3

C1, pág. 111: El mundo del cómic

Mi superhéroe

En grupos de cuatro: Cada uno escribe una frase sobre su superhéroe, después girad la hoja y continuad el texto de vuestro compañero con una frase sobre el tema siguiente.

Mi superhéroe
Su aspecto físico

Mi superhéroe
Cómo vive

Mi superhéroe
Su carácter

Mi superhéroe
Me gusta porque…

¡Adelante! Nivel intermedio
Lehrerbuch
ISBN 978-3-12- 538010-3

C1, pág. 111: El mundo del cómic

Describir a una persona

Rellenad el mapa mental:

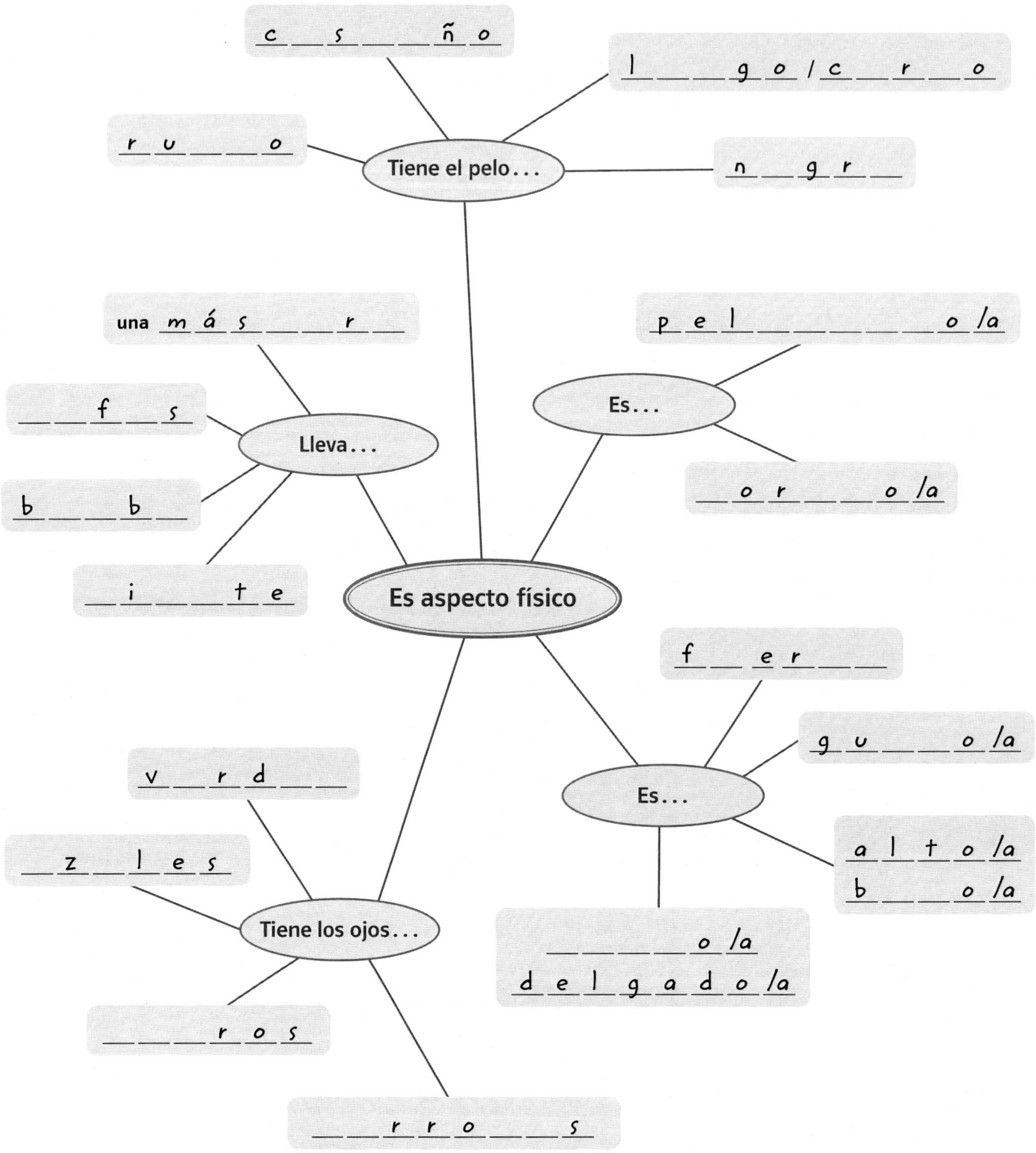

¡Adelante! Nivel intermedio
Lehrerbuch
ISBN 978-3-12- 538010-3

C4, pág. 111: Practicamos la pronunciación

¡Dilo con emoción!

alegre	triste
impaciente	enfadado, -a
aburrido, -a	contento, -a
cansado, -a	sorprendido, -a
estresado, -a	de mal humor
con ironía	satisfecho, -a

¡Adelante! Nivel intermedio
Lehrerbuch
ISBN 978-3-12-538010-3

Leer: Los premios Goya, pág. 114

¿Verdadero o falso?

Leed el texto de la página 14 del libro del alumno. Marcad con una cruz (*X*) si las frases son verdaderas o falsas. Indicad la línea donde se encuentra la información de las frases correctas y corregid las frases falsas.

	verdadero	falso
1. Los premios Goya se entregaron por primera vez en 1987.		
2. Los Óscar se crearon según el modelo de los Goya españoles.		
3. El Goya de Honor se entrega cada año en honor de una persona importante para el cine.		
4. El nombre del premio se debe a un escultor del siglo XX.		
5. La película *Mar Adentro* obtuvo el Goya cinco veces.		
6. Javier Bardem y Carmen Maura recibieron más premios que otros actores y actrices.		
7. La fiesta de los Goya atrae cada año dos millones de espectadores.		

¡Adelante! Nivel intermedio
Lehrerbuch
ISBN 978-3-12- 538010-3

Tarea final, pág. 115: El libro de nuestra clase

Ficha de evaluación para un trabajo en grupo

Después de la presentación, rellenad esta ficha.
Dad al grupo entre 5 (muy bien) y 1 (bastante mal) punto en cada categoría.

título / grupo:		
creatividad		
humor		
selección de ideas		
corrección / lengua y gramática		
presentación		
en total:		____ / 25 puntos
Para mejorar vuestro trabajo tenéis que		
Evaluación por		

Así podéis …

evaluar el resultado de un trabajo en grupo.

Evaluar el trabajo en general

- Me gusta mucho | vuestra fotonovela. / vuestro cómic / cuento / poema.
- El argumento | es convincente *(überzeugend)* / divertido / genial / un poco aburrido. / (no) me parece lógico.
- La estructura (no) es muy clara / (no) se ve muy bien.
- Los dibujos / las fotos me gustan mucho porque…
- Habéis trabajado muy bien.

Evaluar detalles

- Me gusta(n) sobre todo | el tema / el inicio *(Anfang)* / el final / la rima *(Reim)* / los personajes *(Figuren)* / las fotos / los colores…
- … es una buena idea / … me parece buena idea.
- (No) habéis hecho muchos errores de gramática.

Pedir cambios

Tenéis que corregir los errores / cambiar el final / mejorar la estructura / ordenar mejor vuestras ideas / …

Evaluar la presentación

- …, tú has presentado muy bien…
- Vuestra presentación me ha gustado mucho / bastante / no tanto / no mucho.
- No he bien entendido lo que quieres decir por…

¡Adelante! Nivel intermedio
Lehrerbuch
ISBN 978-3-12- 538010-3

Lösungen zu den Kopiervorlagen

KV 05

1. 12 millones – 2. Cusco – 3. quechua – 4. Sol – 5. 10 millones – 6. los puentes colgantes – 7. una comida típica de Perú – 8. una flauta – 9. un sistema de comunicación – 10. a 2.000 km – 11. a pie – 12. el puma

KV 06

En el siglo XVI el Imperio inca ocupaba gran parte de Latinoamérica.
Los incas comían cuy y cultivaban la papa.
En aquel tiempo hablaban quechua.
Se comunicaban por un sistema de nudos.
Hacían flautas con huesos humanos.
Los monumentos soportaban los terremotos.
Los incas construían puentes colgantes.
No conocían la rueda.
Llamaban «Inti» al Sol.
Hace 600 años la capital era Cuzco.
Tenía la forma de un puma.
Los jóvenes corrían muy rápido.
Necesitaban seis días para 2.000 km.
El emperador inca era el «Hijo del Sol».

KV 07

Lösungsvorschlag:
el imperio: muy grande;
ocupaba Ecuador, Perú, parte de Colombia, Bolivia, Chile, Argentina;
12 millones de habitantes;
capital: Cusco;
emperador = dios – «Hijo del Sol»

el idioma: quechua

la comunicación: sistema de nudos;
diferentes colores;
diferentes nudos

la arquitectura: puentes colgantes;
los monumentos soportaban los terremotos;
ponía las piedras de una forma especial

cosas que no conocían: los caballos;
la rueda

la mitología: el puma;
rica;
muchos dioses;
el dios Sol (Inti) = dios muy importante, el «jefe»

la música: flautas;
era importante para ellos

la comida: conejo de indias = cuy;
papa

la educación: escuelas solo para los nobles;
clases de religión, historia, música, poesía, astronomía, guerra;
los jóvenes que no eran nobles aprendían de los abuelos;
las chicas aprendían los trabajos de casa

KV 08

Español	Inglés	Alemán	Fremdwort
relacionar	to relate	verbinden	(in) Relation setzen
el imperio	empire	Herrschafts-gebiet	Imperium
ocupar	to occupy	einnehmen	(Substantiv) Okkupation
la parte	part	Teil	(Adjektiv) partiell
actual	(!) actual (tatsächlich)	heutig, aktuell	aktuell
la mitología	mythology	Sagenwelt	Mythologie
el emperador	emperor	Kaiser	–
construir	to construct	(er)bauen	konstruieren
soportar	(!) to support (unterstützen)	aushalten	–
estable	stable	stabil	–
igual	equal	gleich, genauso wie	–
cultivar	to cultivate	anbauen	(übertrag. Sinn) kultivieren
la flauta	flute	Flöte	–
humano, -a	human	menschlich, Menschen-	human
el mensaje	message	Nachricht	–
el / la noble	noble	der/die Adlige	(übertrag. Sinn) nobel = edel
la experiencia	experience	Erfahrung	–
la educación	education	Ausbildung	–
el guerrero	warrior	Krieger	–
morir	(Adjektiv) mortal	sterben	–
el con-quistador	conqueror	Eroberer	–
atacar	to attack	angreifen	attackieren

KV 09

A 10: De Perú. – A 20: En Rusia.
A 30: Porque / Cuando no quería comer papa.
A 40: Cuatro veces. – A 50: 90%.
B 10: En forma de tortilla, como papas fritas, como sopa, como helado.
B 20: Un rey francés (de finales del siglo XVIII).
B 40: Perú exporta sobre todo minerales (oro, cobre).
B 50: A más de 2.500 m.
B 60: La gente decía que causaba lepra, sífilis y otras enfermedades.
C 10: En la Biblia. – C 20: Era francés. – C 30: 34 kilos.
C 40: Aproximadamente una tercera parte.
C 60: Der König pflanzte Kartoffeln in den Gärten seines Palastes / Schlosses an.
D 10: Son negros. – D 30: En el siglo XVIII.
D 40: Más de 3.000. – D 50: La agricultura.
D 60: Die Kartoffel wächst unter der Erde / unterirdisch.

KV 10
comida: desayunar algo saludable[A2];
almorzar una ensalada;
no comer pizza, patatas fritas[A2], tarta[A2], hamburguesas*;
comer fruta, p. e. una manzana;
preferir los sándwiches vegetales;
no comprar tanta carne y más pescado;
utilizar aceite de oliva[A2] y ajo[A2];
no poner tanta sal, comer también cosas sosas

bebidas: beber mucha agua;
no beber demasiado café;
tomar un zumo de naranja por la mañana;
beber… en lugar[A6] de…

ritmo* de vida: arreglarse[A2] con mucha tranquilidad[A2];
trabajar sin estrés[A2];
cuidarse^ más[A6];
tomarse tiempo para cocinar[A6]

sueño*: dormir muchas horas;
no irse tarde a la cama

deporte: correr por el parque
salir a pasear;
hacer excursiones;
hacer senderismo;
hacer deporte dos / tres / … / varias* veces por semana

transporte: ir en bicicleta;
ir a pie

problemas: oír* el ruido[A2] de la barriga[A2] por el hambre[A2];
soportar la crítica* de los compañeros[A2];
soportar el tráfico[A2]

KV 11

	correcto	incorrecto	No se dice
1.		×	
2.	×		
3.	×		
4.		×	
5.		×	
6.		×	
7.		×	
8.		×	
9.	×		
10.	×		
11.	×		
12.		×	
13.			×
14.	×		
15.	×		
16.		×	
17.	×		

KV 12
1. un seguidor – 2. hábitos – 3. se arreglan – 4. ajo – 5. antes de – 6. tranquilidad – 7. supera – 8. soportar – 9. ruido – 10. merienda – 11. tarta – 12. vaga – 13. barriga – 14. ruido

KV 16
1: Es un programa de radio (que entrevista a extranjeros que viven en León, por ejemplo a Lena).
2: No hacer deporte, ir siempre en coche, comer tarta, pizza y patatas fritas…
3: Cuando tengo hambre. / Cuando no he comido nada.
4: desayunar, almorzar, cenar, merienda, ajo…
6: No he hecho nada.
7. Todavía no.
8. Me he duchado, arreglado, he desayunado, he visto la tele…
10: No quiere hablar con Lena de su error ni con los otros compañeros.
11: Es una alemana que hace unas prácticas en una empresa de León.
12: Solución individual. El tiempo verbal tiene que ser el pretérito indefinido.
13: Una persona que habla con todo el mundo.
14: he / has / ha / hemos / habéis / han comido
15: de noche / por la noche
16: No he recibido ningún correo electrónico.
17: Ya lleva tres meses aquí.
18: ver SB pág. 26, por ejemplo: escribe un blog, quiere cambiar sus hábitos, dormir 8 horas, hacer deporte, comer saludable…
19: Ha hecho prácticas en Francia y en León, ha aprendido inglés en Irlanda.

KV 18
Individuelle Lösungen

KV 19
Individuelle Lösungen

KV 20
Lösungen siehe Arbeitsblatt

KV 21
Lösungsvorschlag:
En el centro de la imagen hay un pueblo con muchas casas. Son blancas y grises y parecen muy pequeñas. El pueblo está en las montañas. A la derecha y a la izquierda de la imagen hay una montaña muy alta y, en el fondo, dos montañas más. El pueblo está un poco en la montaña de la izquierda. En la montaña que está en el fondo un poco a la derecha, hay otro pueblo. Delante de las montañas hay un lago o el mar. Hace buen tiempo, pero está un poco nublado.

Se ve a dos jóvenes (un chico y una chica) en un restaurante. La chica está a la izquierda. Se ha sentado en una silla. Tiene el pelo largo. Mira al chico; se ve que está enfadada. El chico está a la derecha. Él también se ha sentano, pero en la foto se ve solo parte de él. Entre ellos hay una mesa pequeña. La chica tiene una revista. Lleva vaqueros y una camiseta a rayas. En la mesa hay unos folletos El chico le muestra una postal a la chica. Al fondo de la foto hay tres ventanas grandes. Delante de estas, detrás de la chica, hay muchas sillas y detrás del chico se ve un piano.

KV 22
1. 21 años – 2. incorrecto – 3. incorrecto – 4. Güell, Batlló, Milá – 5. 1915 – 6. con sus colaboradores – 7. algo perfecto – 8. viva, diferente, perfecta – 9. fantasioso, loco – 10. el respeto de mucha gente – 11. incorrecto – 12. incorrecto

KV 24
Lösungsvorschläge:
Es geht um das Dalí-Museum in Figueres, Katalonien, wo Dalí geboren wurde. Der Entwurf des Gebäudes stammt vom Künstler. Das Museum wurde 1974 eröffnet und gehört zu den meistbesuchten in Spanien. Es zeigt etwa 1500 Werke von Dali sowie Schmuck, den er entwarf. Der Künstler ist auch dort begraben. Er schuf viele seiner Werke speziell für dieses Museum. Dalís Ziel war, durch sein Museum dem Besucher einen Einblick in die Welt des Surrealismus zu ermöglichen.

Es geht um die Frau von Dalí, Gala, eine 1894 geborene Russin, die früh ihren Vater verlor. Ihre Mutter und ihr Stiefvater ermöglichten ihr eine sehr gute Ausbildung. Sie wurde Lehrerin und gab zu Hause Privatunterricht. Aufgrund einer Tuberkulose-Erkrankung verbachte sie einige Zeit in der Schweiz. 1917 heiratete sie den französischen Dichter Paul Eluard und bekam eine Tochter. 1929 verliebte sie sich in Cadaqués in Dalí und heiratete ihn 1934. 1968 zog sie allein auf Schloss Púbol und empfing Dalí nur nach schriftlicher Anfrage. Sie starb 1982 und wurde im Schloss bestattet. Dalí verbrachte seine letzten Lebens- und Arbeitsjahre auf Schloss Púbol, das heute ebenfalls ein Museum ist.

KV 25
Lösungsvorschläge:
exportar: Cuando un país vende cosas a otros países. *(exportieren)*
una mujer: Una persona que no es ni un hombre ni un niño. *(eine Frau)*
el crecimiento: Es lo que pasa cuando una cosa primero es pequeña y después grande. *(das Wachstum)*
el precio: Es lo que pagamos por un producto. Cuando pagamos mucho, el precio es alto. *(der Preis)*
el dólar: Es la moneda de Estados Unidos / de América. *(der Dollar)*
revisar algo: Es un sinónimo de «controlar», mirar si todo está bien. *(etw. kontrollieren)*
el pulmón: Sin pulmones no podemos vivir. *(+ mimische Darstellung: laut atmen und auf den Oberkörper zeigen oder Zeichnung) (die Lunge)*
el polvo: Cuando no limpiamos mucho, hay polvo en todas partes. Todo está gris o blanco. *(+ mimische Darstellung: mit Finger über Tisch fahren + Staub wegblasen) (der Staub)*
la tela: La ropa es de tela, las toallas también. Se corta en la forma necesaria y se hace, por ejemplo una camiseta. *(der Stoff)*
uno / una: Es un sinónimo de «se». «Uno dice» o «se dice». *(man)*
estar enfermo: Hoy *(+ Name eines fehlenden Schulkameraden)* no está en la escuela. Está en casa, en la cama, porque no está bien. Está enfermo,-a. *(krank sein)*
la presión: En inglés se dice *pressure*. *(der Druck)*
el supervisor: Es una persona que es, por ejemplo, responsable de la producción en una fábrica. En inglés se dice *to supervise*. *(der Aufseher)*

KV 26
1. el mercado internacional – 2. América del Norte – 3. mujeres jóvenes – 4. buenas – 5. malas – 6. 140 dólares al mes – 7. no está contenta – 8. no trabajan juntas – 9. quiere dejar la empresa – 10. va a ser difícil

KV 27
Individuelle Lösungen

KV 28
España es un país muy importante. Tiene **relaciones comerciales** con muchos países. La mayoría de sus exportaciones va a países de la Unión Europea, y el 65% de sus **importaciones** viene de allí.
La economía de España es actualmente la **octava** del mundo. Los productos de su agricultura (por ejemplo, **pepinos** o tomates) han **conquistado** los supermercados de Europa. Pero no solo el sector **primario** es importante, también lo es el sector **secundario**.
España es un **productor** importante de coches. También es importante su industria **química**, que produce, por ejemplo, medicamentos.
Además, el país tiene grandes **bancos** y empresas de **comunicación**. Y todo el mundo conoce la **moda** española. Muchas de esas empresas son **auténticos** *global players*.
De especial importancia en el sector **terciario** es el turismo. A España vienen cada año millones de **extranjeros / turistas** porque el país es un destino barato. Por eso esa forma de turismo se llama **turismo de masas**.
Otra **sombra** de la economía española son los trabajos duros por ejemplo en la agricultura que, además, se pagan muy mal. Muchos de los que hacen estos trabajos son **ilegales** que trabajan por muy poco dinero porque no pueden pedir ayuda y conseguir un salario justo.
La economía española ha **crecido** mucho entre 2000 y 2007, pero no se sabe seguro si lo puede hacer en el futuro **tanto como** en estos años.

KV 29
1. correcto: l. 2
2. falso: ll. 1+4 No son la mayoría, sino solo unos 140.000 de 400.000.
3. falso: l. 7 No viajan en autobús, sino en trenes de carga.
4. correcto: ll. 9+10 (Algunos se caen y se lesionan.)
5. falso: l. 10 Algunos / Muchos son capturados por la policía.
6. falso: ll. 11+12 Los inmigrantes se llaman moscas porque viajan pegados a los techos de los trenes como moscas.
7. correcto: l. 13 (Uno de cada seis llega a su destino.)
8. falso: l. 15 Se llaman así porque son del pueblo La Patrona, en el Estado de Veracruz. (También se les dice así porque ayudan a los inmigrantes.)
9. falso: l. 17 Las patronas ayudan sobre todo a los emigrantes que viajan en los trenes.

10. correcto: l. 20 (Cada persona…tiene un derecho, vale por lo que es.)
11. correcto: ll 24+25 (De pequeñas, ella y sus hermanas preguntaban a su padre…)
12. correcto: l. 33 (Incluso en medio de una tragedia es posible encontrar personas valiosas.)

KV 31

b) El comparativo se forma con **más / menos + adjetivo / adverbio + que; más / menos + sustantivo + que; tanto, -a + sustantivo + como; tan + adjetivo / adverbio + como**
El superlativo se forma con **artículo + sustantivo + más / menos + adjetivo.**
Formas irregulares son **bueno – mejor, grande – mayor**

c) individuelle Lösungen

KV 34

a) A 6 – B 2 – C 1 – D 10 – E 7 – F 9 – G 3 – H 8 – I 5 – J 4
b) Individuelle Lösungen

KV 35

No pierdas el dinero. – Trae regalos / No traigas regalos. – No salgas de fiesta cada noche. – Interésate por la cultura. – Duerme mucho. – Escribe una carta a la abuela. – Haz fotos de lugares interesantes. – Llama / No llames por teléfono cada día. – Sé amable con los profesores. – No hagas bromas con los compañeros. – Utiliza crema solar. – No bebas mucho alcohol. – No comas comida rápida cada día. – No tomes demasiado el sol.

KV 36

1. correcto: ll. 1–3 – 2. falso: Se rodó en Nueva Zelanda. – 3. correcto: ll. 9–13 – 4. correcto: ll. 14–15 – 5. falso: Barcelona es escenario de muchas escenas de *El Perfume* y de *Vicky Cristina Barcelona* de Woody Allen. – 6. correcto: ll. 21–23 – 7. correcto: l. 26 – 8. falso: La Casa del Cine es un museo dedicado al séptimo arte. – 9. correcto: l. 34 – 10. falso: J. Lennon estuvo en Almería en 1966 para rodar una película.

KV 42

Lösung s. SB S. 88

KV 45

1 J – 2 F – 3 A – 4 L – 5 I – 6 B – 7 C – 8 D – 9 Q – 10 O – 11 M – 12 H – 13 P – 14 E – 15 G – 16 R – 17 K – 18 N

KV 47

n°	frase
12	Álvaro Carlos y Marta van a una discoteca en Juanchito.
16	Exactamente en este momento Marta quiere estar en Colombia.
4	En Colombia se dice «carro» en vez de «coche».
7	Hay guardias con armas que están en las tiendas.
8	A Marta Cali le parece una ciudad normal.
1	Marta se alegra de la luz clara y la naturaleza verde.
9	Mucha gente mira a Marta porque es rubia.
6	En Colombia es peligroso esperar en los semáforos de noche.
10	La compañera de piso le explica a Marta qué se come en Colombia.
14	Álvaro Carlos le muestra a Marta cómo se baila la salsa.
3	En Cali no solo viven blancos.
11	La gente en Colombia siempre come arroz o papas.
13	Marta baila solo con Álvaro Carlos.
2	Marta ve muchos cultivos de caña de azúcar.
15	La gente piensa que Marta y Álvaro Carlos están enamorados.
5	Los coches no respetan las reglas del código de circulación (*Verkehrsregeln*).

KV 38

profesiones	asesor, -a de banco	farmacéutico, -a	profesor, -a	ingeniero, -a en una empresa multinacional
lugar	un banco	una farmacia	un instituto	una empresa multinacional
objetivo	dar consejos a gente sobre cosas financieras	vender medicamentos, ayudar a los pacientes	enseñar, dar clases	inventar máquinas, construir aparatos
actividades	informar, ayudar, hablar con los clientes sobre su dinero	explicar cómo hay que tomar un medicamento, escuchar y dar consejos	explicar gramática / matemáticas, corregir, contestar preguntas	visitar a los clientes, viajar, hablar por teléfono, asistir a reuniones
lo positivo	tener responsabilidad, hablar con gente, trabajar con dinero	tener contacto con muchas personas, poder ayudar	es un trabajo seguro e interesante para gente a la que gusta trabajar con niños	es un trabajo creativo y práctico, no es aburrido
problemas	clientes que no están contentos con los consejos / que han perdido dinero	puede ser aburrido	problemas con alumnos difíciles, las clases son muy grandes; hay que imponerse	muchos viajes, mucho estrés, clientes difíciles
formación / estudios	bachillerato + formación profesional	bachillerato + estudios universitarios	bachillerato + estudios universitarios	bachillerato + formación profesional o estudios

KV 48

colombianismos	palabra española	significado en alemán
el carro	coche	Auto
bacano, -a	estupendo, -a	wunderbar
camellar	trabajar mucho	hart arbeiten
dar papaya	darle oportunidad	Gelegenheit geben
el / la machucante	novio, amante	Freund, Geliebter
tres golpes	las tres comidas	die drei Mahlzeiten
el parce / el parcero	amigo, compañero	Freund, Bekannter
¿quiubo?	saludo; sinónimo de ¿Cómo estás?	Wie geht's?
rumbear	salir de fiesta, bailar	ausgehen, tanzen
la vaina	la cosa; en Colombia casi todo es una vaina; ¡qué vaina!	Ding, Sache
el perico	café con leche	Kaffee mit Milch, Sittich
la zanahoria	persona sana	Mensch mit gesundem Lebenswandel, Möhre

KV 50
s. SB S. 100, Z. 1 - 30

KV 53
Tiene el pelo . . .: rubio; castaño; largo / corto; negro
Es . . .: pelirrojo, -a; moreno, -a
Es . . .: fuerte; alto, -a / bajo, -a; guapo, -a; gordo, -a / delgado, -a
Tiene los ojos . . .: verdes; marrones; negros; azules
Lleva . . .: barba; bigote; gafas; una máscara

KV 55
1. verdadero: ll. 11 - 13
2. falso: Los Óscar fueron los modelos para los Goya españoles. (ll. 10 - 11)
3. verdadero: ll. 7 - 10
4. falso: El nombre del premio se debe a Francisco de Goya, un pintor famoso de los siglos XVIII y XIX. (ll. 16 - 22)
5. falso: La película *Mar adentro* recibió catorce Goyas en 2004. (ll. 23 - 25)
6. verdadero: ll. 32-36
7. verdadero: ll. 47-50

Übersicht über den Inhalt der Lehrersoftware

01: Perú y sus maravillas	
¿Quiénes eran los incas?	doc
La llegada de Pizarro a Perú	doc
Lo que tienes que ver en Perú	doc
Perú y sus maravillas	pdf
¿Qué no había en el tiempo de los incas?	pdf
El Imperio inca	pdf
La llegada de Pizarro a Perú	pdf
Más maravillas de Perú	pdf
Vorschläge zur Leistungsmessung 01	doc
Vorschläge zur Leistungsmessung 01	pdf
Mi vida en Perú	mp3
Lösungen – Vorschläge zur Leistungsmessung 01	doc
Lösungen – Vorschläge zur Leistungsmessung 01	pdf

02: Cosas de la vida	
Mi nueva vida	doc
¡Qué injusto es el jefe!	doc
Destino León	doc
Cosas de la vida	pdf
La mañana de Virginia	pdf
¿Qué ha hecho Virginia?	pdf
Vorschläge zur Leistungsmessung 02	doc
Vorschläge zur Leistungsmessung 02	pdf
El día de Paula	mp3
Lösungen – Vorschläge zur Leistungsmessung 02	doc
Lösungen – Vorschläge zur Leistungsmessung 02	pdf

02_1: Repaso 1	
Comprensión de lectura	doc
Portfolio Repaso 1	pdf

03: Cataluña	
Estoy encantado de vivir en Barcelona	doc
Sant Jordi	doc
Un libro sobre Gaudí	doc
Postales de Cataluña	pdf
Muchacha en la ventana	pdf
Estoy encantado de vivir en Barcelona	pdf
Impresiones de Barcelona	pdf
Vorschläge zur Leistungsmessung 03	doc
Vorschläge zur Leistungsmessung 03	pdf
Un encuentro en Barcelona	mp3
Lösungen – Vorschläge zur Leistungsmessung 03	doc
Lösungen – Vorschläge zur Leistungsmessung 03	pdf

04: Un mundo más justo	
¿Trabajos de verdad?	doc
Luces y sombras de la economía española	doc
Decálogo para un mundo más justo	doc
Productos de España	pdf
Los medios de transporte	pdf
Las condiciones de trabajo	pdf
¿Trabajos de verdad?	pdf
Vorschläge zur Leistungsmessung 04	doc
Vorschläge zur Leistungsmessung 04	pdf
Una ONG para todos	mp3
Una tienda más justa	mp3
Viaje en patera	html
Lösungen – Vorschläge zur Leistungsmessung 04	doc
Lösungen – Vorschläge zur Leistungsmessung 04	pdf

05: ¡Buen viaje!	
En México	doc
Los campos de golf y el agua	doc
Un favor	doc
¡Buen viaje!	pdf
Imágenes de México	pdf
Vorschläge zur Leistungsmessung 05	doc
Vorschläge zur Leistungsmessung 05	pdf
Mis vacaciones favoritas	mp3
Invierno en la Costa Brava	mp3
Lösungen – Vorschläge zur Leistungsmessung 05	doc
Lösungen – Vorschläge zur Leistungsmessung 05	pdf

05_1: Repaso 2	
Comprensión de lectura	doc
Portfolio Repaso 2	pdf

06: Mi futuro profesional	
¡Decidir no es fácil!	doc
Es tu vida	doc
Profesiones con futuro	doc
Profesiones	pdf
Vorschläge zur Leistungsmessung 06	doc
Vorschläge zur Leistungsmessung 06	pdf
Mi futuro en la radio	mp3
¿Qué hago?	mp3
Quiero estudiar	mp3
Mi profesión	html
Lösungen – Vorschläge zur Leistungsmessung 06	doc
Lösungen – Vorschläge zur Leistungsmessung 06	pdf

07: Colombia te enamora	
A Colombia	doc
En Colombia	doc
Desde Colombia	doc
Atracciones de Colombia	pdf
Gente con imaginación	pdf
La biodiversidad de Colombia	pdf
Imágenes de Colombia	pdf
Problemas de Latinoamérica	pdf

Vorschläge zur Leistungsmessung 07	doc
Vorschläge zur Leistungsmessung 07	pdf
La Colombia desconocida	mp3
Noticias de Colombia	mp3
Lösungen – Vorschläge zur Leistungsmessung 07	doc
Lösungen – Vorschläge zur Leistungsmessung 07	pdf

08: Con mucho arte	
La música latina está de moda	doc
Un recuerdo de entonces	doc
Águila Roja, el nuevo héroe	doc
El arte	pdf
Vorschläge zur Leistungsmessung 08	doc
Vorschläge zur Leistungsmessung 08	pdf
Tres grupos españoles famosos	mp3
Historietas de superhéroes latinos	html
Lösungen – Vorschläge zur Leistungsmessung 08	doc
Lösungen – Vorschläge zur Leistungsmessung 08	pdf

08_1: Repaso 3	
Comprensión de lectura	doc
Portfolio Repaso 3	pdf

09: Lösungen Schülerbuch	
Unidad 1	doc
Unidad 2	doc
Repaso 1	doc
Unidad 3	doc
Unidad 4	doc
Unidad 5	doc
Repaso 2	doc
Unidad 6	doc
Unidad 7	doc
Unidad 8	doc
Repaso 3	doc
Preparación para los exámenes	doc

10: Lösungen Cuaderno de actividades	
Unidad 1	pdf
Unidad 2	pdf
Unidad 3	pdf
Unidad 4	pdf
Unidad 5	pdf
Unidad 6	pdf
Unidad 7	pdf
Unidad 8	pdf

11: Transkriptionen der Hörverstehenstexte	
Hörverstehenstexte Schülerbuch	doc
Hörverstehenstexte Cuaderno de actividades	doc

12: Aufgaben zu den Videosequenzen	
Aufgaben und Lösungen Videosequenz 1	doc
Aufgaben und Lösungen Videosequenz 2	doc
Aufgaben und Lösungen Videosequenz 3	doc

13: Stationenlernen	
Stationen Laufzettel	doc
Stationen Laufzettel	pdf
Station 1.1	doc
Station 1.1	pdf
Station 1.1 Lösungen	doc
Station 1.1 Lösungen	pdf
Station 1.2	doc
Station 1.2	pdf
Station 1.2 Lösungen	doc
Station 1.2 Lösungen	pdf
Station 2.1	doc
Station 2.1	pdf
Station 2.1 Lösungen	doc
Station 2.1 Lösungen	pdf
Station 2.2	doc
Station 2.2.	pdf
Station 2.2 Lösungen	doc
Station 2.2 Lösungen	pdf
Station 3.1	doc
Station 3.1	pdf
Station 3.1 Lösungen	doc
Station 3.1 Lösungen	pdf
Station 3.2	doc
Station 3.2	pdf
Station 3.2 Lösungen	doc
Station 3.2 Lösungen	pdf
Station 4.1	doc
Station 4.1	pdf
Station 4.1 Lösungen	doc
Station 4.1 Lösungen	pdf
Station 4.2	doc
Station 4.2	pdf
Station 4.2 Lösungen	doc
Station 4.2 Lösungen	pdf
Station 5.1	doc
Station 5.1	pdf
Station 5.1 Lösungen	doc
Station 5.1 Lösungen	pdf
Station 5.2	doc
Station 5.2	pdf
Station 5.2 Lösungen	doc
Station 5.2 Lösungen	pdf
Station 5.3	doc
Station 5.3	pdf

200 € | 100 € | 50 €

200 € | 100 € | 50 €

200 € | 100 € | 50 €

50 €

a) Ich möchte gerne … werden. / Ich würde gerne als … arbeiten.

Variante 50 € 50 €

b) Ich spreche ziemlich gut Spanisch und perfekt Englisch.

100 €

a) In der Schweiz spricht man einige Sprachen: Deutsch, Italienisch, Französisch…

b) Ich kann nicht kochen, aber andere Sachen [machen], zum Beispiel …

200 €

a) Ich empfehle dir, ein Praktikum in Spanien zu machen. Aber du musst dem Hoteldirektor schreiben und ihn fragen, ob er Arbeit hat.

b) Ich bin eine offene, organisierte und flexible Person. Sechs Monate habe ich ein Praktikum in einem Fremdenverkehrsamt gemacht und zwei Monate in einem Restaurant gearbeitet.

50 €

a) Die Farben, die mir am meisten gefallen, sind …

b) Heute trage ich Jeans, einen blauen Pullover, ein weißes T-Shirt und schwarze Schuhe.

100 €

a) Ich hätte gerne dieses grüne Hemd. Haben Sie es in der Größe M?

b) Dieses schwarze T-Shirt passt zu allem. / Dieses schwarze T-Shirt kann man mit alles kombinieren.

Variante 100 € 100 €

200 €

a) Welche von diesen / den (beiden) Jacken magst du lieber?

b) Das Mädchen mit dem roten Kleid, die eine Brille trägt, ist die Rezeptionistin des Hotels und der ältere Mann mit den braunen Hosen, der gerade etwas aufschreibt, ist der Direktor.

50 €

a) Was kostet eine Flasche Wasser?

b) Herr Kellner! Einen Orangensaft, bitte.

100 €

a) Entschuldigung, ein wenig Salz für die Tortilla, bitte.

b) Entschuldigung, aber ich esse kein Fleisch, weil ich Vegetarier bin.

200 €

a) In diesem Salat sind Zwiebeln. Und ich bin dagegen allergisch. Ich möchte einen anderen Salat ohne Zwiebeln.

b) Guten Appetit! / Danke.

200 €	100 €	50 €
200 €	100 €	50 €
200 €	100 €	50 €

50 €	100 €	200 €
a) Ich bin … / Ich heiße … Variante 50 € 50 €	**a)** Hallo, wie geht's? / Hallo, wie geht es dir? / Hallo, alles klar? Variante 100 € 100 €	**a)** Wie schreibt man deinen Nachnamen?
b) Ich bin aus …	**b)** Wie ist deine E-Mail-Adresse?	**b)** Tschüs. / Bis später! / Bis zum nächsten Mal! Variante 200 € 200 €

50 €	100 €	200 €
a) Ich mag gerne ausgehen, Musik hören, Sport treiben …	**a)** Am Wochenende gehe ich immer mit meinen Freunden aus, ich gehe fast immer ins Kino, manchmal gehe ich in eine Diskothek.	**a)** Warum gehen wir an diesem Wochenende nicht ins Kino? / Hast du Lust, dieses Wochenende ins Kino zu gehen? / Gehen wir dieses Wochenende ins Kino? Variante 200 € 200 €
b) … mag ich überhaupt nicht.	**b)** Mir auch nicht. / Mir schon.	**b)** Treffen wir uns heute Abend auf der Plaza Mayor?

50 €	100 €	200 €
a) Ich bin … Jahre alt.	**a)** Wie spät ist es? Es ist Viertel vor fünf (16.45).	**a)** Montags und donnerstags habe ich Mathe. Sport habe ich am Mittwoch und am Freitag. Physik und Chemie habe ich am Dienstag und am Donnerstag.
b) In dem Klassenraum gibt es eine Tafel, Tische, Stühle, Bücher, Kugelschreiber …	**b)** Wann öffnet die Bibliothek?	**b)** Um … stehe ich auf, dann dusche ich, ich frühstücke, putze mir die Zähne und um … Uhr gehe ich aus dem Haus.

200 €	100 €	50 €
200 €	100 €	50 €
200 €	100 €	50 €

50 €

a) Ich suche eine Wohnung in einem ruhigen Stadtviertel.

b) Wie viele Quadratmeter hat deine Wohnung?

100 €

a) Es gefällt mir nicht, bei meinen Eltern zu wohnen, ich möchte lieber in einer Wohngemeinschaft leben. (Ich würde gerne in einer Wohngemeinschaft wohnen.)

b) In Madrid gibt es 318 Metrostationen.

200 €

a) Entschuldigung, wo ist der Prado [= das Pradomuseum]? / Wie komme ich zum Prado? / Wissen Sie, wo der Prado ist?

Variante 200 € 200 €

b) Du gehst geradeaus und biegst dann in die zweite Straße links ab.

50 €

a) Zuerst muss man Leute einladen, dann muss man Essen und Trinken kaufen und am Schluss muss man putzen.

b) Es tut mir Leid. Aber ich kann nicht zu dem Fest kommen, weil ich lernen muss.

100 €

a) Begleitest du mich zum Supermarkt? / Kannst du mich zum Supermarkt begleiten?

Variante 100 € 100 €

b) Mein Geburtstag ist am …

200 €

a) Was kostet ein Baguette?

b) Zunächst schäle und schneide einige Kartoffeln und Zwiebeln. Brate [alles] in einer Pfanne mit Öl an. Dann schlag einige Eier mit ein wenig Salz. Gieße alles in eine Pfanne. Warte einige Minuten und drehe dann [alles] um.

50 €

a) Ich meine, dass der Bus ein preiswertes und ökologisches Transportmittel ist.

b) Der Zug ist langsamer als das Flugzeug. / Der Zug ist weniger schnell als das Flugzeug.

Variante 50 € 50 €

100 €

a) In Andalusien ist es normalerweise sonnig, sehr heiß und manchmal ist es windig.

b) Was ist das beste Transportmittel, um vom Bahnhof zu dir zu fahren? / Wie kann ich vom Bahnhof zu dir fahren?

Variante 100 € 100 €

200 €

a) Ich empfehle euch das Hotel San Juan, weil es im Zentrum liegt und an der Rezeption tolle Leute arbeiten.

b) Was hast du in Malaga gemacht? / Was hast du gesehen? / Wohin bist du gefahren? / Was hast du gegessen? / Wo hast du geschlafen?

Variante 200 € 200 €

Station 5.3 Lösungen	doc
Station 5.3 Lösungen	pdf
Station 6.1	doc
Station 6.1	pdf
Station 6.1 Lösungen	doc
Station 6.1 Lösungen	pdf
Station 6.2	doc
Station 6.2	pdf
Station 6.2 Lösungen	doc
Station 6.2 Lösungen	pdf
Station 6.3	doc
Station 6.3	pdf
Station 6.3 Lösungen	doc
Station 6.3 Lösungen	pdf
Station 7.1	doc
Station 7.1	pdf
Station 7.1 Lösungen	doc
Station 7.1 Lösungen	pdf
Station 7.2	doc
Station 7.2	pdf
Station 7.2 Lösungen	doc
Station 7.2 Lösungen	pdf
Station 8.1	doc
Station 8.1	pdf
Station 8.1 Lösungen	doc
Station 8.1 Lösungen	pdf
Station 8.2	doc
Station 8.2	pdf
Station 9	doc
Station 9	pdf
Station 9 Lösungen	doc
Station 9 Lösungen	pdf

14: Para empezar	
Para empezar (Spiel)	pdf

Extras	
Vocabulario	pdf
Diccionario	pdf
Mapa de España	pdf
Mapa de América del Sur	pdf
Mapa de México y Centroamérica	pdf
Mapa de Colombia	pdf
Mapa de Perú	pdf
Plano de Barcelona	pdf
Software-Handbuch	pdf

Empfohlene Systemvoraussetzungen:
- PC mit 500 MHz oder höher
- Windows XP, Vista (32 bit), 7
- 512 MB RAM
- S-VGA-kompatible Grafikkarte mit 16,7 Mio Farben (24 bit)
- mind. 30 MB bis max. 200 MB freier Speicherplatz bei Kopie der Medien auf die Festplatte
- 24fach CD-ROM-Laufwerk
- Bildschirmauflösung (Programm) 800 x 600 Pixel
- Schwarzweiß- oder Farbdrucker mit 300 dpi Druckauflösung
- Microsoft Word (ab Version 2000) oder OpenOffice (ab Version 2.0)

Abspiel-Umgebungen und Datei-Betrachter für die Medien befinden sich auf der CD-ROM.

Schnellstart der Software:
Die Installation kopiert das Programm auf die Festplatte Ihres Rechners.
Wir empfehlen, die Medien sofort auf die Festplatte zu installieren.
Sie brauchen dann die CD-ROM nicht mehr einzulegen, um das Programm zu verwenden.

- Legen Sie die Lehrersoftware-CD in Ihr CD-ROM-Laufwerk ein.
- Die Autostartfunktion öffnet ein Fenster mit dem Inhalt der CD-ROM.
- Starten Sie die Datei „SETUP.EXE" durch Doppelklick und folgen Sie den Anweisungen, um das Programm und die Medien auf Ihre Festplatte zu installieren.
- Um das Programm zu installieren, müssen Sie dem Lizenzvertrag zustimmen (s.a. Lizenz.txt auf der CD-ROM).
- Den Pfad für die Programminstallation auf der Festplatte können Sie anpassen oder nach der Vorgabe übernehmen.
- Sie starten das Programm über Ihr Startmenü „Start - Programme - Klett - Adelante - Lehrersoftware Adelante".

Auf der CD-ROM befindet sich ein ausführliches Handbuch zum Programm.

Hinweis: Bei der eingelegten CD handelt es sich um eine Multisession-CD.
Die darauf ebenfalls vorhandenen Audio-Dateien werden Ihnen am PC im Normalfall nicht angezeigt.
Die Audiofiles können Sie auf einem CD-Spieler abhören.